A Guidebook for Holistic Education

ホリスティック教育ライブラリー③

ホリスティック教育ガイドブック

日本ホリスティック教育協会
中川吉晴
金田卓也
編

せせらぎ出版

ホリスティック教育ガイドブック もくじ

はじめに――編集者序
ホリスティックに生きる――『ホリスティック教育ガイドブック』発刊によせて ……………… 中川／金田 5
……………… 伊藤 隆二 7

I部 ホリスティック教育の展望

1 世界に広がるホリスティック教育

世界に広がるホリスティック教育 ……………… 吉田 敦彦 10
西洋教育史におけるホリスティック教育の潮流 ……………… 今井 重孝 14
国際社会における日本のホリスティック教育の発信 ……………… 黒田 正典 18

2 私の考えるホリスティック教育

少しずつ、よりホリスティックな方へ ……………… 吉田 敦彦 21
ホリスティックなものの見方とはどういうことか――見えるものを見えなくする仕掛け―― ……………… 西平 直 26
わかちあいの教育――ホリスティックな教育の原理を大学の教育原理の教科書に採用―― ……………… 岩間 浩 31
システム論とホリスティック教育 ……………… 今井 重孝 37
ホリスティック教育における人間観――伊藤隆二教授の見解―― ……………… 鶴田 一郎 42
ホリスティックな心の教育――"いじめ"をめぐって―― ……………… 手塚 郁恵 47
ジェンダー主流化とホリスティック教育 ……………… 金 香百合 53
全人教育の提唱者・実践者 小原國芳先生 ……………… 黒田 正典 59
「いのち」の「つながり」を活かす学校の経営――ホリスティックな教育実践のステップ・アップ―― ……………… 山之内義一郎 63
「いのち」の「つながり」を活かす「学校の森」づくり ……………… 佐川 通 69
ホリスティック・カリキュラム論序説 ……………… 成田喜一郎 73

II部 ホリスティック教育のつながり

1 自然とのつながり

- 環境教育 Environmental Education ……高橋 仁 106
- 自然体験学習 Interpretation ……小林 毅 110
- エコリテラシー Ecoliteracy ……坂田加奈子 114
- ディープ・エコロジー Deep Ecology ……井上有一 118
- 先住民教育 Indigenous Education ……松木 正 122

2 人とのつながり

- グローバル教育 Global Education ……浅野 誠 126

3 ホリスティック教育のパイオニアたち

- ジョン・ミラー John Miller ……中川吉晴 90
- ルドルフ・シュタイナー Rudolf Steiner ……今井重孝 92
- マリア・モンテッソーリ Maria Montessori ……江島正子 94
- タゴール、オーロビンド R. Tagore Sri Aurobindo ……金田卓也 96
- クリシュナムルティ J. Krishnamurti ……金田卓也 98
- オルダス・ハクスレー Aldous Huxley ……中川吉晴 100
- ロベルト・アサジオリ Robert Assagioli ……平松園枝 102

ホリスティックな教育とインドの叡智
東洋哲学的ホリスティック教育論の試み ……中川吉晴 78
……金田卓也 84

3 学びとのつながり

- ホリスティックな人権教育 Human Rights Education ……… 松下 一世 130
- 対立解決法 Conflict Resolution ……… 西山 徳子 134
- スクールソーシャルワーク School Social Work ……… 吉田 武男 136
- 地域づくり Community Development ……… 清水 義晴 142
- 体験学習 Experiential Learning ……… 中村 和彦 144
- ワークショップ Workshop ……… 中野 民夫 148
- 一般意味論 General Semantics ……… 足立 正治 152
- ストーリーテリング Story Telling ……… 長尾 操 156
- MI 多重知能 Multiple Intelligences ……… 坂田 加奈子 158
- EQ 感情的知能 Emotional Intelligence ……… 坂田 加奈子 160

4 心身とのつながり

- ボディ・アウェアネス Body Awareness ……… 片桐ユズル 162
- 東洋的身体観 Eastern Somatics ……… 岩崎 正春 168
- 野口整体 Noguchi's Seitai ……… 本庄 剛 174
- イメージワーク Visualization ……… 手塚 郁恵 178
- 心理療法 Psychotherapy ……… 矢幡 洋 180
- ハコミセラピー Hakomi Method ……… 手塚 郁恵 184
- ホリスティック医学 Holistic Medicine ……… 黒丸 尊治 188

5 創造性とのつながり

- 芸術教育 Art Education ……… 金田 卓也 192

芸道 The Way of Art ……… 上野 浩道 196
茶道 The Way of Tea ……… 黒川 五郎 200
アートセラピー Art Therapy ……… 斉藤 典子 204
ドラマ教育 Drama Education ……… 浅野恵美子 208

6 いのちとのつながり

ケアリング Caring ……… 中川 吉晴 212
川手 鷹彦 216
ホリスティックな看護 Holistic Nursing ……… 守屋 治代 220
誕生の教育 Birth Education ……… 川野 裕子 224
死の教育 Death Education ……… 鈴木 康明 228
内観法 Naikan ……… 西山 知洋 232

7 スピリチュアリティとのつながり

瞑想 Meditation ……… 中川／金田 236
教師教育 Teacher Education ……… 中川 吉晴 240
人生科教育 Life Education ……… 松田 高志 244
サイコシンセシス Psychosynthesis ……… 平松 園枝 248
トランスパーソナル心理学 Transpersonal Psychology ……… 安藤 治 252

ホリスティック教育関連資料120点紹介
執筆者プロフィール／日本ホリスティック教育協会案内

装幀　濱崎　実幸
カバー絵　金田　卓也
本文イメージ写真　中川　吉晴他

はじめに

ホリスティック教育という考えが北米ではじめて登場したのは、1970年代後半であり、その後1980年代の後半からは、主要な文献の公刊や、総合学術雑誌『ホリスティック教育レヴュー』の刊行、さらには一連の国際会議の開催といった大きな動きがつづいた。この間、ホリスティックな取り組みを実践してきた教育者たちが、それらの流れに加わるとともに、シュタイナーやクリシュナムルティの教育を行なっていた人たちのなかからも、ホリスティック教育にかかわる動きがあらわれてきた。このような動向をへて現在、ホリスティック教育は、ポスト近代を志向するひとつの教育思潮として大きく育ちつつある。

ひるがえって、わが国においても、1990年代初頭からホリスティック教育をめぐる関心が芽生え、すでに10年をこえる年月が流れている。この間、ホリスティック教育研究会をへて、1997年には日本ホリスティック教育協会が設立され、日本におけるホリスティック教育の実践と研究へ向けて大きな一歩がふみだされた。その後わが国でも独自の取り組みがすすみ、いくつかの成果も発表されてきた。また韓国やタイの人たちとの交流もすすみ、アジアにおけるホリスティック教育の流れも広まっている。

ホリスティック教育に対する関心の高まりに呼応して、それを一望できるような、ガイド的な書物の必要性は、以前にもまして高まっている。そこで、日本ホリスティック教育協会の企画シリーズ「ホリスティック教育ライブラリー」の第3弾として、ここに『ホリスティック教育ガイドブック』を世に送ることとした。

本書のⅠ部「ホリスティック教育の展望」では、まず「世界に広がるホリスティック教育」と題して、ホリスティック教育の流れに関する整理が行なわれる。そこでは、現代の動向だけでなく、西洋および日本における過去の潮流にもふれられる。というのも、ホリスティックな考えは、洋の東西や、南北を問わず、古来から受けつがれてきたものだからである。ついで「私の考えるホリスティック教育」では、この10年ほどのあいだに日本で登場してきたホリスティッ

ク教育論に焦点をあて、それぞれの論者にみずからの考えの核心を述べてもらった。I部を締めくくる「ホリスティック教育のパイオニアたち」では、ホリスティック教育に深いかかわりをもつ世界の思想家たちをとりあげ紹介した。

II部は「ホリスティック教育のつながり」と題して、七つのセクションに分けて、ホリスティック教育と関連の深い分野をとりあげる。ホリスティック教育は特定の領域や明確な輪郭をもつものではなく、なによりもまずホリスティックな見方やアプローチとしてとらえられるものであり、それゆえさまざまな分野とも重なり合うことができる。もちろん、限られたスペースのため、本書でとりあげたものがホリスティックな教育の広がりをすべてふくんでいるというわけではないが、それでも重要な分野が多数とりあげられている。この関連で興味深いのは、個々の分野においても、その内部からホリスティックな視点を取り入れようとする動きが起こってきていることであり、ホリスティック教育との応答関係はますます強まってきている。

本書の執筆にあたっては、日本ホリスティック教育協会の会員のみなさんに協力していただくとともに、各分野を代表する方々にも多数協力していただいた。ホリスティック教育に期待を寄せ、快く協力してくださった方々に対し、編者としてお礼を述べておきたい。なお本書の表紙にある挿絵は、編者のひとり金田がホリスティック教育をイメージして、本書のために描いたものである。最後に、本書の作成にさいしてお手伝いをしてくださった橋本光代さん、坂田加奈子さんに感謝するとともに、今回もていねいな仕事をしてくださった、せせらぎ出版の山崎朝さん、山崎亮一さんに感謝したい。

ホリスティック教育というひとつの方法論があるのではなく、その目指す世界は広く、限りなく奥深いものである。このガイドブックが、そうしたホリスティックな教育を求めるうえでの良きコンパスとなることを願っている。

2003年2月1日

中川吉晴　金田卓也

ホリスティックに生きる

伊藤 隆二

遡ると、星と対話するのが好きだった幼少期から、私は、自分が宇宙に産み落とされ、宇宙に生き、いずれ肉体は滅びるが、その魂は永遠に生命を保ち続ける、という意識に支配されていた。その意識は、今考えると、宇宙は全体観的（ホリスティック）で、未来永劫に不滅だ、という信念を私にもたらしたと思う。

ところで宇宙は創造主である神によって造られた、と言われている（『創世記』第1～3章）。神は、天と地と、その万象とが完成したとき「全て良し」と祝福された。「良し」とは真理を意味するので、神の眼では「全て真理」ということになる。その「全て」を意味する holiness は、「ホリスティック」の名詞である holiness をその語源とし、「神聖」と訳されている。私はその holiness を基盤に常に宇宙から自己を見ることを生きる信条としている。

神は自分の姿に似せて「人」を造られたが、その「人」は、神から「決して食べてはいけない」と言われていた木の実（知恵の実）を無断で食べた。そのことで、「人」は「知恵」を得たが、神から離れ、それ以後、人間中心の価値にもとづいて生きていくことを余儀なくされた。最初の「人」から無数の子孫（人類）が出現したのであるが、彼らが生きていくために頼りにしたのが肉体の欲望（以下、「肉体の眼」）と知恵による分別（以下、「理知の眼」）であった。しかしながら、この二つの眼では真理を見ることはできない。特に「理知の眼」は「全て」を分割してバラバラにし、その一つひとつの断片を人間中心の合理性でもって捉えることには長けていても、否、そうすればするほど「人」は神から一層離れていくだけだった。にもかかわらず「人」は、己の欲望を満たすために人間中心の価値にもとづいて、もの（金銭）の豊かさや便利さやスピード、それに地位や名誉や権力を追い求めた。それらを手に入れる条件は「力」であったので、誰もが競ってその「力」をつけるために努力した。しかし、一方その「力」によって地球という自然、人間という自然（human-nature）が破壊されていった。「力」を絶対視し（「力」）の論理にもとづき、それを「人」につけるいとなみが成層圏の外の空間にまで手を出している。私はその教育を「誤れる教育」と言いたい。

は「教育」と呼ばれた。私はその教育を

●『ホリスティック教育ガイドブック』発刊によせて

では、その「誤れる眼」を、真理を見る眼を培う教育（「正しい教育」）に転換するためにはどうしたらよいか。そこに登場したのが「ホリスティック教育」であった。

真理を見る眼とは、中世の哲学者であった聖ボナヴェンチャー（Saint Bonaventure）が言われた「黙想の眼」のことである。彼は「われわれはそれによって超越的リアリティの知識へ迫ることができる」と説明された。

幼少期から星と対話してきた私は「人」（パーソン）を超越する（トランスパーソナルな）境地には自ずと入ることができた。また、「人」の五感（肉体の眼）「理知の眼」）は不確実なものなので、ボナヴェンチャーが言われた「黙想の眼」にはすぐに馴染むことができた。しかし、すでに五感によって捉えられたものしか信用しない「人」に真理を見る眼を培うことは至難の業だった。

そこで今、私たち「ホリスティック教育」者に求められているのは、人間中心の価値、ないしは「力の論理」から解放され、自らホリスティックに生きるための自己教育に取り組むことだ、と私は訴えたいのである。その中心は言うまでもなく「黙想の眼」に馴染むことであろう。私は、特に宗教の間で勧められている坐禅や内観、あるいは瞑想や観想などを日常化するのがよいと思っているが、私自身は祈りに徹する生活（朝に祈る、こと—たとえば授業—の開始前に祈る、終了後に祈る、そして就寝前に祈るなど）を中心に据えている。そして自然を深く生きる、「いのち」への畏敬の念を抱く（たとえば「食べもの」を磨く（純粋体験や至高体験もその一種）、ボランティア活動に精を出すことなどは、芸術に親しむ、あるいは芸道に勤しむ、創造活動に励む、「第六感」を磨く（純粋体験や至高体験もその一種）、ボランティア活動に精を出すことなどは、その延長線上にある（拙著『人間形成の臨床教育心理学研究（正・続）』風間書房 を参照）。本書『ホリスティック教育ガイドブック』にも「環境教育」「体験学習」「ワークショップ」「ボディ・アウェアネス」「イメージワーク」「芸道」「人生科教育」など多数の教育方法が紹介されているので、読者の皆さんがそれらを参考にされることをお薦めしたい。

ホリスティックに生きる人は、一切（all）がひとつながりになっていて、「全て真理」だということを覚知する。その人は自ずと「利己」を捨て、「利他」に生きることが正しいという「愛の論理」にもとづいて、平和創造に邁進することになるであろう。「ホリスティック教育」者の願いは、究極的には誰もが聖なる存在という「平和な宇宙」に目覚めるところにある、と言えよう。

I部 ホリスティック教育の展望

世界に広がるホリスティック教育

I部 1 世界に広がるホリスティック教育

吉田 敦彦

21世紀に入って、とくに国連やユネスコで、「ホリスティック・アプローチ」が認知されるようになってきた。国連総会(2000年9月12日)で採択された「世界の子どもたちのための非暴力と平和の文化をきずく国際10年」に向けた国連事務総長報告でも、教育への包括的にホリスティックなアプローチが必要であると明言された。ユネスコが「ホリスティック教育 holistic education というコンセプトの真の意味を明らかにする」ことに貢献すべきだとの答申も出ている(ユネスコ「平和、人権、民主主義、国際理解と寛容のための教育」諮問委員会最終答申、2000年3月パリ)。2000年度ユネスコ平和教育賞はブラジルの国際ホリスティック大学創設者ピエール・ヴェーユ氏が受賞した。

「ホリスティック holistic」は、whole(全的な)/holy(聖なる)/heal(癒す)/health(健康)などの共通の語源「holos(ホロス)」からの造語で、辞書に掲載され始め

たのは20世紀の後半である。現在では、カナダ、アメリカ、イギリス、オーストラリアなどの英語圏だけでなく、メキシコや韓国、タイ、インド、スウェーデン、ロシア、そして日本などの国々で、「holos」の語感を残した外来語のまま使用されている。国境を越えて共有することのできる、同時代の思想の鍵となるコンセプトである。

1970年代から、医療・看護などの分野で「ホリスティック・ヘルス」、そして近代科学の限界を越えようとする現代諸科学の各分野において、システム論的アプローチとともに「ホリスティック・アプローチ(パラダイム)」という表現が多用されはじめた。教育(学)界においては、1988年に、カナダのトロント大学大学院オンタリオ教育研究所(OISE)のジョン・ミラー教授が、単著『Holistic Curriculum(邦題ホリスティック教育)』を出版し、また同年にアメリカで、教育実践者と研究者の双方が寄稿する『ホリスティック教育レヴュー』誌が創刊された。

I部—1　世界に広がるホリスティック教育

「ホリスティック教育専修コース」をもつジョン・ミラーの所属する州立大学院（OISE）では、在籍数2000人規模の教員養成と現職教員のリカレント教育を行っている。90年代前半（リベラル政権時代）には、オンタリオ州の学習指導要領に「ホリスティック・アプローチ」が明記されるほどの影響力をもった。彼の著作は、既存の教育学説を踏まえた体系性をもつもので、アカデミズムからも信頼を得ている。トロント大学OISEで隔年に開催される「ホリスティック・ラーニング会議」の第1回（1997）の基調講演者は、ケアリング教育学で著名な北米教育哲学会の重鎮ネル・ノディングス（当時スタンフォード大学教授）が、第2回（1999）はコロンビア大学のダグラス・スローン教授が務め、またこの会議には、州立テネシー大学の教員養成学部に「ホリスティック教育・学習ユニット」を創設した教授陣が参加していた。

『ホリスティック教育レヴュー』誌の初代編集長であるロン・ミラーはモンテッソーリ教育の、二代目編集長であるジェフリー・ケーンはシュタイナー教育の、実践的な経験をもつ研究者。この総合的研究誌には、いわゆるオルタナティブ教育の関係者が当初は多く参加していたが、その後は広く公教育のなかの、とくにデューイの流れを汲む進歩主義教育、および環境教育やグローバル教育の実践家たちとの連携が進んだ。1990年のシカゴ会議（第1回ホ

リスティック教育会議）、1991年の「EDUCATION 2000 ホリスティック教育ヴィジョン宣言」、実践事例集『Holistic Education: Principles, Perspectives, Practices』（1993）などに、その成果が集約された。

先住民とのつながりも重視し、「多文化世界の教育」をテーマにした第3回ホリスティック教育会議（1992年）は、ナバホの教育者・研究者であるハーバート・ベナリーを中心にオクラホマの先住民居留区で開かれた。1993年の環太平洋ハワイ会議では、オーストラリアのアボリジニ、フィリピン、ハワイの先住民の参加を得た。次に紹介するメキシコ国際会議の2002年の基調講演者は、先住民教育学の名著『Look to the Mountain』を書いたグレゴリー・カヘーテだった。

メキシコでは、1993年以降、一週間におよぶ滞在型のホリスティック教育国際会議を毎年開催している。各国のホリスティック教育関係者のほか、ホログラフィー理論のカール・プリブラム、オートポイエーシス論のフランシスコ・ヴァレラ、経済学のヘイゼル・ヘンダーソン、物理学のデイヴィッド・ピートなど新パラダイム現代科学の第一人者を招いている。ホリスティック教育研究の修士課程プログラムを運営する主催者代表のラモン・ガジェゴスは、『Education Holista』ほか、中南米のスペイン語圏で読まれるホリスティック教育関連の著作を多く出版してい

筆者が参加した1999年第7回、2000年第8回においても、北米以外に、コスタリカ、チリ、ペルー、ブラジル、そしてオーストラリア、イギリス、インド（クリシュナムルティ学校）などの国々からの参加があった。なお、イギリスのクリシュナムルティ学校は、99年の30周年記念行事を「ホリスティック教育会議」と銘打って開いた。

日本では、91年に関東ではホリスティック教育研究会が、関西では「ホリスティック教育ヴィジョン」学習会が活動をはじめ、「学校の森づくり」やジョン・ミラーの来日講演、季刊誌や『ホリスティック教育入門』『実践ホリスティック教育』[*1]の出版などの活動を通してネットワークが育ち、1997年に日本ホリスティック教育協会が発足した。韓国では、この日本の動きと密接に連携しつつ、韓国ホリスティック教育実践学会が活発な活動を続けており、極東アジア・ホリスティック教育会議も4回を数える。[*2]

タイのバンコクでは、2001年11月、王立チュラロンコン大学で「ホリスティック教育」を主題にした国際会議が開かれた。アジアの開発問題を研究する大学院の新設を契機としたもので、折しも「9・11ニューヨーク」の直後でもあり、グローバリゼーションに対する、あるいは欧米型近代化に対するオルタナティブ（代替的）な開発・成長のあり方を、「ホリスティックな開発・成長」と名付けていた。そこでは、もはや欧米から「ホリスティック」を輸入するというよりも、アジアの足下のオリジナルな文化を見直しつつ、伝統—近代、アジア（東洋）—欧米（西洋）といった優劣や対立の軸を越えた両者の統合を目指すアプローチとして、「ホリスティック」を探求していた。

バンコクには、アジアの開発途上国のセンター的な国連機関がいくつか置かれているが、冒頭にも記したように、国連の教育関連サイトをみれば、とくに平和教育、環境教育、健康教育、幼児教育、高等教育、先住民成人教育などの分野で、「ホリスティック・アプローチ」が頻繁に言及されている。それというのも、現在の途上国の子どもをめぐる難題や教育課題は、一つの問題や一つの国や地域に限られた視点では解決できず、「あるものは他のすべてのものとつながっている」というホリスティックな観点を何より必要としているからである。そして、先進国型の物質的繁栄を後追いするだけではない、精神的な価値の次元を含んだ「ホリスティックな開発・成長」が求められているからである。

途上国中心の国連総会やアジアから発信される「ホリスティック」と、ポスト近代的なアジアの異なる背景をもつ北米発の「ホリスティック」とが対話し連携すること。そこに、「文明の対立」に陥りかねない21世紀の人類共同体にあって、南と北、東と西の間の架け橋となりうる「ホリスティック」というコンセプトの貴重な役割がある。

＊1　ホリスティック教育研究会編(1995)『ホリスティック教育入門』、同(1995)『実践ホリスティック教育』ともに柏樹社刊
＊2　日本と韓国のあいだの交流については、季刊誌15号「10年の歩み」他を参照。『季刊 ホリスティック教育』(15号, 2000年3月)日本ホリスティック教育協会刊

I部—1 世界に広がるホリスティック教育

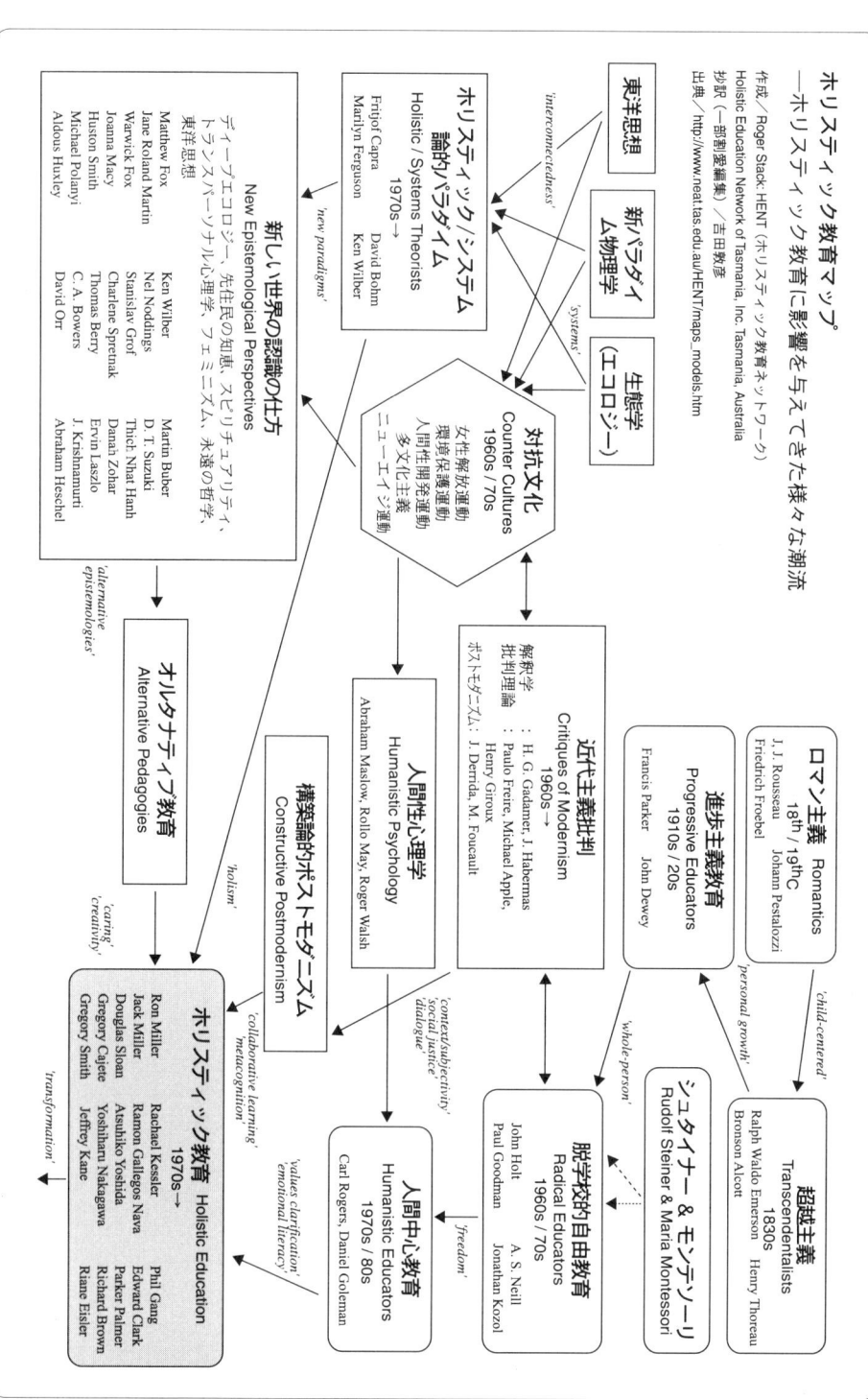

ホリスティック教育マップ
—ホリスティック教育に影響を与えてきた様々な潮流

作成／Roger Stack HENT (ホリスティック教育ネットワーク)
Holistic Education Network of Tasmania, Inc. Tasmania, Australia
抄訳（一部改編集）／吉田敦彦
出典／http://www.neat.tas.edu.au/HENT/maps_models.htm

西洋教育史におけるホリスティック教育の潮流

I部 1

世界に広がるホリスティック教育

今井 重孝

古代ギリシャ・ローマのホリスティックな教育

ホリスティック教育という概念は、最近人口に膾炙(かいしゃ)したものであるが、このコンセプトにあたる内容は、古くから教育思想に含まれていた。西洋文明の淵源であるギリシャの教育思想にもそれはある。プラトンの『国家論』は、スパルタの国家をモデルとしており国家主義的な傾向があると評されることもあるが、その中で展開されている教育理論は、ギリシャの音楽的体操的な教育理念を造形化したものにほかならなかった。「健全な精神よ、健全な肉体に宿れかし」という有名な言葉は、体操やリズムにあわせた身体運動により身体を形成することが、精神の形成と不可分であることを理解していたギリシャ人の理想を表明したものにほかならない。こうしたギリシャの教育精神は、教育(パイデイア)という言葉に端的に示されている。マルーは、名著『古代教育文化史』[*1]の中で次のように語っている。

「…パイデイアまたはパイデウシスは能動態の―つまり準備中の―意味での教育ではなく、現代の用語が含む完了態の意味での教養を指すようになった。それは、精神がじゅうぶんに発達してそのあらゆる素質を花ひらかせた状態、人間が真に人間らしくなった状態である」。

ギリシャの教育の理想は、まさに、身体的音楽的教育によって、身体と魂と精神を十分花開かせ、人間が真に人間らしくなること、換言すればホリスティックな人間になることを目指していたのである。

しかしながら、ローマの時代になると、ローマの教育の契機は後景に退いていく。代わって弁論術、雄弁術が教育の前面に出てくる。シーザーなどは、とても演説がうまかったと言われている。ローマの著名な教育家クインティリアヌスは、次のように述べている。

「ここでは、完璧な弁論家を育てるのが目標なのですが、それは『よき品性の人』[*2]でなければそれたりえないのです。それ

---

*1 マルー(1985)『古代教育文化史』横尾他訳, 岩波書店, 120頁
*2 クインティリアヌス(1981)『弁論家の教育1』小林訳, 明治図書, 22頁

ゆえ弁論家にはただ話す能力が卓越しているだけでなく、精神のあらゆる特性を備えていることを要求するのです*2」。

ここでは、身体の契機は演説という形式に切り詰められているものの、「よき品性の人」であることが求められていた。言い換えれば魂の高貴な人であり、頭がよいだけでなく特性の高い人であることが、つまりはその意味で頭でっかちでないバランスの取れたホリスティックな人間であることが求められていた。ホリスティック教育の理念はローマにおいても健在だったのである。

しかしながら、中世の時代になると、次第に学問は、弁論術を自ら実践するのではなくて、弁論術について講義する段階に移行していく。魂の表出というべき身ぶりの契機は後景に退き、いまや、弁論術についての知的な解説が主流となっていくのである。「知は力なり」とはベーコンの有名な言葉であるが、いまや、実践ではなく知識こそが力の淵源とされるに至ったのであった。自然科学の勃興と発展は、こうした教育理想の変化に対応したものであった。いまや、身体の契機のみならず魂の契機も学問から後退し、知識のみが強調されるに至ったのである。この段階において、ホリスティック教育の実践は、危機に瀕することになる。

近代以降のホリスティックな教育

近代以降の教育思想の展開は、こうした知の偏重の中でいかにしてホリスティックな契機を復活したらよいか、という問題意識に支えられているといってよい。その意味で、近代以降の教育思想もまた、その中に、ホリスティックな契機を少なからずはらんでいるのである。

たとえばルソー。ルソーは、『エミール』の中で、彼の理想とする教育を展開したが、その教育方針は、都会や文明は人間を堕落させるので、むしろ、都会や文明から離れた森の中で教育を行なうべきである、とするものであった。子どもは、もともと善なるものなので、堕落した環境によって悪い影響を受けないようにすれば、おのずと優れた教育ができるのだ、というわけである。この考え方を、先ほどの文脈の中に位置づければ、「知は力なり」とする知育偏重の教育、理性により、技術により、あるいは知識により支配される教育によっては、ホリスティックな人間形成が損なわれると見たルソーは、その本来の人間形成、ホリスティックな人間形成を実

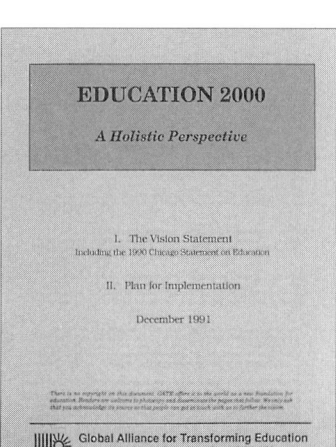

「Education 2000」英語版

現するために、自然の中での教育を主張したのだと理解できる。そして、ルソーの考え方に共感していたペスタロッチが、頭と胸と手の調和の取れた教育の必要性を説いたのは、偶然ではない。この思想は、思考と、魂と、そして身体との三つの調和的な発達、つまるところ、ギリシャにおいて人類が理想としていたホリスティックな教育を、ペスタロッチの時代において、親心、子心といった家庭教育の原理によって、実現しようとしたものと見ることができよう。ペスタロッチ自身は、万能の教育方法の創出に力を入れていたわけであるが、それを支えていたのは、ペスタロッチのホリスティックな人間観であったわけである。

フンボルトの新人文主義にも、同様の傾向が見られる。フンボルトは、周知のように、ベルリン大学の創設者として名高いが、彼の教育改革の理念は、ギリシャにおけるホリスティックな教育を彼の時代において可能にするには、ギリシャの文化や精神に触れるのが一番である、という考え方から出発している。フンボルトは、「ギリシャの性格について」という論稿の中で、ギリシャは、精神的なるものの完全で純粋な表現であること、ギリシャにおいては、生活が芸術作品のごとくであり、生活に示されている性格は芸術作品のごとくであること、ギリシャには、諸力を発展させるに不可欠の自由、あこがれがあることなどを指摘して いる。*3 ここから、古代の研究、古代語の研究により、人間

の真の目的である、諸力の最高かつ最も調和的な発達が達成されるという結論が導かれることになるのである。諸力の調和的な発達とは、ホリスティックな人間の形成の別名にほかならないわけである。

19世紀の後半においては、日本も含め欧米諸国において、義務教育制度が整ってくる。この時期、コメニウスがかつて理想として述べていた万人に対する教育は、制度的な裏づけを与えられることになるわけであるが、その結果、子どもたちの学力の違い、興味関心の違いなどが、教える上での障害として前面に出てくることになった。そこで、歴史上「新教育運動」と名づけられる、一大教育改革運動が世界的規模で展開されるに至った。この運動は、たとえば、芸術教育運動であったり、あるいは、労働学校であったり、綴り方教育運動であったり、田園での教育運動(田園教育舎)であったり、子どもの経験や興味を大切にする主張に代表されるように、知識の教育にとどまらず子どもの経験を大切にする教育の考え方が中心的な役割を果たしていた。これは知識教育に偏らないホリスティックな教育への動きと位置づけることができる。現在ホリスティック教育の流れに位置づけられているモンテッソーリの教育、ニールの教育、あるいはフレネの教育、シュタイナーの教育は、いずれもこうした大きな教育運

---

*3　今井重孝(1993)『中等教育改革研究』風間書房, 28-29頁

その他資料
シュタイナー(1985)『現代の教育はどうあるべきか』佐々木訳, 人智学出版社

動の流れの中に位置づけられた教育努力から生まれてきたものである。

シュタイナー自身は、当時の新教育運動に対して、抽象的な理論、抽象的な改革プログラムばかりが問題とされており、具体的な目の前の子どもたち、具体的な目の前の教師たちから出発しようとしていない、と批判しているが、モンテッソーリにせよ、ニールにせよ、フレネにせよ、シュタイナーにせよ、いずれも、具体的な子どもたちに対する実際的な、従ってまたホリスティックな教育学を構想していたのであった。

こう見てくると、教育思想の歴史そのものが、ホリスティック教育から出発し、再びホリスティック教育へと流れ込もうとしていることが明らかとなる。ホリスティック教育運動は北米から生まれた若い運動であるが、その思想的淵源は、まさにギリシャ以来の伝統につながっているのである。

右　：　Holistic Education Review 誌（現 Encounter 誌）
左上：創刊者のロン・ミラー氏
左下：二代目編集長のジェフリー・ケーン氏
撮影／中川

国際社会における日本のホリスティック教育の発信

世界に広がる
ホリスティック教育

I部 1

黒田 正典

ホリスティック教育とは？

この言葉の意味については、本書の中で諸家が詳しく論じているので、それらを参照願いたいが、ここで日本語に訳せばどうなるかについて愚見を述べ、かつ拙稿の中ではその訳語で論述を進めることをお許し願いたい。まず語源にふれておくと、「全体的」を意味する「ホール」（wholism または holism）の教育ということである。しかし「ホーリズム」の訳語が問題で、ある英和辞典には「全体主義」の語が当てられているが、これは昔の戦時中の言葉で、現在では使いにくい。そこで私は「全体感教育」の語を当てて、以下、考察を進めることにする。

日本における全体感教育

私の解釈であるが、全体感教育の思想はホリスティック医学の発生に刺激されたと考えられる。その最初の基礎的文献、ジョン・ミラー博士による『ホリスティック・カリキュラム』は、アメリカのホリスティック医学協会設立の1978年の10年後、1988年に出ている。日本では1987年にホリスティック医学協会が生まれ、そして1991年に手塚郁恵氏主宰の「ホリスティック教育研究会」が発足し、同じ年に同女史著『森と牧場のある学校』[*1]が出た。1994年になって上述ミラー博士の主著の翻訳が、同女史・吉田敦彦・中川吉晴の三氏の協力で完成した。

ところで、わが国における全体感教育は、日本人がホリスティック教育という言葉に接触する以前から、実質的にその思想をもち、かつ実践しており、その点で先進国であるとすら思えるのである。その沿革を以下瞥見しよう。

山之内義一郎氏は上述、『森と牧場のある学校』の主人公であるが、1953年に新潟大学教育心理学科を卒業後、長らく、子どもが「自分で問題に気づき」、「自分で

---

*1　手塚郁恵（1991）『森と牧場のある学校』春秋社

I部—1　世界に広がるホリスティック教育　19

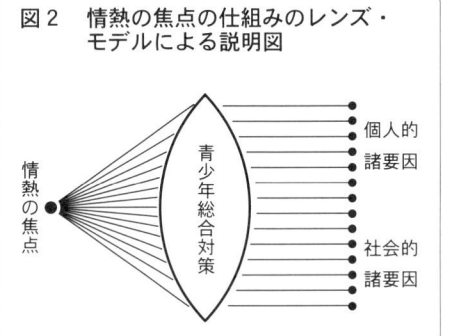

図1　情熱の焦点を組みたてる体験のつながり
　　　（同時に教育目標の連関）

（自己の一生涯の）生きがい（＝情熱の焦点）
　　張りあい　　　　わるいことはつまらない
　　　　　　学校はおもしろい
　　　　　　　または
　　　　　　職場はおもしろい

図2　情熱の焦点の仕組みのレンズ・モデルによる説明図

情熱の焦点　　青少年総合対策　　個人的諸要因／社会的諸要因

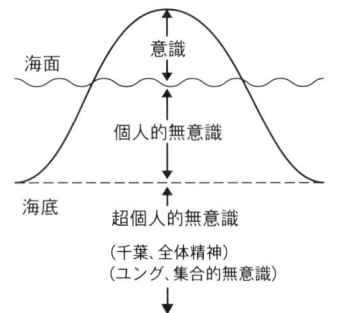

図3　千葉胤成の無意識論＝「固有意識」説
　　　―島モデルによる図解―

海面　意識
　　　個人的無意識
海底　超個人的無意識
　　　（千葉、全体精神）
　　　（ユング、集合的無意識）

「固有」は、ここでは人間に本来具わる基本的なものという意味である。固有意識は通例の意識、個人的無意識を含み、心の活動を支えている。なお図3の図式は、固有意識に対する黒田の解釈に基づき作られた。

図1・2・3ともに作成／黒田

学んでいく」道を模索していた。1974年に僻地校の校長になり、「総合活動」を創始して、現在文部科学省が推進する「総合的学習」の先駆的業績となった。山之内氏は「学校の森」を作り、子どもは決められた木を世話し、これを通して森の生命に触れ、地球への愛に目覚めるようにした。この教育は、手塚氏の紹介で前述、ミラー博士の知るところとなり、博士とは全く独立に展開された「ホリスティック教育」に驚嘆した。博士の教育は、心と体の全体としての子ども、教科・子ども・コミュニティの全体的連関を重視するもので、山之内氏の教育はこれを実現していた。これを機に日本・アメリカ間に全体感教育の雁行と交流が始まった。

日本の全体感教育の沿革はさらに遡る。黒田は1949年に新潟大学教育心理学科に赴任し、山之内氏や佐川通氏（1963年卒）と学問論・教育論を議論しあった仲である。1964年に私は新潟県から県の青少年健全育成総合対策のための理論・調査・実践的実験の計画・推進を委託された。新潟県児童課長の風間忠雄氏は県と黒田の仲介役になってくれた。さらにこの総合対策の研究と実践を推進する集団として新潟県青少年問題研究会が結成され、会員は黒田の講義・講演をきいたことのある人という条件によって、以下の各機関に所属する1名ないし2名が委嘱された。県児童課、社会教育課、指導課、社会教

育課、県教育センター、児童相談所、県立高校、新潟市立中学、市補導センター、家庭裁判所、少年鑑別所、保護観察所、新潟大学教育学部職業指導担当、同上教育行政学担当、同上人文学部法学担当、同上教養部心理学担当、同上法学担当。会長、風間。主任研究員、黒田。

心理学専門家としての私は、A・S・マレルの唱える「コミュニティ心理学」の立場をとった。この心理学は、単に心理現象を観察するだけでなく、例えば市役所と病院とボランティア団体といった社会的機関をつなぐ新しい組織を作ることを専門とする。つまり人間を脳細胞とか心身の疾病といった微視的見方ではなく、個人とか人間集団の全体を相手にして調査したり活動する点で、まさにホリスティックである。

黒田が独自に設定した全体感教育は、青少年に「情熱の焦点」を発見させ、これが青少年の全心理と全行動を導くようにすることである。ここで情熱の焦点は「生きがい」と同じものと考えたい。そして生きがいは張りあいのある一つであるが、後者がその日その日の情熱の目標であるのに対して、生きがいは一生涯を通して変らぬ情熱の目標であると、設定している。

ところで、青少年の非行を防ぐために、通例の成人がとるやり方は「わるいことはするな」という禁止令である。しかしこのやり方では、青少年の悪事への欲望を消滅させることはできない。禁止令ではなく、何らかの別のおもしろく楽しいものを体験させねばならない。すなわち学校あるいは職場はおもしろいという体験が、わるいことへの動機を消去できるのである。図1はこの心理的仕組みを示す。情熱の焦点もまさに全体感教育的なものであって（図2参照）、私は青少年に関するあらゆる行政機関・団体・学校等に対して、情熱の焦点を中心目標とすることを提言してきた。

全体感教育は日本が先進的、世界に発信する責任

日本のホーリズムはもっと遡りうる。黒田の恩師である千葉胤成の無意識説は、フロイト、ユングのそれよりも壮大な展望をもち、日本文化の特徴まで説明した（図3参照）。また山之内氏の「学校の森」を予見したように「森の心」の論文がある。*2

さらに遡ると徳川時代の官学として「朱子学」がある。ここで詳論は不可能だが、その倫理的・社会的論理は、「格物・致知・誠意・正心・修身・斉家・治国・平天下」という体験的連関で、極度に内面的な心得から出発して、世界平和にいたる生き方を示す。ここから出てきた「陽明学」は「知行合一」「静座法」などの実践的探究を開拓し、やはり全体感教育的だった。

だが、日本社会も国際関係も暗いことばかり。若年層のいじめ、ひきこもり、長の字のつく指導者層の金の犯罪、国家間のテロ・報復の悪循環⋯。日本は全体感教育をもっと展開して、世界平和に貢献するべきであろう。

*2　千葉胤成（1972）『千葉胤成著作集　3』協同出版

私の考える
ホリスティック教育

少しずつ、よりホリスティックな方へ

吉田 敦彦

「生態系の病と教育の病、両者の病の根っこは、同じところにある。」──『EDUCATION 2000：ホリスティック教育ビジョン宣言』前文より

ホリスティックな観点

今日の教育の問題は、次から次へと増えるばかり。取り組まなければならない課題も、あれもこれもと増すばかり。「いじめ」「不登校」「心の教育」「人権教育」「国際理解教育」「環境教育」「生涯学習」、そして「総合学習」などなど。しかし、ほんとうは「あれもこれも次々と」、ではなく、時代の転換に応じた「一つの大きな出来事」が生まれつつあるのではないか。そうだとすれば、あれこれの問題や課題に、いたずらに振り回されないで済むための、一つのしっかりとした観点こそが、必要なのではないか。さまざまな課題の根っこにある〈問題の〉核心に迫ることができれば、バラバラに見えていた課題も、結局その根底で一つであることが見て取れる。共通の根っこと大局的な動向が見えてくると、それまで孤立しがちな取り組みをしていた分野や地域や個人が、互いに多くの同行者をもっていることを見出して連携できるようになる。

「すべてがみんな、相互にかかわり、つながり合っている。あるものは、他のものを支えている。こう考えると、強さと平和が与えられる。そう考えないよりも、人生と自然に対する健全な〈wholesome〉見方が得られる。全体性〈wholeness〉は、思想の鍵となる概念だ。この観点に立つと、宇宙の秘密を、今までよりもずっと読み解きやすくなる。」──ジャン・スマッツ『ホーリズムの理論』より

転換期の混迷が続く日本の教育現実を読み解き、ともに進むべき方向を確かめあうコンセプトとして、「ホリスティック」という観点が提案されている。ところが、い

ホリスティックを定義する落とし穴

たとえば、「この子は、どういう子どもですか」と聞かれたときに、「この子は、明るく元気な子どもです」とか「この子は、成績は中ほどだけどスポーツが上手です」とか答える。よく交わす会話だけれど、でも、ここに落とし穴〈木を見て森を見ない〉がある。ごく一部分だけを見て、「全体としてのこの子」からすれば、ごく一部分だけを見て、残りの部分は見落としてしまうことになる。ある子どもを理解したと思った瞬間に、見落とすところが生まれる。「この子はまだ私の知らないところをたくさんもっているはずだ」と、その子の像を閉じてしまわず、曖昧にかかわることが、とても大切。一つの答えに決めつけず、「曖昧さに耐えつつ」「開かれた問い」を持ちながら子どもに向かうこと。「一つの答え」ではなく、より「ホリスティック」に、全体としての子どもに近づきやすくなる。

ホリスティック教育とは何か、という問いに答えようとするとき、同じ落とし穴がある。「ホリスティック」を明確に定義しようとすればするほど、ホリスティックという概念は、それを明確に定義しようとすると、実はとても難しい。この「ホリスティック」を、はっきりと定義しようとすると、実はとても難しい。

リスティックではなくなっていくというパラドックスを持つ。概念とはそもそも、目のない現実全体に区切りを入れ、それ自体どこにも節目や切れ目のない現実全体に区切りを入れ、それを分節化し切り取って掴み取るための道具である。ところが「ホリスティック」という言葉は、そのような「部分」の切り取りによって失われる「全体性」を指示しようとするものなのである。

このディレンマが深いのは、有限な私たち人間は、その「全体性」そのものを、決して掴み取ることができない存在だからである。風は、それを掴もうとして手中にしたとたんに、もはや風でなくなる。把握したつもりになったとたんに、それがそれでなくなる全体性やホリスティックというものは、そういう曖昧でやっかいな性質を持っている。

ディレンマと曖昧さに耐えながら

しかし、教育という営みは、そもそも、曖昧さやディレンマやパラドックスに満ちていて、それを簡単に割り切ってしまわずに、それとしっかり向かいあい耐えることが求められる営みではなかろうか。「ホリスティック」といった言葉があらためて要請されてきたのは、こういう曖昧さをやっかいなものとして割り切り、切り捨てる傾向が、あまりに強くなってきたからだろう。

近代科学においても近代教育（学）においても、数量化できない曖昧な性質は切り捨てられてきた。「学力」は、ペーパー・テストで点数化できる限られた能力だけを測って、その「向上・低下」が議論される。「教育内容」は、国・算・理・社といった教科の区切りの中に分別して収集された事項の総量で、その「増減」が議論される。しかし大事なのは、そのような議論が暗黙に前提しているものの見方（パラダイム）こそが、近代教育の問題の根っこにあるということなのだ。「生きる力」や「総合学習」が言われるとき、その背後にある発想法は、そのままなのか、転換しているのか。その転換の方向を示そうとしたのが、「ホリスティックなものの見方（パラダイム）」であった。

としても、難題はふたたび、意欲や関心までも含んだ「生きる力の全体」などというものは、どんな方法を用いても決して全的に把握することができないということだ。できるのは、少しでもより全体的な子どもの理解へ向けて、一つの答えに結論づけてしまわずに（曖昧さに耐えながら）、問い続けることである。

「総合学習」といえども、この世界の全体を全体のまま一挙に学べるわけはない。ある何か切実なテーマを入り口にして、その一事を徹底しながら、少しずつ万事に通じていくように学ぶことになる。従来の教科の学習であっても、それが深まりを見せたときには、その教科の枠を越えて広

がっていくことは、よくあることだ。用意していた答えを越えて、次々と問いが生まれ、世界が広がっていく。事前の計画性や効率性が破られながら、ダイナミックに全体性に近づいていく学習が展開しはじめる。そのときはじめて学びが、より総合的になる。それ以外に、あらかじめ全体的で総合的な学習をプログラムすることなどできない。

少しでも、よりホリスティックな方へ

つまり、完全なホリスティック教育など、ありえない。できるのは、少しでもよりホリスティックな教育に向けて、分け隔てられ狭く閉じられがちな物事や認識を、少しずつ開き、つなぎ合わせていくことである。この現実を離れて、これこそが理想的で完全なホリスティック教育のモデル、というようなものが、どこかにあるわけではない。むしろそれは、この現実のどこからでも、はじめられる。教育のどのような現実でも方法でも、それが以前より少しでも全体的・総合的になり、つながりを生み出していくとき、それはよりホリスティックな方向へ歩を進めたのである。名詞形の「ホリスティック教育」というものはなく、たえず「よりホリスティックな」、「よりホリスティックに」というように、比較級で形容詞的ないし副詞的に用いられるべきである。

言い換えれば、多様な教育現実へのホリスティックなアプローチを総称して、ホリスティックな教育と呼んでいるわけである。それを特定の技法やプログラムによって示すことはできないが、ホリスティックなアプローチを共有してつながりあう多様な教育の領域や試みの多くを紹介して、その生きた動向を示すことはできる。日本ホリスティック教育協会で編集した『ホリスティックな気づきと学び[*1]』には、さまざまな分野から45人の事例が、また本書の「Ⅱ部 ホリスティック教育のつながり」には、よりホリスティックな方向を目指す、さらに多くの事例が紹介されている。

よりホリスティックな方向を確かめ合うために、さまざまな試みの見取り図を共有しておくことは、役に立つだろう。自分が現実のどこを足場にして、それをどのようなつながりへ向けて広げ深めつつあるのか、それを見て取ることのできる地図（マップ）である。拙著『ホリスティック教育論[*2]』においては、次の二つの見取り図を提案してみた。

方向を見定めるホリスティックな視座

一つは、マンダラ様の見取り図である。個人も学校も社会も、人類共同体も生態系も、一つひとつのミクロコスモスの中にコスモスが折り込まれるように、多層的に折り重なりながら連関しあっている。そして、〈いのち〉が、そ

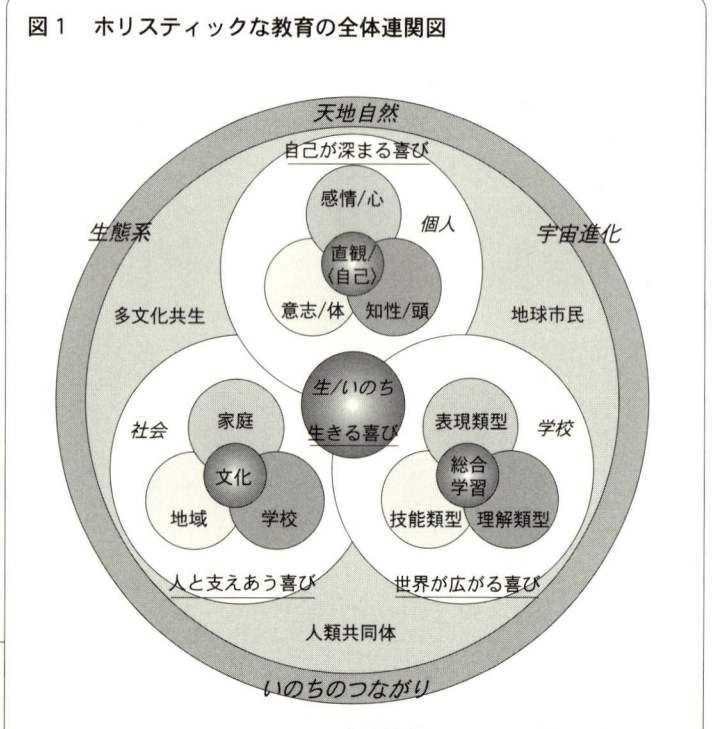

図1　ホリスティックな教育の全体連関図

吉田敦彦『ホリスティック教育論』日本評論社, 9頁

れぞれの核心部分（〈自己〉や〈総合学習〉や〈文化〉など）を貫いて表現してくるとき、そこに生き生きとしたつながりが生み出される。これを具体的に、現在の日本の教育現実のなかの、次の六つの動向を通して検証しようとしたのが、その拙著の前半部分だった。

1 全人教育の志向‥意志─感情─思考─直観のつながり
2 総合学習の志向‥さまざまな教科・領域の間のつながり
3 生涯学習の志向‥家庭─地域─学校のつながり
4 地球市民教育の志向‥個人と人類共同体のつながり
5 環境教育の志向‥自然と人間と文化のつながり
6 臨床教育の志向‥自我と〈自己〉と〈いのち〉のつながり

もう一つは、「ホリスティック」というコンセプトの「ホールネス（全体性）」と「ホーリネス（聖なるもの）」の二つの契機を水平軸と垂直軸に交差させた視座である。先の図1は、おもに「全体性」を、つまり自己を水平方向に越えて広がる全体連関を鳥瞰する見取り図であったが、この図2では、その中核にある聖なる〈いのち〉とかかわる垂直の軸性を強調している。それは、人が天と地の間で、まっすぐに立つために必要な軸であり、いわば天の高みと心の深みを結ぶ軸である。垂直方向に自己を越えていく「聖なるもの」とのかかわりを中心軸としてこそ、柔軟でダイナミックな水平方向の広がりを支えうる。この図は水平面と垂直軸の交叉するところに、一人ひとりの「自己」をおいて、そのアイデンティティの水平方向への広がりと、垂直方向への深まり、あるいは高まりをイメージする視座である。この原型は、前著の結論部分で提案したが、その後、

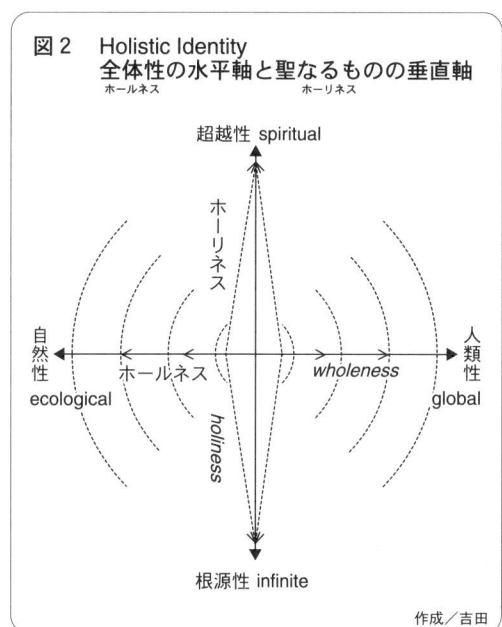

図2 Holistic Identity
全体性の水平軸と聖なるものの垂直軸
　　ホールネス　　　　　　　　　ホーリネス

超越性 spiritual
ホーリネス
自然性 ecological ─ ホールネス ─ wholeness ─ 人類性 global
holiness
根源性 infinite

作成／吉田

垂直軸の上方（高み‥超越性）と下方（深み‥根源性）の区別など、現在も更新中である。
「ホリスティック」という新しい世界共通語が魅力的なのは、水平的な広がりと垂直的な深みの両方を託すことのできる言葉だからだ。「ホロス」を語源とする全体性と聖なるもの。この二つを、限られた生命を生きる私たち人間は、けっして手中に収めることはできない。これに憧れ、どこまでも追い求めることができるばかりである。少しでも「ホロス」に近づこうと求め続ける道のうえに、百人いれば百通りの、ホリスティックな人間形成がある
のだろう。

＊1　日本ホリスティック教育協会編（2002）『ホリスティックな気づきと学び─45人のつむぐ物語』せせらぎ出版
＊2　吉田敦彦（1999）『ホリスティック教育論』日本評論社
＊3　皇紀夫編（2003）『臨床教育人間学（仮題）』玉川大学出版部所収の拙論を参照。

私の考える
ホリスティック教育

ホリスティックなものの見方とはどういうことか
――見えるものを見えなくする仕掛け――

西平 直

見ることによって失われてしまった森全体の蝉時雨

ある友人からこんな話を聞いた。ある夏の夕暮れ、娘さんと歩きながら、小さな森の前に来た。騒がしいばかりの蝉時雨。《森全体がせみになって》鳴いているようだった。近寄ってみると、木にとまって鳴いている〈セミ〉が見える。ところが、娘さんにはなかなか見つからない。木の中にせみがまだ溶け込んでいる。そのうち、ようやく目が慣れてきて一匹見つかる。すると、また一匹、また一匹見えるようになると、次々に〈セミ〉が姿を現してきたというのである。

こうやって子どもは「見ること」を学んでゆく。そう思った。と同時に、「見えた」ことによって、もはや〈森全体がせみになって鳴いている不思議〉は消えてしまったのではないかとも思った。

そして思わず口に出していた。「一度見えた〈セミ〉を、また見えなくする方法ってないですか」。

すぐに後悔した。言わなければよかった。

でも、友人は笑いながら言葉を返してくれた。「それがニシヒラさんのものの見方やな」。

ホッとした。と同時に、何か見抜かれたようにも感じた。自分では気がついていなかった自分の「偏り」を指摘されたようだった。

見えなくする方法。一度見えた〈セミ〉をあらためて見えなくしてゆく。見えなくすることによって、もう一度、森全体の蝉時雨を取り戻す。森全体がせみになって鳴いている。その震えるような夏の夕暮れに戻ってゆく。

だから、この〈見えなくする〉は、「より豊かな」ものの見方なのだと思う。〈見ることによって失ってしまった豊かさ〉を、今一度、回復する。そうした回復された豊

かさこそが、「ホリスティック」という言葉に込められた意味ではないかと思っているのである。

しかし、そう言って分かってもらえることは、めったにない。たいていは「場違い」になる。〈見えている〉ことをわざわざ見えなくして、どういう成果があるのか。そして、その批判に正面から答えようとしたとたん、実は「ホリスティックの文法」を踏みはずしている。「どうなる成果があるのか」といった効率性の問いから、一度、身を離すことが「ホリスティック」なものの見方の必要条件なのである。

ということは、逆に、ホリスティックなものの見方の「成果」を声高に強調する話にも、そう簡単には賛同しないということである。その「豊かさ」は結果として生じるまでのことである。「結果としての豊かさ」は、ごくごく控えめに語られるくらいがちょうどよい。

この「結果としての豊かさ」を意図的・計画的に作り出すことができるなどと考えるのは、傲慢ではないか。私たちにできることは「その一歩手前」まで、つまり、見えていたものを見えなくすること。〈見えなくする〉ことさえできれば、後は、自然に、事柄が内側から動き出すのではないかと思っているのである。

二重写しの眼

〈見えなくする〉を大切にするとはいうものの、それは〈見ること〉の無視ではない。見えるようになることが大切な学びであることは疑いようがない。〈見えなかったものが、はっきり見えるようになる学び〉。

ただ、それと同じだけ、〈見えていたものを見えなくする「学び」〉も、大切にしたいのである〈見る学び〉も、〈見えなくする学び〉も、どちらも自在に往復するということである。両方のベクトルを常に同時に合わせ持つ。

その両方をどちらも大切にしたい。あるいは、その両方のベクトルを何度も往復したい。〈見る学び〉も、〈見えなくする学び〉を「学び」と呼ぶかどうかは課題である（もっとも、それを「学び」と呼ぶかどうかは課題である）。

ということは、最終的には、〈どちらも常に同時に〉ということである。両方のベクトルを常に同時に合わせ持つ。

〈二重写し〉に見る。

〈セミ〉を〈セミ〉として明晰に見ながら、同時に〈森全体がせみになって震えている〉その不思議の前で耳を澄ます。

あるいは、〈木がせみになって鳴いている不思議〉の前で「デクノボー」のように聞き入りながら、実は同時に、一匹一匹の異なる〈セミ〉の違いを鮮明に聞き分けている。

ホリスティックなものの見方とは、こうした〈二重写し〉

のことではないか。そうした意味において、豊かなものの見方ではないかと考えているのである。

見ることもできる。見ないこともできる。多少ややこしく言い換えれば、〈見る目に映るセミ〉も「見る」ことができ、〈見ることによって失われてしまった森全体の蝉時雨〉も「聴く」ことができる。

むろん、この「聴く」の代わりに、「嗅ぐ」と言えばもっと現場に近いし、「触れる」と言えばもっと実感に近くなる。一匹ずつの〈セミ〉を見分けながら、〈見ることによって失われてしまった森全体〉に触れている。

つまり、「見る（見分ける）視覚」と「感じる（感じ入る）感受性」との二重写し。能動的な操作性の高い知覚（視覚）も、身体感覚全体の受動的な感受性（聴覚・嗅覚・触覚…）も、同時に働かせている二重写し。

その〈二重写し〉のことを、「ホリスティック」という言葉は言い当てている。

だから、それは取り立てて目新しいことではない。どころか、古来より、繰り返し（しかし密やかに）語られてきたことである。

禅の老師ならば「半眼(はんがん)」と言っただろう。目を開けていてはいけない。しかし、目を閉じてもいけない。開けつつ閉じ、閉じつつ開ける。

あるいは、「焦点を合わせないものの見方」という言葉

アルゴンキン州立公園（カナダ）

が伝える知恵もそのことだ（むろんカルロス・カスタネダによって紹介された呪術師ドン・ファンの言葉である）。見てはいるのだが、焦点を合わせない（能動的・操作的に見ない）。見る操作からは身を離しつつ、しかし、やはり「見て（感じて）」いる。

ホリスティックなものの見方とは、そうした〈二重写し〉のことである。

「する」と「しない」の二重写し

しかし、〈二重写し〉は、あくまで最終的な目標である。あるいは、理念としての目標であって、そうやすやすと獲得できるはずがない。

そこで「見えなくする」。見えているものを、いかに見えなくするか。

確かに、それは「豊かさの回復」を狙ってのことである。しかし、初めから「回復」などと言いたくない。「見えなくする」という「否定」にとどめる。「否定」の営みから始まる、あるいは「否定」からしか始めることができないことを、肝に銘じておきたいのである。

そうしないと、「見る」を繰り返すことになる。つまり、同じ視覚の代わりに聴覚に移動しただけ。同じ期待のまま、同じ態度のまま、同じ能動的な操作性を保ったまま、平行移動してしまう。

それでは、〈二重写し〉にならない。二重写しの「二重」とは、いってみれば、〈期待することと〉と〈期待しないこと〉の二重である。〈能動的に見ること〉と〈能動的に見ることの放棄〉との二重である。〈すること〉と〈しないこと〉との二重。〈することと〉と〈しないこと〉との二重である。

そして、〈しない〉が〈する〉を否定した時にのみ、〈しない〉が働き出す。〈しない〉がおのずから働き出すのは、〈する〉を停止させる時だけなのである。

たとえば、「能動的な操作や支配の知」に対する「受動的な感受性の〈パトスの〉知」と言う。その「感受性」を、今までとは別の〈する〉ことと思い誤るならば、取り返しのつかない混乱に陥る。

「受動的な感受性」は、〈しない〉ことである。〈しない〉でいると、自然と（おのずから）動き出してくる。〈しない〉だから「受動的」なのである。意図的に作り出すことはできない。意図的・計画的に「受動的な感受性」を作動させることはできない。

では、ただぼんやりと待つしかないのか。そうではない。〈しない〉工夫がある。

意図的に見ない。計画的に消す。停止させる。意志の力で消してゆき、〈する〉から身を引き剥がし、〈しない〉にとどまる。そして、〈しない〉に留まることができると、

自然と、受動的な感受性が動き出してくる。

そうした工夫を、人類は脈々と伝え続けてきた。たとえば、沈黙という〈しない〉。沈黙に入る時、人は語ることから、身を剥がす。語らない。言葉にしない。そうした〈しない〉によって、内側の「受動的な感受性」に働く機会を提供する。

あるいは、瞑想という〈しない〉。目を閉じる。見ることから身を剥がす。そうした〈しない〉によって、内側の身体感覚全体の受動的な感受性を研ぎ澄ませてゆく。(もっとも、逆に、そうした〈しない〉に執着しすぎると、再び〈する〉に陥ることになる。〈しない〉は、あくまで〈する〉の否定としてのみ、なり立つ。〈しない〉の否定ではいけない、目を開けてはいけない、目を閉じてもいけない、と二重の否定になる)。

ホリスティック

ホリスティック教育とは、こうした意味において、まずもって〈見えなくする工夫〉である。

それは、〈見えなくすることによって初めて動き出す受動的な感受性〉を働かせることを狙っている。より正確には、〈見ることによって見えるもの〉より〈見ることによって失われてしまったもの〉を見ることを狙っている。〈能動的な見ること〉と〈受動

的な感じること〉とを、二つながら同時に、働かせるための工夫なのである。

〈見る目に映るセミ〉も「見分ける」ことができる。〈見ることによって失われてしまった森全体の蝉時雨〉も「聴く」ことができる。それが、今日「ホリスティック」という言葉によって語られている(古来より語り継がれてきた)人類の叡智なのだと思う。

わかちあいの教育
― ホリスティックな教育の原理を大学の教育原理の教科書に採用 ―

岩間 浩

私の考えるホリスティック教育

皆さんは大学の教職課程で教育原理ないしは教育基礎論という科目を受講したことはないだろうか。どのような構成になっているかというと、「1 教育とは何か、2 教育の目的、3 教育の内容（カリキュラムおよび授業）、4 教育の方法、5 学校・学級の経営、6 学校制度と教育行政、7 教師」というのが典型的なパターンであり、これに現代的な課題を取り入れようとしたものには、最終章に「現代の教育問題」として、教育の国際化、情報化、そして生涯学習などが取り上げられている。

もしホリスティックな教育の重要性に気づいておられる皆さんが、こうした教科書で教育の原理を学ぶ必要ができた、または教える必要ができたとすると、ホリスティックな教育の原理で貫かれてはいないこのような教科書に不満足感を覚えるのではないだろうか。最終章にホリスティックな教育をトピックとして取り上げたとしても、とうてい満足できないだろう。

ここでは、社会が国際化・高度情報化・宇宙時代化という、人類が経験したことのないまったく新しい時代に突入したという認識のもとに、新時代における新しい教育の原理を模索する試みとして、わたしが同士を集めて作った『わかちあいの教育―地球時代の「新しい」教育の原理を求めて』[*2]（本書は学生のみならず一般読者にも配慮して作られた）の作成過程と概要を示して、皆さんの参考に付したいと思う。

『わかちあいの教育』作成のいきさつ

わたしは、1980年代の中半から後半にかけて約6年間を家族とともにアメリカ東部の大学町に滞在し、再度、大学院博士課程に籍を置いてアメリカの教育や国際教育を学んだ。博士論文では、海外に住む日本人中学生の異文化意識をアンケート調査し、彼らの意識を単一文化意識から多文化意識へと変容させる要因を調べた。こ

---

*1　教師養成研究会編(1990, 2002)『教育原理』学芸図書
*2　岩間浩, 山西優二編(1996)『わかちあいの教育―地球時代の「新しい」教育の原理を求めて』近代文芸社

の間、3年間、セントラルペンシルヴァニア日本語補習校の校長も経験した。

このような経験から、帰国後に大学で再度、教育基礎論を担当することになったときに、書店を回ってテキストを探したが、どうしても満足するものに出会わなかった。国際感覚が芽生えていたからかもしれない。そこでとりあえず既成のテキストを選び、資料集を作ったり、プリントを配布したりして3年間ほどを過ごしたが、意を決して新構想のテキストを独自に作ることにしたのである。まずわたしが第1章を記し、それを数名の共同執筆者に読んでもらった上で、各自の担当部分を書いてもらった。

『わかちあいの教育』の構成は既存のものとそう変わらないが、すべての章のタイトルに「地球時代の」という修飾語を付した。第1章 地球時代の教育の理念と目的、第2章 地球時代の教育内容、第3章 地球時代の教育方法、第4章 地球時代の教師の役割、第5章 地球時代の教育制度。そして、第6章は、地球時代の教育の課題と試みとして、1 国際理解教育・国際教育、2 地球環境教育、3 多文化教育・異文化間教育、4 開発教育、5 人権教育、6 平和教育、7 生命倫理の教育、というように新しい教育の課題に挑戦している。

このように全体を「地球時代」というキーワードで統一したこと、新しい教育の課題に力を注いだことに特徴があ

るが、さらに大きな特徴は、第1章において、

1 基本原理 わかちあいの教育、2 グローバルな教育の原理、3 ホリスティックな教育の原理、4 スピリチュアルな教育の原理、を挙げて、これらを「地球時代の教育の原理」として明記したことである。

グローバルな教育の原理

グローバルな教育の原理とは、一言で言うと、地球時代においては、地球規模の視野を持ち、地球規模の問題に立ち向かえる「地球市民」を育成することを教育の必須にする、というものである。この地球市民という概念は、良き個人、良き家庭人、良き地域住民、良き国民の育成をも含み持っている。決して国民を作ることと地球市民を作ることを二元対立的には捉えていない。地球市民であることは、良き地域住民であり、良き国民であり、良き国民を作ることに重点をおいた教育で民であり、良き家庭人であり、良き個人であることを言う。しかし従来のように、国民を作ることに重点をおいた教育では、環境問題や人口問題、平和問題、南北問題など、国

境を越えた問題にはもはや対処できないと考えた。これからの社会では、ぜひとも地球規模の問題に挑む広い視野と行動力を持った人物を育成することが必要になるからである。

ホリスティックな教育の原理

ホリスティックな教育の原理とは何であろうか。すべての教育分野で全体とのつながりを大切にし、全体を見る眼を養う教育である。実は、当初わたしはこれ以外の教育の原理について押さえることができていたのだが、何かもう一つ欠けている、それは何かと思いつつ出向いた書店で、出版されたばかりのホリスティック教育研究会編『ホリスティック教育入門』*3 に出会い、一読、これこそが求めていた残る教育の原理だ！と確信したのである。早速、当時代表をされていた手塚郁恵姉に会って話をうかがいした後で、急遽、全体構想の中にこれを取り入れ、本の作成にはずみをつけることができた。

あらゆる生物はつながりを持って生きているという生態系の示す事実、人体の諸器官がつながりを持つ全体として機能しているという事実、感覚は全体をまとまりのあるものとして捉えるというゲシュタルトの原理に示されているように、教育においても、子どもを全体として捉え、学習過程ではすべての教科内容の関連を重視し、子どもの生活の場を尊重することなど、ホリスティックな原理が貫かれているべきなのである。

スピリチュアルな教育の原理

スピリチュアルな教育の原理とは、グローバルな広がりを持つ教育のあり方の対として、深く人格の内面の育成に配慮する、教育における垂直方向を示す原理である。すなわち、それは子どもの良心・徳性・霊性の目覚め、および養育を心がける教育が肝要であることを示している。

端的に言うと、これからの社会では、単に知識・技能を備えたのみの人物では機能しないということを、この原理は伝えている。環境問題を挙げると、このまま個人の欲望や便利さや経済面のみを満たす行為を続けていれば、やがて地球はゴミに満ち、生態系は崩れ、自然は破壊され、他の生物とともに地上に住めない状態になる。つまり地球に未来がなくなることを、人類が痛感する時代に入っているのである。そこで、もっと人々が自然に配慮した生活、簡素な暮らしをし、さまざまな人種・民族との共存を心がけることが肝要になる。地球時代には、このようなことのできる徳性をそなえた人物を育成しなくてはならない。個人のささやかな行為が地球全体に関連することが自覚される地球時代では、個人の徳性・霊

---

*3 ホリスティック教育研究会編(1995)『ホリスティック教育入門』柏樹社

わかちあいの教育の原理

最後になったが「わかちあいの教育の原理」を本書では、全体の基底となる根本原理と見ている。なぜだろうか。そして、この原理は何を意味しているのだろうか。

これまで人々は、地球上の資源は無限であるかのような錯覚の上に、猛烈な消費をし、あるいはまだ新品のままそれ前の製品を使い捨てにして、新製品ができるとたちまちを放棄することを繰り返してきた。電気や石油などのエネルギー資源は、その大半を開発先進国といわれる豊かな国が独占し、その結果、ますます富の配分は偏り、先進国と開発後進国との間に深刻な乖離の溝を作ってきた。その上、地球はゴミに満ち、環境が著しく汚染された。資源の浪費は地球から未来を奪うものであり、富の偏りは階級対立や民族対立を激化させている。東西の核戦争の危機は遠ざかったものの、この貧富の差の問題（南北問題）および資源の枯渇の問題を解決しなければ、地球の未来はない。

教育現場でのいじめや不登校、そして学級崩壊などの学校病理現象は、こうした社会の病理を反映したものであり、社会が金銭至上主義で物を大切にせず、物を浪費し、また人の価値を経済性や効率性でのみ測り、人の人格そのもの性を育成し覚醒することをおろそかにしては過ごせないのである。

の価値をないがしろにすれば、そして、なにごとも自分が勝つことに集中する競争原理に社会が支配され続けていれば、その病んだ姿が教育現場に映らないわけがない。

高度に技術・情報・兵器が発達した現代、われわれは、地球を一つのものとして捉え、だれもが地球という宇宙船に運命共同体として乗りあわせているのであり、各人が地球号のクルーとして、だれとも助けあって、資源を分かちあって生きていかなければ、この船は沈没してしまうことを自覚すべき時代に住んでいる。

教育においては、競争原理ではなく、互いに助けあって生きる「わかちあいの原理」を修得したクルーを育成しなければならないゆえんである。一つの宇宙船の中の争いは宇宙船そのものの運行を不能にするのであるから、教育の根幹には、助けあい、協力、わかちあい、といった精神が貫かれているべきである。

わたしは、現代の地球の存亡を脅かす問題の背後に、自分が勝利することに専心し、他を省みない利己心と、うぬぼれと冷酷な心̶このような競争原理に支配されている社会を見る。その病理からの回復をはかるには、ただ、共存共栄とわかちあいの精神を基底とした教育に新時代を託すしかないとして、「わかちあいの教育の原理」を教育原理の基底に据えた次第である。

この原理は単に理想主義的であるのではなく、あらゆる

生物が共存共栄しているという事実に基づいていることを認識していただきたい。

この原理は、良き地球市民を育成する「グローバルな教育の原理」、教育において全体的な視野とつながりを大切にする「ホリスティックな教育の原理」、そして、人の良心・徳性・霊性を育成することを目指す「スピリチュアルな教育の原理」と密接にかかわっていること、そして、それぞれの原理がそれぞれの原理の別名であることを認識していただきたい。ここではホリスティックな教育をタイトルに使ったが、この語はそれ以外の教育の原理をも代表している。

改めて、タイミングよくホリスティックな教育に出会え、教育原理のテキスト作りがこれによって豊かさを与えられ、新しい命を吹き込まれたことに深い感謝を捧げたいと思う。この出版の試みが今後の新世紀におけるテキスト作りの先駆けとなり、地球時代の教育のあり方に示唆を与えることになれば、著者として望外の幸せである。

ホリスティックな生命観について

ここでさらに、ホリスティックな教育の原理を支える生命観について付記したく思う。

生命の本質は何かと考えると、それは「融合」であると直感される。すなわち、生命が一つにつながっている、融合しているという体験を指すのであり、また、生命が一つに融合する体験は「愛」と名づけられる。男女が愛しあい、親子が愛しあい、友達同士が愛しあい、教師と生徒が愛しあうとき、大いなる喜びが湧き上がる。グループのメンバーが協力して一つのことを成し遂げるとき、かぎりない悦びが感じられる。生命にとって、愛が、そして協力とわかちあいとが本質であるゆえんである。

反対に、生命にとって分離体験は（個体の独立を除いて）苦痛であり、悲哀であり、残酷でさえある。親しい人との別離、愛するものからの別れ、さらに人と人との敵対、けんか、無視、村八分、攻撃、非難、戦争、過度の競争、怒り、恨みやねたみ、そして利己主義的行為、我欲的行為などに、喜びの体験はない。常にそこからは、悲しみ、絶望、破壊が生じてくる。

親と子ども、教師と生徒の間にもちろん、この原理は成り立つ。親が子どもを虐待するとき、教師が生徒に暴言を吐くとき、子ども同士が憎しみあうとき、親子げんかをするとき、夫婦仲が険悪なとき、子どもや生徒はなんと悲しいことだろう。

また、生徒がただ成績によってのみ評価されるとき、生徒は限りない大人への失望と自己劣等感に囚われる。生命とは豊かな全体であり、点数のみで評価できない存在だからで

点数イコール自己ということは、生命への冒涜である。一人のいのちが点数のみで評価され、容貌で測られ、背の高さで測られ、服装で測られることは、ナンセンスではないだろうか。一つのいのちが兄弟姉妹と比べられ、級友と比べられることだろうか。「桜の花とスミレの花とどちらが美しいでしょうか」という質問が愚問であるように、子ども同士を点数や表面の態度だけで比較することは、何の意味もない子どもの持つ特質の芽を摘むことになるだけである。ただ劣等感や優越感を子どもの心に植えつけ、はずである。それはいのちの破壊である。

桜の花は、その存在だけで美しくかけがえのないものであり、スミレの花もその存在だけですばらしい。同じように一人の子どもは、その存在自体が二つとない価値を有する。親や教師は、子どもの一面を越えた全体を見据えなければならない。いのちを畏敬する者でなければならない。

ロシアの文豪トルストイは、人間の生命法則は闘争ではなく、生き物同士の相互作用である、と生命の本質を喝破し、ドイツの医師にして思想家のシュバイツァーは、新しい時代の指導原理は「生命の畏敬」であると論じている。先年、再発見された金子みすゞの詩は、あらゆる生命との同感を唄っている。

幼きいのちを相手にする教育で、このいのちの本質を把握せずしては、なにごともよいことは生じてこず、いじめや不

登校や学級崩壊などの温床を作る結果になるだろう。もし、教師や親がかけがえのないいのちをあずかっているという認識を持つならば、そのいのちから素晴らしい贈り物を与えられるであろう。

Goddard College（ヴァーモント州）
アメリカで最も古いオルタナティブ・カレッジ。キャスリン・ケッソン（左）、ロン・ミラー（右）のもとでホリスティック教育のプログラムをもつ。撮影／中川
www.goddard.edu

システム論とホリスティック教育

私の考えるホリスティック教育

今井 重孝

システム論とホリスティック教育は、一見すると相性が悪いように見えるかもしれない。システムというと硬直的な印象があり、ホリスティック教育のように、「つながり」「包括性」「バランス」を強調する人間性豊かな教育とは、相容れないだろうというわけである。ところが、「システム」自身の捉え方が、近年大きく変化してきているのである。

システム理論家として著名なニクラス・ルーマンは、システム論は、二度パラダイム転換を遂げたと見ている。最初のシステム論は、社会は個人から成立するという考え方で代表されるような、全体は要素の集合からなるという考え方である。ところが、この考え方は、ベルタランフィの一般システム理論などの試みを契機として、システムと環境というターミノロジーに取って代わられていく。部分と全体からシステムを把握する場合には、システムの外部の問題が入ってこない。しかし、システムは環境との関係において変化するので、システムと環境の区別を基軸にしてシステムを把握すべきである、というわけである。この時期のシステム論は、有機体論、熱力学、進化論との関連が強かったとされる。

二度目のパラダイム転換は、自己準拠システム理論への転換である。自己準拠システムというのは、環境の影響を受けてそれに適応するという関係ではなく、システムの側で環境を解釈し、システムの側での条件に従って環境に応対していくというありかたに注目してシステムを特徴づけたものである。システムは環境に依存しているというより、環境から相対的に自律しているということが強く認識されたわけである。現在最先端のオートポイエーティックシステム論は、自己準拠システム論の発展形態なのである。

こうした2回のパラダイム転換をもたらしたのは、最初は、熱力学、生物学、後に、神経生理学、細胞理論、コンピュータ理論、情報理論、サイバネティックスといっ

た学問分野であったとされる。

オートポイエーティックシステム論は、チリの生物学者マトゥラナとヴァレラによって創始された最新のシステム論である。このシステム論は、社会学者ニクラス・ルーマンの社会システム論を経由して、さまざまな学問領域において応用されるようになっている。パラダイム転換以降のこうした新しいシステム論の流れは、実は、ホリスティック教育と浅からぬ関係があるのである。

科学の輝かしい知的成果は、何よりも、自然現象を、細かく分析することによって得られた。医学においても、脳外科、耳鼻科、皮膚科、内科、神経科、外科などという具合に専門分化しているところに、この特徴は鮮明に現れている。自然科学の分野がますます細分化していくのも、こうした傾向を裏づけるものである。元東大総長の吉川弘之氏は、このことに関連して次のように述べている。

「例えばニュートンは、彼は自然哲学者であると自認していたにもかかわらず、一つの理論ですべての現象を説明しきることにはこだわらなかった。すなわち、彼は対象を限定して、それぞれが力学に関する著書を、矛盾のない体系として著した。そこでは力学と光との関係については、少なくとも現在の意味での理論的関係は述べられていない。この事実は次のように解釈するべきであろう。すなわち対象を限定し領域を定めることによってはじめて、数学を用いた定量的関係における矛盾のない世界を理論体系として記述しえたのである」。こうした領域化がますます進み、全体を統合する努力が疎かになってしまったというのが、氏の主張である。

いまや統合の努力が要請されているわけであるが、ベルタランフィの一般システム論は、こうした統合の努力の先駆形態にほかならない。つまり、全体(whole)を一つの理論で説明しようとする努力は、基本的に、細分化とは逆のベクトル、総合化、統合化のベクトルが働いているわけである。これは、ホリスティック教育が、知育偏重の教育には批判的で、知育、徳育、体育のバランスを重視し、包括性を主張することと相同関係にあることがわかるだろう。表現を変えれば、学問自体がホリスティックになることが、現在、必要とされているということであり、こうした学問の流れを代表するのが現在のシステム理論であるというわけなのだ。

こうしたシステム論のホリスティックな性格を特に強く示しているのが、ケストラーの創始した「ホロン」という概念であろう。ルーマンが指摘していたように、古典的な社会システムの考え方では、個人が集まって全体つまり社会を構成すると考えられていた。しかしながら、個人が集まって家族となり、家族が集まって地域となり、地域が集まって国となり、国が集まって連邦となるよ

---

*1　吉川弘之(1998)「大学と学問」岩波講座現代教育10巻『変貌する高等教育』岩波書店、124頁

に、社会には複数の位相がある。これは社会に限らず、素粒子と原子と分子と細胞と器官と人間の身体との間にも相同の関係がある。家族は個人にとっては全体であるが、地域社会にとっては要素であるわけで、細胞も分子からみれば全体であるが、器官から見れば要素となる。つまり、部分と全体というのは、関係性であって、ある単位は、より上位のものにとっては要素であり、より下位のものにとっては全体であるという性格をもっているわけである。この性格を持つ単位要素を、ケストラーはホロンと名づけたのであった。ケストラーの言葉を引用しておこう。

「つまり細胞も筋肉も神経も、ヒエラルキーの上位のセンターに対し『部分』として従属しているが、同時に準自律的な『全体』としても機能する。まさに二面神ヤヌスである。上位のレベルに向けた顔は隷属的な『部分の顔』、下位の構成要素に向けた顔はきわめて独立心に富んだ『全体』の顔だ」。[*2]

こう考えると、人間は一つの全体であるとともに社会の部分でもあるというにとどまらず、あらゆる要素は、従って人間も地域社会も、一つの全体であるとともに、全体の部分であるという認識が大切であるということになる。つまり、システムの要素はあらゆる位相でホリスティックな性格を持っているというわけなのだ。ホリスティック教育の流れにひきつけて言えば、知育に偏った教育は、社会と

いう全体を科学技術社会あるいは知識社会と把握した上で、人間をその社会に適合的な要素として形成しようとする教育であると理解することができる。それに対して、ホリスティック教育は、一人ひとりの人間がかけがえのない全体性を持つ個人であり、この一人ひとりの人間としての全体性を無視した教育は、社会を構成する要素自体を偏ったものとしてしまい、結果として、社会を歪めることになる、と考える。自然破壊が進むのは、こうした社会適応があまりに強調されすぎたからではないか、ということになるわけである。

人間を、一つの全体性としてみた場合、人間は、思考力もあれば、感情もあり、意志もある。論理的な力もあれば、共感する力もある。人間は、思考人間のみならず、感情人間でもあり、意志人間でもあるわけである。近年、日本の教育改革において、「心の教育」の重要性が叫ばれているが、それは、全体性を持った存在（ホロン）として人間を再認識しようとする動きであることが理解されよう。

このケストラーのホロンの考え方をさらに発展させたのが、ウィルバーである。さて、ウィルバーは、すべてのホロンに共通する20の原則を12のカテゴリーに整理したが、[*3] 彼の進化論は、筆者の見るところ、ホロンを要素とするシステム理論と見なすことが可能である。ウィル

---

*2　ケストラー（1983）『ホロン革命』田中, 吉岡訳, 工作舎, 56頁
*3　ウィルバー（1998）『進化の構造１』松永訳, 春秋社, 60-129頁

バーは、ホロンの第1原則として次の文章を挙げている。「リアリティを構成するのは、モノでもプロセスでもなく、ホロンである」[*4]。存在を構成しているのは、ホリスティックな要素である、存在はすべてホリスティックな構成要素からなっている、というわけである。ルーマンの場合、社会を構成する要素はコミュニケーションとされている。この場合には、コミュニケーションがホロンの位置に来る。コミュニケーションは、一つの完結した単位要素であるコミュニケーションは、たとえば経済的コミュニケーションの要素となる。一つのコミュニケーションは、言葉の単位からなり、さらなる上位の、言葉が一つの単位体、ホロンとなる。このように見てくれば、ルーマンのシステム論もホロンに翻訳できることがわかるだろう。

さて、オートポイエーシスという概念は、いまや、さまざまな分野で取り上げられ、現代科学の知的最前線の一つを形成している。オートポイエーシス理論の展開過程については、すでに、河本英夫による詳しい説明があるので、そちらを参照していただくことにして、ここでは、オートポイエーシス理論を組み込んだルーマンのシステム理論が、いかに、ホリスティック教育の流れと相同的であるかについてだけ触れておきたい[*5]。

ルーマンは、オートポイエーシスの理論を援用する前から、教育における「技術欠如」の問題を指摘していた。ルーマンのシステム論によれば、人間は、システムではなく、心的システムや、神経システム、免疫システムなどの複合体であるとされる。心的システムは、オートポイエティックシステムつまり、自己準拠的なシステムであり、外からの刺激を自己の判断でいかようにも解釈する可能性に開かれているので、同じ教育的働きかけは、生徒の数だけ、つまりは自己準拠システム(オートポイエティックシステム)の数だけさまざまでありうるということになる。ということは、通常教育学において自明とされている教育技術は、実は、存在しない。つまり、教育においては、一つの定式化された働きかけから同じ結果を生み出すことを可能にするような技術は存在しえないということになる。そうであるとすれば、通常のどの教師にも通用するような万能の優れた教育技術というものは存在しないことになる。この前提で、教育においては、タクト(コツ)が必要とされることになる。こうしたコツを構成する要素の一つは、ある子どもが、この働きかけに対してどんな反応をするかを予測するイメージであるという。

この主張は、驚きをもって受け止められるかもしれない。しかし、「子どもが親の思い通りにならない」というのは、日常的に経験されるところである。これこそが、子どもはオートポイエティックシステムである、とい

[*4] ウィルバー, 前掲書, 60頁
[*5] 河本英夫(1995)『オートポイエーシス』青土社

I部―2　私の考えるホリスティック教育　　41

うことの表れにほかならない。ホリスティック教育の優れた世界的事例であるシュタイナー教育においては、「教育は芸術である」と主張されている。これは、教育は技術ではなく、その場その場で芸術を創造するときのような創造的な働きかけが必要であることを示している。ホリスティック教育は、フレネ教育にせよ、モンテッソーリ教育にせよ、ニールの教育にせよ、子どものオートポイエーシスの動きをよくよく観察した上で、そのオートポイエーシスに寄り添った教育のあり方を提起しているのである。フレネ教育における、作文の批評と印刷は、生徒のオートポイエーシスの表出としての作文を教材とする方法であるし、ニールの場合は、生徒自身が自分で気がつくことが重視されているし、モンテッソーリ教育における集中現象の指摘は、幼児のオートポイエーシスの見事な観察事例であるということができる。日本の著名な優れた教育者である斎藤喜博も、期せずして、教師は芸術家でなければならない、と述べている。

オートポイエティックシステム同士の働きかけは、因果関係にもとづいてなされるわけではないとすると、いかにして行なわれるのか。オートポイエーシスに対しては因果論的、技術的な働きかけではなくて、システム間の共鳴によって影響が与えられる、というのがルーマンの主張である。これとほぼ同じ主張が、日本の幼児教育の父と呼ばれる倉橋惣三によってなされている。子どもは、「自分で自分だけの心の生活を、していけない。共鳴せられることによって、かろうじて子どもは生きるとまでも言い得る」*6と。倉橋の保育原則は、ホリスティックな教育原則といえるものであり、現在でも日本の幼児教育に大きな影響を与えているが、その倉橋の考え方とも、ルーマンのシステム論は極めて近いところに位置しているのである。

以上は、システム論とホリスティック教育のかかわりのほんの一局面に過ぎないのであるが、ホリスティック教育の理念が最新のシステム理論の流れに位置づけられることは理解されたのではないかと思う。

河本英夫は、ゲーテの自然認識を高く評価し、分析的なニュートンの自然認識とは異なった、主観と客観の相まみえる場所そのものをいわば全体的に観察しようとしたゲーテの認識法を深く理解していた。この点においても、ホリスティック教育の有力理論家の一人であるルドルフ・シュタイナーがゲーテの自然認識に新しい認識の手掛かりを得たことと絶妙な照応関係にある。こうした事態は、実は、単にシステム論に限らず、21世紀の学問全体のあり方が、大きく、分析的、客観主義的な科学的学問から、総合的でホリスティックな学問へと転換しつつある流れから来ているのであるる。ホリスティック教育とホリスティックな学問が手を携えて21世紀の方向性をつくり上げていくことになろう。

---

*6　菊野ふじの監修, 土屋とく編(1990)『倉橋惣三「保育法」講義録』フレーベル館, 105頁
*7　河本英夫(1984)『自然の解釈学―ゲーテ自然学再考』海鳴社

私の考える
ホリスティック教育

I部 2

ホリスティック教育における人間観
―伊藤隆二教授の見解―

鶴田 一郎

本稿は、筆者の東洋大学大学院教育学専攻における指導教授であった伊藤隆二教授が『教育心理学年報』[*1]に発表された展望論文「教育心理学の思想と方法の視座―『人間の本質と教育』の心理学を求めて」に触発され、その「ホリスティック教育における人間観」を紹介しようとするものである。

その論文では、ホリスティック教育に収斂(しゅうれん)される40年以上にわたる教育心理学研究を通じて伊藤教授の人間観は、次のように熟成されたとある。それはすなわち「人間の特質を掲げるならば、それは主体的存在、独自的存在、創造的存在、歴史的存在、社会的存在、超越的存在、意味的存在であり、それらを統合した全体的存在である」ということである。

この論文を読み、伊藤教授に教えを享けたものとして、単に伊藤教授の人間観を鵜呑みにするのではなく、さらに筆者なりに検討していく必要があると感じ、この小論をしたためることにした。

以下、「人間は全体的存在（holistic existence）である」に至る七つの側面、すなわち「人間は主体的存在（subjective existence）である」「人間は独自的存在（unique existence）である」「人間は創造的存在（creative existence）である」「人間は歴史的存在（historical existence）である」「人間は社会的存在（social existence）である」「人間は超越的存在（transcendent existence）である」「人間は意味的存在（meaningful existence）である」を、一つずつ簡略に紹介していく。そして次に「人間は全体的存在（holistic existence）」としての「ホリスティックな人間観（holistic existence）」について再考し、最後に本稿全体のまとめを行ないたい。

人間の特質―七つの側面

1 「人間は主体的存在（subjective existence）である」に

[*1] 伊藤隆二(1996)「教育心理学の思想と方法の視座―『人間の本質と教育』の心理学を求めて」『教育心理学年報』35, 日本教育心理学会, 127-136頁

[*2] 小林純一(1979)『カウンセリング序説―人間的・実存的アプローチの試み』金子書房

ついて伊藤（1996）では「人間は生を享けた瞬間から臨死まで主体（subject）であり続ける」と述べられている。これは操作されるべき「客体（object）」に対する「主体（subject）」という考え方である。

2 「人間は独自的存在（unique existence）である」について
「人間一人ひとりは独自な存在である」ことは疑いの余地もないが、ただし、それをどのように把握していき、また把握された結果をどのように利用し、「その人」自身に還元するか、という課題が大きく残されている。

3 「人間は創造的存在（creative existence）である」について
カウンセリング心理学者の小林純一*2は、「人間の本質的特徴としての創造性」を想定し、創造性を「個人が自己の人生を独自なもの価値のある尊いものとする過程」と定義している。

4 「人間は歴史的存在（historical existence）である」について
このことに関して伊藤は「人間は常に変化の過程にあって、刻々と自己創造をし続けている」と述べてい

る。文中の自己創造（self-creation）とは、自分自身が自己を創っていく生涯にわたる過程を示している。

5 「人間は社会的存在（social existence）である」について
このことに関して伊藤は「誕生以来、人は他の人との関係を形成し、関係しつつ自己を生成し、創造し続けるのであって、人間という存在は他の人との相互交渉そのものなのである」と述べている。文中の「他の人との相互交渉」とは、いわば人間は他の人間との人格的交わりによって、自己を創っていく、ということである。

6 「人間は超越的存在（transcendent existence）である」について
このことに関して伊藤は、人間は「常に未来にひらかれていて、今の自分をのり超えつつ成長し続けている。そのことは脳髄

に損傷を受けている子どもにおいても、忘却の著しい高齢者においても同じである。たとえ知力や社会性において十分に社会的に貢献をなしえなくても、その魂が光り輝き、研究者をのり超えていく可能性が秘められていることを思えば、おのずと頭を垂れるのではなかろうか」と述べている。

7「人間は意味的存在（meaningful existence）」について

このことに関して伊藤は「人はだれでも自分がこの地球上に生を享けた意味をどこまでも深く探求し続ける存在である。

一方、自分と時間・空間との関係のうち、まず時間は、「今」を基点にして過去や未来ともつながっている。それは人間が「歴史性」を担った存在だからである。また、空間との関係は、「ここで」を基点にして、自分の家族、友人、学校、職場、近隣社会、母国、諸外国、自然、地球、宇宙とつながっている。それは、人間が「社会性」を担った存在だからである。そして、これらが「この私」との関係を基点にする以上、葛藤、矛盾、確執などの「人間性の逆説」を含みながらも、その人が生きる「意味性」にもつながっている。

そして、以上を統合する概念として「全体的存在」（ho-listic existence）ということが挙げられているが、「全体的

人間は1―7を統合した「全体的存在（holistic existence）である」について

以上、人間の特質について、主体性・独自性・創造性・歴史性・社会性・超越性・意味性の側面から簡略に紹介してきたが、伊藤によれば、人間の本質を一言で言うならば、これらの側面を統合した「全体的（ホリスティックな）存在」であるという。

それでは、どのようにこれらを「統合」できるだろうか。人間存在を考えていく場合、ひとつの視点として「自分自

身との関係」、「自分と時間・空間との関係」から考えることができるだろう。なぜなら、人間は「今（時間）、ここで（空間）、この私（自分）」ということを生存の基点にしているからである。

自分自身との関係、ほかならぬ「この私」との関係は、自分の人生の中で、自分が考える、自分が行なうという「主体性」、自分としての存在の「独自性」、自分なりに生きる「創造性」という点にかかわっている。さらに、「この私」は有限な存在でありながらも、その「超越性」のため、自分の人生の中で、自己をのり超え、自分を成長させている存在である。

(holistic)は、全体論(holism)の形容詞であり、「全体論的」と訳されるべきものであろう。全体論的(holistic)とは、心理学的に言う場合、人間の心は、部分の寄せ集めではなく、はじめからひとつの全体としてまとまった構造と機能を有していると考えることを指している。

したがって、上述の人間の本質に含まれている側面である「主体性」「独自性」「創造性」「歴史性」「社会性」「超越性」「意味性」ということも、バラバラに把握されるのではなく、また抽象論のレベルではなく、ひとりの具体的人間を通して「全体論的(ホリスティック)」に把握される必要がある。

人間性の逆説を超えて

ところで、全体論(ホーリズム)の語源はギリシャ語の「ホロス(holos／全体)」という言葉であり、これは同時に、全体(whole)、健康(health)、癒す(heal)、神聖な(holy)などの言葉の語源でもある。*3 この言葉から受けるイメージは「主体性」「独自性」「創造性」「歴史性」「社会性」「超越性」「意味性」といった人間性の肯定面ばかりに焦点が当てられている印象受ける。

しかし、人間性は逆説に満ちており、「主体性」が、「独自性」に対しては「非主体性」が、「独自性」に対しては「非独自性」が、「創造性」に対しては「非創造性」が、「歴史性」に対しては「反歴史性」が、「社会性」に対しては「反社会性」が、「社会性」に対しては「非社会性」が、「超越性」に対しては「非超越性」が、「意味性」に対しては「無意味性」に対しては、その表裏一体に潜んでいる。人間性には、肯定的側面とともに否定的側面も必ず含まれているのである。

したがって、「全体性」にも、肯定的側面(「人間的」と呼ばれる側面)とともに否定的側面(「非人間的」と呼ばれる側面)も含まれている、と言える。

これは、学習者だけに当てはまることではなく、教育者もまたそのような人間としての「有限性」「逆説性」を背負った存在なのである。教育者自身が、この人間の「有限性」「逆説性」を自覚し、自らの弱さ・無力さを知り、謙虚に、そして真摯に学習者とかかわらない限り、学習者との間に「受容しあう関係」「共感しあう関係」さらには互いに自己創造へと志向する「ともに学びあう関係」が築けるわけがない。また逆に学習者側で自身が持つ人間としての「強さ」「善く生きようとする力」への気づきがない場合は、自分自身を肯定的方向に進ませる「自己創造への力動」が起こり得ないのである。

伊藤教授の言う「ホリスティックな人間観」に限りなく接近していくためには、人間性心理学者の水島恵一が*4 述べるように『人間的』であることを自負する実践や研

---

*3 手塚郁恵(1995)「今、なぜホリスティック教育なのか」ホリスティック教育研究会編『ホリスティック教育入門』柏樹社,11-27頁
*4 水島恵一(1989)「『人間的』とは」『人間性心理学研究』7,16-20頁

究もそれが幅をきかせてくれば、必ず非人間化する宿命を持ってしまう」という逆説に、身を晒し耐え抜くことからはじめなくてはならない。

一人ひとりの具体的な人生において、それぞれの人は、自分の弱さ、生きることの大変さ、孤独、悲哀、苦悩、絶望そして死といったことに無縁では生きられない。しかし、教育者が自分自身のそれを心から受け容れ、また同じ有限性を背負う学習者とともにどうにか前に歩もうとするとき、私たちの「弱さ」が、むしろともに善く生きようとする「強さ」に変わるのである。

これは、作家であり精神科医のなだいなだにもつながることである。なだいなだは、さまざまな実例を挙げながら、今まで「非人間的」と言われた行為の中にも「人間性」の本質が潜んでいることを指摘する。そして「人間、この非人間的なもの」という認識は、『人間のやることで、なにひとつ人間的なものではないものはない』に進まねばならず、さらにそれが、今後、人間のなしうるすべてに、『人間が責任をとるのだという意志の表明につながらねばならぬ』と論を結んでいる。これは、人間性を問う場合に、われわれ一人ひとりの「責任性」が問われなければいけない、という主張である。
*5

それぞれの人が自分自身の中に人間性の矛盾・逆説性を抱えながらも、どうにか「かけがえのない他者」とかかわりながら、ともにそれを超克しようとする。このことは、伊藤教授のホリスティックな人間観に通底する人間の「生き方」であろう。

*5　なだいなだ(1985)『人間、この非人間的なもの』筑摩書房, 264頁

その他資料
伊藤隆二(1999, 2002)『人間形成の臨床教育心理学研究』正, 続, 風間書房

私の考える
ホリスティック教育

ホリスティックな心の教育
―"いじめ"をめぐって―

手塚 郁恵

いじめられた子は…

いじめがきっかけで人生が大きく狂ってしまった、という人がたくさんいる。いじめには、言葉による侮辱、からかい、いやがらせ、無視、はずかしめ、脅迫、身体的暴力などがあるが、これは、子どもにとって、ものすごく大きなショックであり、耐えられないほどつらいものである。子どもは、まわりの人から言われることをそのままに受け取るから、「自分はきたないんだ」「ばかなんだ」「へんなんだ」「みにくいんだ」「みんなからきらわれているんだ」「みっともないんだ」などと思ってしまう。これは、まさに存在の否定といってもよいだろう。いじめられた子は、自分を責め、生きていたくないとまで思うかもしれない。

親には話せない

ほんとうにつらいとき、誰かに話せたら、それだけでも、どんなに気持ちが楽になるだろう。そして、どうにもならないところまで追いつめられたり、それから何十年も苦しんだりしないですむだろう。

でも、たいていの子どもは、どんなにいじめられても、どんなに苦しくても、親にはなかなか言えないことが多いようなのだ。もちろん、すぐに親に言える子どももいるだろうけど。子どもには、親が忙しそうだ、親が疲れているだから親に心配をかけたくない、がっかりさせたくないという気持ちがある。また、言えばもっと自分がみじめになる、もっとつらくなる、ということもある。こんなみじめな、みっともない自分を、これ以上さらしたくない、という気持ちもあるかもしれない。

これはたぶん、親が子どもの苦しみをしっかりと受け止めることができないからなのだろう。親がすごく心配したり、動揺したり、うろたえたり、自分が悪いと思ったり、自分が何とかしなければならないと思ったりすると、子ど

回連絡先
手塚郁恵
〒242-0001　神奈川県大和市下鶴間3956-18　TEL 046-276-0137　FAX 046-275-8715

もは、どんなにつらくても、たとえ、もう生きていけないというようなところまでいっても、口に出せないかもしれない。

また、叱られたり批判されたりするのではないか、と思うと、何も言えなくなる。「いじめられるほうも悪いのよ。あなたにも悪いところがあるからよ」「そんなことぐらいでぺしゃんこになるのは、あなたが弱いからよ」などと言われたら、それ以上、話す気にはならないだろう。

話すのはいのちがけの賭け

いじめられたことのある、ひとりの人は、こう言う。

「なんとか立ちなおるためには、誰かひとりでいいから、ほんとうに聞いてくれる人がいるね。それから、聞いた人は、けっして批判しないの。安心して、信頼して話すんだから、そこで批判されたら、もうズタズタになっちゃう。もうけっして、二度と口を開かなくなるよ。話すのは、いのちがけの賭けなんだからね」。

私は、ほんとにそうなんだな、と思った。いままで誰からも聞いてもらえなかったことを話すことは、いのちがけなのだ。大人から見れば、「なんだ、そんなことか」と思うようなことであっても、その子にとっては、笑われ、あざけられ、否定されてきたことなのだ。私は、そのような話を批判することの恐ろしさを、あらため

て感じた。

大人はしばしば、教えよう、慰めよう、子どもの気持ちを楽にしよう、という気持ちから、子どもの言うことをそのままに受け取ることができなくなる。それが、子どもの口を閉ざしてしまう結果になっているという事実を、私たちは知らなくてはならない。

親が、教師が、教えよう、相手を何とかしようとする姿勢を手ばなして、心から子どもの声に耳を傾けることができるとき、そこから何かが生まれていくのではないだろうか。

見かけだけがすべてではない

いじめられたりして、とてもつらい思いをしている子は、自分がこんなに苦しんでいることを、ほかの人たちにさとられまいとして、元気なふりをしていることもよくある。笑いものにされたり、軽蔑されたりするのを、とても恐れているのかもしれない。元気なふり、なんでもないふりをしなかったら、とても悲しくて生きていけないかもしれない。たいていの人は表面だけしか見ないので、心の深いところで、その子がどんなに苦しんでいるのか、まったく気づかないことも多い。

でも、ほんとうは、その子はきっと、だれかにわかってもらいたいのだ。その子は、けっして話したくないのではなく、心から信頼でき、安心し、話してもしっか

手塚郁恵(1997)『好ましい人間関係を育てるカウンセリング』学事出版
手塚郁恵(2000)『子どもの心のとびらを開くホリスティックワーク入門』学事出版

り受けとめてくれる人がいたら、その人の腕のなかにとびこんでいって泣くこともあるだろう。人は見かけだけがすべてではない。

いじめている子は…

いじめている子は、これまでの人生で、自分がいじめられた体験がおそらくあるはずだ。そのとき体験した否定的な感情が解放されないまま、心の奥深くに残っているのかもしれない。そういうとき、自分を否定し、責める子もいるだろう。また、うっせきした怒り、くやしさ、憎しみなどを、ほかの人たちに向ける子もあるだろう。それが、いじめになるのである。

いじめは、自分のイライラの発散や腹いせとして、まわりにいる人たちに向けられる。つまりそれは、自分が受けた屈辱的な仕打ちに対する無意識的な復讐であり、仕返しなのだ。これは、否定的な感情の発散なので、相手は誰でもいいのである。もちろん、その相手の人に対する怒りやうらみから出てくることもあるが、まったくそうではないこともある。

いや暴力を受けていると、それがあたりまえになってしまう。そういう子はすぐに、暴力をふるうかもしれない。親にさえ、虐待とか、殴られたと感じ、人を信じることができなくなっている子もいるだろう。外側から見えるものだけではない。外側から見えるような「いい家庭」「立派な両親」と見えるような、ささいな出来事のつみ重ねのなかで、まわりが気づかないような深い心の傷を受けていることもある。一人ひとりの子どもによって感じ方は違うから、重要なのは、客観的な事実ではなく、その子の体験である。その子がそれをどう感じ、どう受けとめたかである。

いじめる子は、ただでさえ、「自分なんかだめなんだ」「自分が悪いのだ」「自分はみんなから嫌われている」などという、悲惨な自己イメージをもっている。表面では何も感じないように見えても、いじめをすることで、自分でも、ますます自分を許せなくなる。自己否定感や、絶望感が深くなり、内面的な破壊は、さらに拍車がかけられる。その上、まわりの人たちから「悪い子」というレッテルが貼られ、さらにそういう目で見られるようになる。そうなると、もう、その道をつっぱしるよりほかないだろう。感情や感覚を閉ざし、刹那的な衝動に身をゆだねるようになるかもしれない。だから、表面的な言葉や

いじめている子の心の深みには

なかには、生まれて一度も、肯定的なあたたかい人間関係を体験したことのない子どもさえいるだろう。ひどい扱

行為を問題にするよりも、そのなかにある、深い苦悩や絶望感に寄り添うことが必要なのである。

心の汚染が広がる

いじめは、いじめられている子に、想像を絶するほどの内面的な破壊をもたらす。苦痛や恐怖にさいなまれ、からだも心もズタズタになってしまうかもしれない。そのたえがたい苦痛や恐怖から逃れるために、感情や感覚を失うこともある。いじめが執拗にくりかえされ、助けてくれる人が誰もいないとき、逃れようもない絶望感から死を選ぶこともある。

いじめられる子は、どこかで「自分がいけないんだ、いじめられてもしかたがない」などと思っているかもしれない。「いやだ」と言うこともできずに、とことんまで、ひとりで我慢してしまうのである。

いじめられている子が、突然いじめる側にまわることも、実際よくある。いじめる子は、過去に何らかの形でいじめられたり、虐待された体験をもっていることが多い。

このように、いじめによって、さらにいじめは広がる。こうして、心の汚染は限りなく広がり、社会全体にまで波紋を広げていくだろう。

得られなかった体験をとりもどすこと

いじめの行動だけを押さえこんだり、なくしたりしても、内面にある感情はけっしてなくならない。否定されればされるほど、ますます破壊的・暴力的なエネルギーになっていくだろう。その結果、怒りやくやしさは抑圧されて、からだやこころの深みにたまっていく。

表面的にいじめがなくなればいいというだけでは、本質的には何も変わらないどころか、こころの苦悩は、ますます深まるだけである。表面的にちゃんと仕事につき、結婚して子どもをもったとしても、たましいの奥底の怒りやくやしさがほんとうに癒されないかぎり、けっして消えることはなく、次の世代にも影響を与えていくだろう。これは、私たちの社会にとって、きわめて重要な問題である。

いじめる子も、いじめられる子も、そしてほとんどすべての子どもたちが、成長するためにどうしても必要な体験を多かれ少なかれ得られなかったはずだ。その体験を取り戻すことこそが、本来の自分を取り戻すために必要なのである。

子どもが成長するために必要な体験

では、子どもが成長するために、なくてはならない、必要な体験とは、どのようなものなのだろうか。いくつかあげてみよう。

1 成長し、変容していく全体的な存在・いのちとして、

I部―2　私の考えるホリスティック教育　　51

愛され、いつくしまれる体験　子どもは、ひとつのかけがえのない大切な存在として、愛といつくしみを十分に受ける。

2　信頼される体験　子どもは、自分が基本的によいものと認められ、信頼される。

3　自由な自己表現　子どもは、安心して、ほんとうの気持ちや感情をあらわすことができる。

4　自分は自分でいい、という体験　子どもは、ありのままの自分を愛され、認められていると感じる。ほかの人の期待に添わなければ認められ、受け入れられないと感じることなく、自分は自分でいられるし、自分なりのよさを認められる。

5　自分の弱さや欲求をあらわすことができるという体験　子どもは、善悪で判断されたり、批判的な目で見られる恐れなしに、自分の弱さや欲求をあらわすことができる。

6　コミュニケーションの体験　子どもは、自分の話をちゃんと聞いてもらい、大人からも、ほんとうの気持ちや考えを率直に伝えてもらえる。ふれあう喜び、人とともにある喜びを感じることができる。

7　自立を援助してもらう体験　自分で考えること、自分でやること、新しいことに挑戦することなどを認められ、はげまされる。

8　制限の中の自由　さまざまな制限の中で自分の行動を選択し、その結果を引き受ける。

人間の心の層

人間の心にはいくつもの層がある。たとえば次のように考えることもできる。

第1層　表面的に現れる行動・言葉・行為のレベル
まじめ、すなお、あるいは反抗、いじめ、暴力など。

第2層　感情・感覚のレベル
怒り、攻撃的感情、あるいは憎しみ、しっと、敵意、悲しみ、不安、絶望感、無力感、挫折感、恐怖、劣等感など。

第3層　心の欲求のレベル
わかってほしい、認めてほしい、愛してほしい、受け入れてほしい、友だちがほしい、さびしいなど。

第4層　自我確立のレベル
セルフ・エスティームと自立を求める。自分は自分でつくりたい、自分の人生は自分で生きる力がある、この世界に生きるのにふさわしい、などという感覚を求める。

第5層　たましいのレベル
ほかの人へのやさしさ、愛といつくしみ、勇気、人々とのつながり、すべてのものとの一体感などを求める。

心にはこのようにいくつもの層があるのだが、ほとんどの場合には表層だけしか見ていない。だから「やりたいようにさせればいいのだ」と「きちんとしつけなければならない」という両極を行きつ戻りつするだけになってしまう。子どもを見るとき、目に見える言葉や行動という心の表層だけでなく、深い無意識のなかに埋め込まれているものの存在をも視野に入れていく必要がある。

たましいの深みには

暴力をふるう子の
たましいの深みには
限りないやさしさがある

ひどい言葉をなげつける子の
たましいの深みには
人とつながりたいという痛切な願いがある

ただ流されて生きる子の
たましいの深みには
一度でいい
一生懸命生きたいという望みがある

心の荒れはてた子の
たましいの深みには
ほんとうの自分を
とりもどしたいという真実の
叫びがある

自分からもわかってもらえない
たましいの深みにあるものは
出てきたがってる
認めてもらいたがっている

もし心の目を開き
心の耳をすませたら
その子たちの
真実の姿が見え
真実の声が聞こえるだろう

その子たちの真実は
掘り起こされ
光をあてられるのを
きょうもまた 待っている

私の考える
ホリスティック教育

ジェンダー主流化とホリスティック教育

金 香百合

ジェンダーとは何か。もともとは女性詞・男性詞をさす文法用語であった。しかし1960年代から70年代にかけて世界的規模でおこった女性解放運動（ウーマン・リブ）は、この言葉に新しい意味を与えた。すなわち、生物学的な性差を意味するセックスに対して、社会的・文化的につくられた性差を意味する言葉として再定義して使用するようになった。

近代の二元論的な考えは、〈男性的なるもの〉と〈女性的なるもの〉を両極に分断した。そして人間は生まれながらの性差（セックス）によって、女は〈女らしく〉、男は〈男らしく〉あることを社会や文化が強制する仕組みをつくっていった。この仕組みの中では〈女らしく、男らしく〉あることが、〈人間らしく〉あることや〈自分らしく〉あることよりも重要なこととされた。人間がいわゆる〈女らしさ〉も〈男らしさ〉ももつ両性具有的存在であり、それが人間の完全性をあらわすという考えは否定されていっ

た。

二元論はさらにさまざまなものを両極に分断し、それらを女性的なるものと、男性的なるものとに集約した。しかもその二分化されたものを対等で並列な関係にはおかなかった。すなわち女性的なるものに分類されたものはことごとく、男性的なるものよりも劣ったものというレッテルを張られ、男性的なるものがすべてに優位を獲得していったのである。

また、圧倒的な男性社会の中で、ものごとのほとんどは男性的な体験や視点で考えられ、研究され、名づけられた。英語の「man」「men」がしばしば「人間」一般を意味する語として用いられてきたことが象徴的に示しているように、人類の長い歴史の中で、人間の知的営みの多くは男性によって担われてきた。フランス革命の「人および市民の権利の宣言」が「女性および女性市民」を対象とするものでなかったことは、その一例にすぎない。

また今日のメディアの影響力は絶大なものがあるが、その発信側にいるのはほとんどが男性であり、私たちは男性の視点による記事や映像を見たり聴いたりしている。そこにより、女であっても「男のように考え」「男のように振舞う」ことがおこっている。知的領域において男性の研究者による〈男性研究〉が〈人間研究〉として普遍的に語られることは当然視されている。

こうした中にあって、70年代に本格化していったジェンダー研究は、単にひとつの学問領域ではなく、ありとあらゆる分野にジェンダーが関与しているとして、ジェンダー分析を領域横断的な方法として採用し、既存の学問の中にある「何が真理か」という基準そのものに挑戦するものとなっていた。法学、政治学、経済学、教育学、医学、哲学、宗教、心理学、社会学、福祉、芸術といったさまざまな分野が、その対象となったのである。

全体的、かつバランスをとってものごとをとらえていこうとする「ホリスティック教育研究」の中でも、もっとも欠落しやすいものが、このジェンダーの視点である。この点を常に自戒自重しておくことは最重要な課題である。

なお、現在のジェンダー研究は、「生物学的決定論―環境決定論」の二分法に対して、さらに新たな理論を展開して飛躍的に深められているが、字数の関係で省略する。

ジェンダーをめぐる世界的な動き―ジェンダー主流化のおこり

男性中心社会に対して毅然と立ち上がったのは、1960年代のアメリカに端を発した女性解放運動であった。黒人解放運動とも連動し、女性たちは高らかに、それまでの抑圧と差別に対して声をあげ、その運動は世界的な広がりをみせた。

1975年には初めての世界女性会議がコペンハーゲンで開かれた。さらに1980年には第2回世界女性会議がメキシコシティで、1985年には第3回世界女性会議がナイロビで、1995年に第4回世界女性会議が北京で開催された。

そこではあらゆる問題が取り上げられ、討議された。そして「あらゆるレベルにおいて…ジェンダーに敏感な開発政策およびプログラムを含む政策および計画を、女性の完全な参加を得て、立案、実施、監視することが必要である」と宣言した北京宣言とともに採択された「北京行動綱領」のなかで、ジェンダー平等を促進するグローバルな戦略として「ジェンダー主流化」が確立された。行動綱領は「各国政府および関係諸機関は、すべての政策、プログラムにジェンダー視点を主流化する政策を積極的かつ目で見える形で推進し、政策決定を行う前に、その政策が女性、男性

表1　第4回世界女性会議・行動綱領　（1995年9月／北京）

	領　域	世　界　で	日　本　で
A	貧　困	貧困の女性化 難民の増大	貧困の女性化 母子家庭の所得の低さ 高齢者女性の所得の低さ
B	教　育	女子は男子より教育を受けられない 就学率の低さ	隠されたカリキュラム 女性教員が高等教育では少ない 職業教育の機会不均等
C	健　康	母子医療の不十分さ 妊娠・出産・中絶に伴う危険 幼い結婚	不妊治療の女性負担 エイズ 女性医療
D	女性への暴力	ドメスティック・バイオレンス 性器切除 結婚持参金にまつわる殺人	ドメスティック・バイオレンス ストーカー 性犯罪
E	紛争下の女性	集団レイプ 難民キャンプでの生活困難 従軍慰安婦	基地周辺の性犯罪 基地周辺の女性たち 従軍慰安婦
F	経　済	経済活動に参画できていない 給与所得があっても少ない	ジェンダー統計が用いられていない 女性の給与の低さ M字型就労
G	権力と責任の分担	家父長制の中での地位の低さ 財産権をもたない	議員や管理職に女性が少ない 雇用の機会不均等
H	地位向上のための機構	女性の地位委員会 世界女性会議	女性の地位委員会 内閣府に委員会設置
I	人　権	女性の権利は人権である ドメスティック・バイオレンス セクシュアル・ハラスメント	女性の権利は人権である セクシュアル・ハラスメント
J	メディア	メディア・リテラシー ジェンダーの刷り込み メディア発信側に女性が少ない	メディア・リテラシー 女性の性の商品化 メディア発信側に女性が少ない
K	環　境	環境問題での女性の取り組みが反映されていない	環境問題での女性の取り組みが反映されていない
L	少　女	児童買春 児童ポルノ 人身売買	スクールハラスメント 児童買春 児童ポルノ

作成／金

それぞれに及ぼす影響について分析すること」と繰り返し述べて、「ホリスティックなアプローチ　holistic approach」の重要性を述べるとともに、ジェンダー主流化政策の推進を各国政府に求めた。ジェンダー平等が社会的発展のあらゆる領域における第一義的なゴールとされたのである。「北京行動綱領」では女性がおかれているさまざまな問題状況の中でも特に緊急領域として、別表のように12の課題が政策行動課題として合意され、各国政府のとりくむべき課題が明確化されたのである。

一方、女性の人権に関心をもっていると信じられていた国連において、女性問題の制度的周辺化が起こっているとの指摘が1992年に起こった。そのため危機感をもった

女性NGOの働きかけが強まり、1993年のウィーンにおける世界人権会議では「女性の権利は人権である」がスローガンとなり、「ウィーン宣言および行動計画」のなかに「女性の地位および人権」の項目をたてることに成功した。これによって「はじめて国際法上、女性も男性と同様、主体として位置づけられた」といわれている。こうして「女性の権利」は自覚的に「人間の権利」として特徴づけられ、その後のさまざまな展開の中で実効化されていくこととなった。特に具体的な主張と取り組みは、もっとも根源的な女性差別である「女性への暴力」と「女性に対するあらゆる形態の差別撤廃」のふたつに現われている。

ジェンダーをめぐる日本での動き

日本でも国際的な女性解放運動の影響を受け、女性団体や草の根グループの活動が活発になっていったのは、1980年代である。こうした盛り上がりの中で、1995年の世界女性会議が北京で開催されたときには、日本からの参加者は参加国中では最大の2万人にも及んだ。

そこで批准された「北京行動綱領」をうけて日本政府が国内で行ったことは、1999年の「男女共同参画社会基本法」の公布・施行である。この法律が、男女共同参画社会の実現を「21世紀のわが国社会を決定する最重要課題」として位置づけ、国・地方公共団体・国民に対して施策の実施などの責務を明らかにしたことをうけて、各方面で取り組みが進んだ。社会教育分野では全国に女性センターや男女共同参画センターなどが設置されて、「個人的なことは政治的なこと」というウーマンリブの思想を背景に、あらゆるレベルの学習活動・市民活動が展開されるようになった。

反面、昨今では「日本の伝統や文化」を持ちだして男女共同参画の考え方に反対する、いわゆるバックラッシュが問題になりつつある。批判をふくめた議論の高まりは歓迎できるが、その一方で、ようやく始まった基本法実現のあゆみを遅らせ、逆戻りさせることがあってはならない。

基本法の施行に伴い、「女性への暴力」に対する取り組みが始まった。1997年の男女雇用機会均等法の改正にあたり、「セクシュアル・ハラスメント」についての事業主の職場環境配慮義務が規定され、2001年には「配偶者からの暴力防止および被害者の保護に関する法律（DV防止法）」が制定、2002年からは全面施行することとなった。さまざまな分野での積極的な差別是正措置（ポジティブアクション）なども検討されている。これらはもちろんまだまだ不充分でスタート台に立ったばかりだが、今後の取り組みに行政や民間のパートナーシップがはかられ、実効性をあげていくことが望まれている。

ジェンダーの視点で「教育」をみる

ジェンダー研究の中でも、教育分野は特に重要視されている。学校教育において少女たちは、教師からの期待も低く、学校制度の中でリーダーシップを発揮する機会も少年たちより少ない。就学率・進学率が低く、教師からの期待も低く、学校制度の中でリーダーシップを発揮する機会も少年たちより少ない。教員は高等教育になるほど女性教員の比率が少なくなり、さらに管理職の女性比率には歴然たる差が存在する。大学や高等研究機関の研究者としての採用の機会は、男性よりはるかに少ない。学校におけるスクール・セクシュアル・ハラスメントやアカデミック・ハラスメントの被害が女子学生に与える影響も甚大で、そのために学業放棄に至る例も少なくないことが近年明らかになってきた。また「隠されたカリキュラム」の発見によって、男女平等と思われていた教育空間においても、目に見えない性別役割期待がさまざまに織り込まれ、存在し、発育や発達に影響を与えていることが明らかにされた。

また進路指導や、働き始めてからの職業教育・研修でも、女性の可能性が発揮されにくくなっている。そのために女性の経済的な自立がはばまれやすい悪循環をつくりだしている。

近年では「0歳からのジェンダーフリー教育」の必要性がいわれるようになるほど、家庭教育や保育所、幼稚園などの幼児期からのジェンダーバイアス（ゆがみ）再生産が問題になっている。メディアの影響も大きく、幼少の頃から、色や役割、遊びや持ち物、美の基準、ロールモデルなどにジェンダーバイアスが刷りこまれている現状がある。

教育によって再生産・強化されたジェンダーバイアスは、生涯にわたる人間形成と人生に影響を及ぼすことになる。思春期ともなると、少女たちはしばしば自分の力を矮小化していく。女性に強さや論理性、政治力は求められていないことを学習させられていくなかで、数少ない学習機会さえ放棄し、自己実現をあきらめ、人生目標を結婚幻想にのみ終結させることがおこる。一方の少年たちには自分の実体以上に強くなること、頑張ること、男として成功することが求められがちとなる。そのために多大なストレスを抱え込んだ少年たちは、そのストレスを他者への暴力行為や自己への暴力行為にエスカレートさせていく。〈女らしさの病〉〈男らしさの病〉は、こうして子ども時代にすでにあらわれている。女性たちは職業に

つくことをあきらめやすく、結果、経済的自立を難しくし、低い地位におとしめられやすく、人権侵害をうけやすい。暴力をふるう夫からさえも逃げずにとどまる妻たちのなかには、自尊感情が低く、暴力から逃れる力さえも自分にはないと感じるほど、無力感にとらわれている人が少なくない。また男性たちは（男の）暴力の誇示やストレス発散のために、自分との権力関係において弱い立場にある女性たち（妻、女性職員、女性の部下、女子学生など）にDVや、セクハラ、スクールセクハラなどの暴力行為を繰り返していることが、ようやく明るみになってきたところである。こういう現状を改善・改革していくためにも教育は重要である。真にホリスティックな教育は、ジェンダー平等を推進していくことに効果を発揮できるはずである。

ジェンダー主流化とホリスティック教育

ホリスティック教育は本来、ジェンダー主流化に大きな貢献をしうるものである。ホリスティック教育研究は、近代化によって否定されてきたもの、かえりみられなくなったもの、低められてきた価値観に改めて光をあてるところから始まった。それらはまさにジェンダー研究が対象としてきたあらゆるものと重なっている。ホリスティック教育は、関係性や相互作用に目をむけ、適切なバランスを

とることで個と全体の双方がいきいきと活性化しあうことを目指している。それは、二元論的に分断されてきたあらゆるものの統合を目指し、つながりを回復させていくものである。もちろん、その統合とは画一化と単純化による統合ではなく、多様性をモチーフとするつながりの全体性である。ジェンダー研究が深めている「生と性とセクシュアリティ」の分野においても、こうしたホリスティックな視座は切り離せないものである。

狭義の「ジェンダーフリー教育」のみならず、「人権教育」「生と性の教育」「地球市民教育」「多様性教育」「健康教育」「福祉教育」「平和教育」「環境教育」「開発教育」など、あらゆる教育がホリスティックな教育として実現されていくためには、ジェンダー主流化の意志と取り組みが不可欠である。さらにそのためには「教員養成」「援助者養成」にも、ジェンダーの視点に立った理論と実践が徹底される必要がある。

ホリスティック教育によってジェンダー研究がすすむのか、ジェンダー研究によってホリスティック教育がすすむのか、それとも相互作用によって両者によい刺激となるのか。いずれにせよ、ホリスティック教育とジェンダー研究は不可分にして密接な関係にあることは、はっきりと断言できる。このことを十分に自覚しつつすすめるホリスティック教育こそが、ホリスティックといえるのである。

私の考える
ホリスティック教育

I部
2

全人教育の提唱者・実践者 小原國芳先生

黒田 正典

全人教育の提唱者、小原國芳の経歴と事業

「全人教育」という日本語は、ホリスティック教育という言葉とほとんど同じといってよいものであるが、これは小原國芳（1889〜1977、鹿児島県生まれ）によって提唱された。兄弟も多く貧しい家庭で苦労し、小学校卒業後、電信技手を5年勤めた後、同県師範学校入学、卒業して広島高等師範英語科に入った。その卒業後、香川師範で2年勤め、京都大学哲学科入学、教育学を専攻した。卒業後ただちに広島高等師範に赴任、大いに自由教育を唱えて、関西で名声を得た。1917年に沢柳政太郎が成城小学園を創設するにあたり、その中の成城小学校の主事に招かれて、抱負を実現しようとしたが、思うに任せず、1927年に独力で玉川学園を創設した。その敷地は南多摩の丘陵地帯、まったくの山林原野で、道路を拓き駅を設けたりの土地開発をした。そこで塾教育と労作教育の理想を実現

しようとしたのである。しかし辺鄙（へんぴ）な土地では生徒数は多くならず、学園の経営は難しいので、出版部・事業部を併設して、成功をおさめた。たとえば児童百科大辞典第1巻は1934年に刊行、全30巻は1937年に完成して、大学の建設・経営を助けた。創設当時は幼稚園・小学部・中学部・女学部からなり、生徒数は幼・小・中は計40名、女学部は15名の少人数であった。
しかし1939年には専門部ができ、玉川工業専門学校として認可された。戦後、1947年には玉川大学（旧制）文学部・農学部が発足し、同24年には新制度の大学として、幼稚園から大学まで一千名が集う大学園に発展するにいたった。

大正デモクラシーと新教育運動

大正デモクラシーは大正時代を特徴づける民主的改革要求の運動で、種々の差別や侵略に反対し、また漱石・

参考資料
「全人教育の学園,玉川大学」朝日ジャーナル、1968年11月10日号
『小原國芳全集』玉川大学出版部(1960-1969)、全48巻（本稿は第15,第31,第33巻を基礎とした）

藤村などの文学出現の背景になったものである。これと連動したのが大正新教育運動で、ルソー、ペスタロッチーの伝統をうけ、教育を受ける側から教育問題を追求した。児童中心主義もその一つである。新教育の著名な提唱者たちとして、文芸教育の片上伸、創造教育の稲毛金七、動的教育の及川平治、自学教育の樋口長市、自由教育の手塚岸衛、自動教育の河野清丸、一切衝動皆満足教育の千葉命吉、全人教育の小原國芳などがあり、すぐれた教育理論が百花繚乱と開花したのであった。

小原國芳の教育理想、全人教育

小原はかねてから教育の目標を真・善・美という価値、そしてさらにそれらを総合する聖という価値を加えて、これらを求める心の育成であると考えた。真は学問の、善は道徳の、美は芸術の、そして聖は宗教の目指すものである。聖は神・仏・絶対者の汚れがなく尊い性質で、真・善・美を総合する価値である。それゆえ学問・道徳・芸術の教育は宗教教育に統一される。

そこから教育の諸領域が出てくる。「体育」のほかに「心育」として「真育」「善育」「美育」「聖育」の四方面が必要であるが、それだけでなく生きてゆく手段として「実際の教育」、すなわち経済・制度・軍事・交通・政治・法律・農工商などの方便の教育が必要だと考える。

そして教育の方法論としては、「ある一方のみに偏した教育を拒否」して、道徳的人格、学問的人格、芸術的人格、宗教的人格を求め、これを総合した人格を「打って一丸とした総合的人格」を求め、これを作る教育を全人教育とよんだ（全集第15巻、364頁）。

小原の教育信条12ヵ条

上述の理想実現のための具体的目標は以下の12ヵ条である。

1 全人教育 これは中心目標なので最初に掲げられるが、その意味は上述のとおりである。

2 労作教育 教育は知識の詰め込みではなく、子ども自身が体験し、実験し、考え、実行しなければならない。生徒自身に、植えこむ、育てる、縫う、染める、ハンマーをふる、土を運ぶ、動物の世話をすること、など

I部―2　私の考えるホリスティック教育

をさせねばならない。

3　自学自習
子どもに自ら学び、研究し、工夫させ、創造させよ―体育・音楽・宗教の共通時間は別として。教師は教材を工夫し、指導計画を作り、生徒を勇気づけ、また生徒が特殊の課題を自ら選択させるようにする。

4　個性の尊重
生徒すべてを同じ教科書、時間割、指導案で扱うことは不合理で、能力の弱い者にも優れた者にも不適当である。少人数、グループ別の授業が必要である。豊かな教材・教具が配慮されねばならない。

5　反対の合一
生徒は勇敢・大胆であると同時に細心であり、粘り強く働くとともにまったく寛ぐこともできること。拭き掃除もするが、お茶を点て生け花もやり、金を稼げるとともに金をうまく使えねばならない。

6　学問の基礎の上に立つ教育
教育は一時的な流行に影響されず、学問的に確かな事実にもとづかねばならない。教育研究所の設置とか世界の学校の状況の認識が必要である。

7　能率高い教育
教育の現状は金を使いながら効果が少ない。教育の方法や器具の改善が必要である。玉川学園では子どもが遊ぶときと同じように楽しく、漢字・仮名で日本語を書くことを短期間に習得してしまう方法を開発した。種々のカルタ、カード、「百科」など

を使うものである。

8　人生の開拓者
「人生の最も厭で辛く、苦しく損な課題を真っ先に、しかも微笑をもってやれ」という生き方である。これによって夢と理想を育み、「世の光」となれという考え方である。

9　自然への愛
玉川学園は農村地帯の中の森に囲まれた丘の上にあり、学校村建設の意図のもとにつくられた。周囲は狩猟禁止で動物や野鳥が楽しまれ、人々はここで全人となる。

10　師弟間の信頼
教師には、愛と暖かい理解と、心からの真理追求が要請される。

11　塾教育
このモデルは古い日本の寺子屋教育で、教師と生徒は互いに愛と尊敬をもってともに生活し、働き、食べ、歌い、勉強し、祈るのである。

12　国際教育
「地球はわれらの故郷！」というスイスのチンメルマン博士の言葉は学園の人々の共鳴をよび、諸国の人々との間に来訪と訪問が続けられている。

「全人教育」と「ホリスティック教育」

12の教育信条の各カ条と、ホリスティック教育に関するミラー博士ほか諸家の解説から取りだされたキーワードを比べることにする。

1　全人教育
「知的、身体的、感情的な成長とともに、

2 労作教育　ホリスティック教育はシュタイナー教育における「手仕事の重視」に賛同する。

3 自学自習　ホリスティック教育では同じ方向で発展した「協同学習」を唱える。

4 個性の尊重　同じく「個性の尊重」が主張されている。

5 反対の合一　「生の全体性」が同じ趣旨と考えられる。

6 学問の基礎　および　7 能率高い教育　この二ヵ条に該当するものはないようである。

8 人生の開拓者　「合流」関係にあるシュタイナー教育の「自己創造」が相当するであろう。

9 自然への愛　および　12 国際教育　「いのちへの畏敬」、「母なる地球」、「地球市民」などの思想が当てはまるであろう。

10 師弟間の信頼　および　11 塾教育　「全人格的応答的な出会いの場の教育者」が共通である。

以上のように共通点がきわめて多い。したがって全人教育の運動も当然、ホリスティック教育の一環と考えて、他の諸派とともにホリスティック教育の発展に協力すべきものと考えられる。

関連資料
小原芳明監修(2003), Kuniyoshi Obara's Theory of Zenjin Education（対訳『全人教育論』）, 玉川大学出版部

「いのち」の「つながり」を活かす学校の経営
―ホリスティックな教育実践のステップ・アップ―

私の考える ホリスティック教育

山之内 義一郎

今、必要な「ばらばら感」から「つながり感」への気づき

長い教育実践の過程で気づいたことは、「つながり感」の大切さである。「教師（自分）が変われば子どもが変わる、学校が変われば地域が変わる、国も変わる…」という一つの「つながり感」。これは、私が教育実践の科学化とは何かを考える過程で出会った黒田正典博士提唱の「第三の科学観―主体変様の科学」[*1]や、相馬勇のいう「地域社会の教育的再構成」[*2]としての教育実践の科学によって、気づかされ、裏づけられてきた考えである。

これまで科学といえば自然科学を指した。それは、対象を「ばらばら」な要素に分け、専門分化した領域ごとに法則を定立するというものであった。その逆にすべてのものはみんな一つに「つながり」あっていて分けられない、分ければそのものの「いのち」も無くなるという考え方がある。

この二つは西洋と東洋の考え方とも言われている。二つの思想は対立するのではなく、それぞれ「つながり」あい、一つの全体としてバランスを持つ必要がある。

学校教育も、教育内容や教育技術にだけ重きを置くのではなく、学ぶ側の実存的な子どもたちの「いのち」と「つながり」あっていなければならない。しかし、それぞれが、ばらばらに捉えられていて、「つながり感」のないのが現状である。

何としてもその「ばらばら感」の現状から脱して、「つながり感」を育む主体的な教育実践を探ることが必要であろう。これが私の考えるホリスティックな教育である。

「教育の荒廃」が叫ばれて久しい。学校教育を立て直すために、国は、総力を挙げて新学習指導要領をつくり、2002年4月から実施した。わが国の教育改革のスタートである。まだ実践にも手がついていない段階から「ゆとり教育」は「学力低下」を招くと、強い反発が起こり、

---

*1 黒田正典（1982）「根底に横たわる科学理念の問題」杉渓一言編『現代の心理学を考える』川島書店
*2 相馬勇（1982）『教育現実の科学』金子書房

文部科学省も「ゆとり」教育がダメなら「学力」の強化を」とも取れる施策をつぎつぎに打ち出した。教師も親たちも再び「学力」の強化だ」と、教育現場はまた記憶量を競う「ペーパー学力」に力を入れ、せっかくの教育改革も混迷している。

「学力」か「ゆとり」かで対立する背景には、それぞれをばらばらに捉えて一方のみを強調する「ばらばら感」がある。対立の根底には、子どもたちの「自己成長力」とも言えるエネルギー（ホリスティック医学で言う自己治癒力*3）があるのに、それは気づかれていない。二項対立を解決するには、人間についての全人的な、「身体・心・精神は一つにつながって」いるという「つながり感」に気づくことが大切である。

銘記すべきは、「学力」は人間の一部分にすぎないということである。大切なのは、子どもたちの感性や活力、生きる力、強い意志、徳など、精神的なエネルギーの力、可能性をも含んだ人格の全体性である。つまり、求められるのは、すべての「いのち」の「つながり」を活かす全体性、その「つながり感」を育む教育実践である。

「学ぶことは喜び」の再発見

今日の教育実践で最も根本的な問題は、子どもたちが「学ぶ喜び」の実感を失ってしまったことだ。「学ぶ喜び」を

感得するということは、子どもだけの問題ではなく、大人も含めて自分自身の「生きがいの自己発見」*4であり、全身全霊で夢中になれる喜びの発見なのである。そう考えると、教師はこれまでのように、ばらばらの教科をそのまま一方的に伝達するだけではうまくいかない。学校で学ぶことが子どもたちの全人的発達にどのように影響するのかを考慮したカリキュラムがなければならない。

もともと、学習することと人格の形成とは「一つ」に「つながって」いるものである。それゆえ「学ぶ喜び」の教育は一体どうすればよいのか、教科指導は人格形成にどのような役割をはたすのか、また学ぶ側の子どもの人格のしくみはどうなっているのかなどを、改めて考えなければならない。教師は、その「つながり感」に気づかないと、子どもたちに「学ぶ喜び」を実感させることがなかなかできない。

教育実践が学校教育の統合システムとして機能するためには、まず学校のカリキュラム（教育課程の編成）は、人格形成と「つながり」あって一つになっていなければならない。しかし、現状はそれを「つなぐ」人格論（人格の層理論）*5が欠落していてばらばらになっている。教師の深い内省によって、「ばらばら」に捉えている子どもの人格形成と全教育活動とが「つながる」ようにカリキュラムを再構成しなければならない。

---

*3　日本ホリスティック医学協会(1989)『ホリスティック医学入門』柏樹社
*4　黒田正典(1969)『新版 心の衛生』協同出版
*5　黒田正典編(1963)『教育心理学』朝倉書店

教科を指導する場合、教師は一般には、一つ一つの教科の内容や指導に強いこだわりを持ち、専門化した指導を行なっていて、教科群をひとまとめにしてみる見方をほとんどしていない。現状では、学習指導要領に示された教育課程を、ばらばらのカリキュラムとして学習指導に当たっている。これは、繰り返しすが、今日の教育課程が学問や技術の体系を重視した教科カリキュラムの立場に立っていて、子どもたちの立場に立っていないからである。これでは、各教科の目標や指導方法にいくら目が向いていても、子どもたちの全人格の発達を目指す「学ぶ喜び」を見いだすことは難しい。学校教育で「学ぶ喜び」を目指すには、子どもたちの立場に立った見方で各教科間の「つながり」を探るとともに、教師の教科指導と子どもが深く「つながる」ようにしていかなければならない。教師は、日々の実践を内省し続けることによって、教科指導と子どもとを一体化した「つながり感」を、次第に感得していく必要があろう。

学級の経営実践

一般に教育実践とは、さまざまな子どもたちのいる学級の経営実践を中心に、その教師なりに展開する不断の

図1 「喜びを創る教育」をめざすカリキュラムの構成原理

目標	中間目標	人格層構造	教科類型	内容	方法
全人的発達・生きがいの自己発見（学ぶ喜び）	心を決める喜び	精神の層	決断的	道徳、特別活動、生活科、絵(書道)（総合学習）	行動の決断 価値の選択
	わかる喜び	心の層	再発見的	国語、社会、算数、数学、理科	問題をもつ 内面的理解（問題解決学習）
	できる喜び	身体の層	技能的	体育、音楽、家庭科、言語、文字、生活習慣	伝達 技能習熟（訓練）

「心を決める喜び」…自分で行動を決断し、価値を選択することから生まれてくる喜び。
「わかる喜び」………新たな世界に目を開かれるような気づき、創造的発見、新たな課題発見の喜び。
「できる喜び」………これまでできなかったことができた喜び。

図2 教科類型・教材性と総合学習

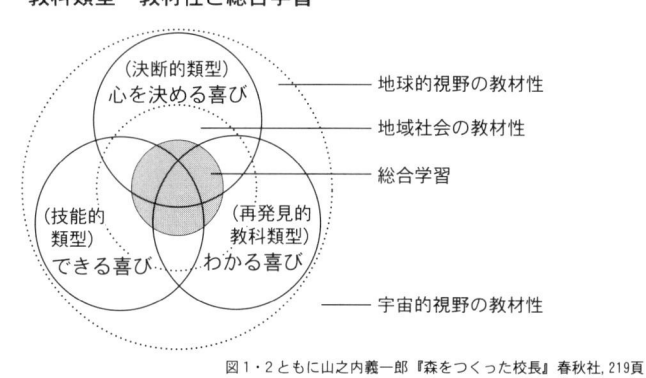

（決断的類型）心を決める喜び
——— 地球的視野の教材性
——— 地域社会の教材性
——— 総合学習
（技能的類型）できる喜び
（再発見的教科類型）わかる喜び
——— 宇宙的視野の教材性

図1・2ともに山之内義一郎『森をつくった校長』春秋社、219頁

実践的決断をともなう精神的・身体的な活動のことである。

教師の実践的決断には、子どもたちをどう受け止め、それによって子どもたちをどう指導するかを考えた、教師の内面のさまざまな働きが凝縮されている。しかし、実際の指導は、教師の描いた通りにはいかないのが普通である。そのように実践の過程には、常に輻輳した指導態度が要求されるので、実践体験の少ない教師は、そのことで苦悩し、多くの疑問に突き当たる。実はその根底にあるのは、教師間の「ばらばら感」や、教師と子どもとの間の「ばらばら感」である。

教師の内面に抱える苦悩や疑問が大きいほど、「つながり感」の働きが強められ、教師は、教育現実に対する広く、深い問題意識を持ちやすい。それが教師の実践力・指導力を高めるとても重要な動機づけになる。そのためには、繰り返すが、教師の日常の実践的決断について深い内省（瞑想をも含む）をすることが不可欠である。それはまた、教育実践を科学化するのに必要な「つながり感」を育てていく大きな芽にもなる。

教科指導で気づく「つながり感」

次は、教科指導での「つながり感」の気づきを考えてみよう。小学校では全教科を一人の教師（補助的には複数）が受けもち一学級を指導する。一人の教師が8教科のすべての指導に精通するのには、教師の生涯をかけるほどの長い実践の積み重ねが必要である。

授業に臨む前の教材研究では、教科内容に関するものだけでなく、教師は自分を含めて子どもの人格のしくみ―身体・心・精神（魂）の層構造―の理解をしなくてはならない。そしてどんな指導ステップを踏んだら個人差のある子どもたちが授業を身につけられるのか、さまざまな実践場面をイメージしたダイナミックな授業展開のドラマを構想しなくてはならない。一日に4教科の授業であれば4つのドラマのシナリオと演出が必要となる。どうしても教師には、ゆとりのある自由な時間が必要となる。これを毎日こなしていくのは、容易なことではない。

これだけを考えても教師の実践研究の難しさが想像できよう。ある時は指導力のなさを痛感し、無力感に打ちひしがれることもあるが、実はこのことも教師が、教科を一つひとつ「ばらばら」に見ている「ばらばら感」に起因することが大きい。各教科は、一見、ばらばらに見えても、子どもの立場に立った実践を進めていくと、教科間には、学ぶ側にとって共通の学習目標や学習方法を共有している教科群があることがわかる。これは教科間の「つながり感」と言うべきものである。

「算数の作問」の授業実践がその例である。「自分で問題

＊6　山之内義一郎（2001）『森をつくった校長』春秋社

I部―2　私の考えるホリスティック教育　　67

を見つけ、つくり、そして解いていく」算数の授業だが、これは国語・理科・社会科とも共通する知的内容・意味・構造・しくみを知るものであり、これらの教科は、再発見的教科類型として括られる教科群である。それはまた「わかる喜び」の感得を目標に、問題解決的な学習方法を共有するものである。

「つながり感」が『学ぶ喜び』を目指すカリキュラム*6を再構成する際の着眼点となる。構成の原理は、身体の層、心の層、精神の層の三つの層に、それぞれ複数の教科をふくむ教科類型を対応させるというものである。まず身体の層には、技能的分野の教科類型としての体育、家庭科、音楽、言語、文字、生活習慣を配して「できる喜び」を目指す。第二に心の層に対応するのが前述の「わかる喜び」。そして第三の精神の層には、ある場面に出会った時に心を決め行動できることを目指す決断的教科類型としての道徳、特別活動、生活科、絵（書道）、総合学習を配し、「心を決める喜び」を目指す（図を参照）。

こうしてカリキュラムを具体的に進めることによって、「学ぶ喜び」の教育実践を具体的に進めることができる。ここでは、複数の教師で学級経営を分担して行なうことが可能になり、教師の負担も軽減され、ゆとりを持った学級経営が進められよう。

立場で変わる経営観
――学級・学校経営の「つながり感」

学級経営と学校経営とは、本来一つに「つながり」あい、ともに学校教育の方向性と方法を共有している。ところが現実には、「ばらばら」で「つながり感」が働いていない。

その原因には、学校の経営が学級経営の方向性と方法を明確に示すものになっていないからである。今日の学校は、法制的な管理が中心の形式的な「管理・運営」に傾斜していて、その方向性や方法は、学級経営とくいちがっている。「管理があっても経営がない」のでは、学校の教育目標や方法を共有する「つながり感」が育たないばかりか、学級経営を通した学校教育の実践的成果はあげ難い。

私の新任校長当時の「峠の気づき」は、学級経営者から学校経営者に立場が変わって気づいた経営観である。山村の学校に校長として赴任するが、学校の教育の方向性が分からないで悩むなか、峠道の途中にある「棚

提供：長岡市

田」の風景から全体直感を得た。それは、村の厳しい自然、自然を活かした農業や文化、祈り、歴史が、ここに住む人々の人格を形成してきたという洞察であり、これが学校教育と一つにつながっていった。学校を経営する方向性と方法は、まさに村の「いのち」の「つながり感」を活かすことだという気づきだった。その実現の方法とは、子どもたちに村人が歩んだ実践体験を追体験させる総合活動体験を、学校教育の中核にすえることだった。この方向性こそ、地域社会の歴史的現実の根底にある村の「いのち」の「つながり」を活かすカリキュラムづくりなのである。

「学校の森」づくり
―「つながり感」の深化と拡大

一般に学校と言うと、校舎と運動場をイメージするが、校庭に森をつくると「学校の風景」は一変する。都市環境の学校では、山村のようなコミュニティは薄らぎ、学校と地域社会や自然とのつながりは切れている。

私は、自然との「つながり」のない学校環境ならば、「ここを森にしよう」と思いたち、校庭に教師と子どもと親、地域の人たちで自然林（潜在自然植生）をつくった。四季の森のうつろいは、村の自然の「いのち」を活かす教材を提供したが、それだけではなかった。子どもたちは時間さえあれば森に入った。木の身になって語りかけ、自分の木にその日のうれしいこと悲しいことを話している。中には教えもしないのに木に向かって手を合わせ何かを祈っている子どももいた。教師も教科書から離れて子どもたちと森の中に入れば、自然の中で国語も理科も音楽も…すべてがつながり、子どもたちはごく自然に「森のいのち」に感応して、詩や歌や踊りを創作したり、木の身になって感応する交流作文を何の苦もなく書いた。また、森と川の「いのち」のつながりに気づいて川の上流を探って調査研究したりするなど、さまざまな学びのエネルギーを発揮した。多機能・高機能な森は、子どもたちに自由に生きるエネルギーと勇気づけを与え、学ぶ喜びに満ち、時空を超えた小宇宙になっていた。

これを支援する地元では「森の会」を組織して、「教育づくり」「まちづくり」の持続的な実践活動を発展させている。また、学校の森づくりは学区を超えて市民や県民をはじめ、わが国の諸団体などによる「学校の森」「地域の森」「病院の森」「百年の森づくりの県民運動」にも発展し、さらに北米や韓国などの実践とも深くつながっている。「持続可能な社会の建設」と「持続可能な精神性の育成」をめざす今後の学校教育の経営にとって、森の「いのち」の「つながり感」を活かすことこそ急務であろう。

なお、私の教育実践については、拙著『森をつくった校長』（春秋社刊）を参照していただければ幸いである。

「いのち」の「つながり」を活かす「学校の森」づくり

佐川 通

「学校の森」づくりに向けて

「学校の森」づくりを通して、「いのち」の「つながり感」を育む教育の重要性に気づいた。以下、私たちの学校経験について述べる。

1994年4月、私は新潟県十日町市立南中学校に赴任した。教育熱心な土地柄で、子どもたちは純朴であった。「知性・活力」を教育目標に、長年、生徒は学習や運動に励んできた。しかし、社会状況の変化から次第に学習や地域社会や自然に対する関心が薄れ、困難に立ち向かう力の弱い生徒が目立つようになった。数年前から荒れる中学生を経験した親たちは、学校との新しい関係を望んでいた。

どうしたら学校に元気を取り戻せるか、私たちは悩んだ。ある秋の日、3年生の2クラスの学級活動に引きつけられた。「お世話になった学校にお返しをしたい」。生徒たちの間で、部活動で汗をかいた体験から、後輩たちのために中庭の周辺に木を植えようと、提案がもち上がった。学校内から反対があったが、その願いに共鳴した親が子どもたちと一緒にヒバとカシの木を植えた。その後、親たちは、転勤した旧学級担任と「ヒバ・カシ」の会をつくって、幼木が雪に耐えられる木に生長するまでメインテナンスを続けた。

生徒の夢を伸ばす学級・学年経営、子どもたちの夢に共感し、同じステージに立って汗をかく親。ばらばらな枠にしばられて硬直しがちな中学校の学校経営に、一つの方向性が見いだされた感じがした。

私たちは、生まれながらにもっている生きる力、潜在力、リソースを「いのち」の「つながり」と捉え、子どもたちがその「つながり感」を豊かに育むよう、研究の柱を〈いのち〉の〈つながり〉を活かす教育の創造に設定した。具体的には、まず地域社会に直接ふれる体験の機会を重視すること、それを軸に、各教科、道徳、特

---

* 1 『季刊 ホリスティック教育』(9号, 1998年9月)日本ホリスティック教育協会、「特集 ホリスティック教育ムーブメント in にいがた」を参照。
* 2 山之内義一郎(2001)『森をつくった校長』春秋社
* 3 佐川通, 山之内義一郎, 清水義晴(1997)『森と夢のある学校』博進堂

別活動を、「学ぶ喜び」(「できる」喜び・音楽・美術・保健体育・技術家庭・「わかる」喜び…国語・社会・数学・理科、「きめる」喜び…特別活動・道徳・習字)に焦点をおいて進めることにした。*1 地域に自生する森を探しているとき、山之内義一郎氏の学校経営「つながり感」*2 を育む「学校の森」づくりに出会った。

南中学校の総合学習は、子どもの「つながり」、地域の「つながり」、森の「いのち」の「つながり」を含んで超えて、教育改革の方向性を視野に入れて進めることになった。

地域の「いのち」の「つながり」を活かす

「学校の森」づくりを具体的に推進したのは、「森づくり実行委員会」だった。教師と地域の経験豊富なスタッフによって、森づくりの作業工程、生徒が活動する教育計画、関係機関との連絡調整などが進められた。96年10月、植栽の直前に実行委員長の高橋久光さんは、次のようなコメントを述べた。*3

「生徒たち全員で植樹する機会に巡り会えた今年の子どもたちは幸せだと思う。木が立派な森になる頃には、どんな大人になっているだろうか。これから入学してくる子どもたちも、この森とともに成長してほしい。卒業したらこの森を訪ね、手で、体で触れてください。昨日、モミガラをまきにいったとき、すぐそばで山バトのつがいがエサを求めていた。この森ができれば、多くの鳥や小中動物が住みつき、春は緑、夏は涼、秋は紅葉と、自然の中で学べる子どもたちのことを考えると、胸がわくわくしてくる。森が与える効果は大きいと思います」。

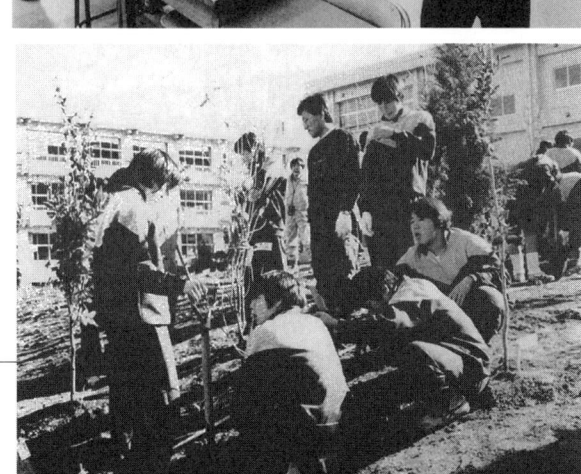

上:みんなで考えた南の森の夢。
下:1本いっぽん思いをこめて植樹活動。

森が完成すると、「未来をみつめ、森を育て、森に学び、森とともに生きよう」という、学校と地域の願いが刻まれた記念碑が、同窓会から寄贈された。

森の「いのち」の「つながり」を活かす

森の設計者、小日向孝氏によって、南中学校の周辺5kmに点在する屋敷林、神社林、その周辺の林が、生態学的、植物社会学的に調査され、約百種類800本の樹種が選定された。そして、中庭に築かれた750m²のマウンドに、中央部に高木、外周部のマント部分に陽当たりを好む落葉樹を、外縁のソデには低木を組み合わせた植栽設計図が作られた。*4

11月7日、それらは、生徒と教師と親・住民の手によって植えられた。その前後に、生徒たちはマウンドにもみ殻を混ぜる、植栽方法のノウハウを学ぶ、雑草・雑菌を予防するわらを敷く、雪囲いをするなどの体験をした。

この体験を通して、生徒は、ふだん何気なく見過ごしていた自然、森、土壌、水、大気、生態系、地球を、足元から「つながり感」をもって見るようになった。その様子を見て、私たちは、周囲の山々の森が豊かであるほど、その「いのち」の「つながり」を学校の中に取り入れる意味の大きさに気づかされた。

子どもの「いのち」の「つながり」を活かす

生徒たちは、森づくりの体験を重ね、森の「いのち」と感応しながら「つながり感」を育んでいった。その一端を

*4　小日向孝(1996)『「ふるさとの森」についての指針』報告書,十日町市立南中学校
*5　「学校いきいき地域とのきずな〈7〉－南中(十日町市)森づくりで心つなぐ」新潟日報,1998年11月27日

紹介する。

「私は森づくりがとても楽しかった。なぜなら木は何年たてば大きくなるか知りたかったから、頑張って肥やしの袋を並べた。汗をかきながら皆で頑張りました。やっているときは、早く木が育つようにと思いながら仕事をしていました。11月には木を植えるけど、私はとても楽しみです。早く植えたいと思います。」（1年・K）

「十日町から見える山々は、今は削られとてもさびしいです。だけど、南中が森をつくると聞いたとき、とてもうれしかったです。いま本当に自然破壊をして、鳥も住めない、絶滅動物も多くなっています。南中の森は何十年もすれば鳥もやってくるでしょう。何百年もすれば、教室から見える風景も木々で見えなくなるでしょう。私はうれしいです。私たちが卒業する前に、自分たちの手で植えたことは、きっと、これから一生自慢できる宝物であると思います。」（3年・O）

「学校の森」ができてから、私たちは居ながらにして、森の変化を四季を通じて楽しむことができる。自然に触れていると、他の現象が森の「いのち」に還ってきて、また新たな「つながり」となって出て行くことが体験的に了解される。

中学校に入学したときに、いじめを心配していた生徒がマスコミの取材を受けて、「森は私たちの自慢です」と語り、学校に自信をもつようになった。20歳を迎えた卒業生が、成人式後に森へ帰ってきた。恩師を囲んで森で再会を喜びあった。森づくりを推進したかつてのスタッフは、学校側と「南の森の会」（会長滝沢義家さん）をつくって、森を活かした総合学習、韓国との国際交流、行政やマスコミへの対応、「森のネットワーク」との関係づくりなどに当たっている。

この生きた体験をとおした、地域・学校・学級の一丸となった教育課程の体系づくりは、今後の課題であると言わなければならない。

生徒の手で森の計測活動。
写真はすべて、十日町市立南中学校創立30周年実行委員会（1998）『南の森—十日町市立南中学校実践記録写真集』（博進堂）から

ホリスティック・カリキュラム論序説

成田 喜一郎

ホリスティック・カリキュラムの位置

カリキュラム Curriculum とは、従来、教育課程と訳され、学校の教育計画の全体を意味したり、各教科および、その他の教育活動の指導計画を意味してきた。学校の教育課程にしても各教科などのカリキュラムにしても、学校や教師の作成するものである。しかし、1970年代の後半以降のカリキュラム論では、カリキュラムとは子どもの「学びの履歴」や、子どもが「結果として身につけた内容」のすべてを意味する、との見方が多くなってきた（天野1999）。

戦後のカリキュラム論は、前者のカリキュラム論と後者のカリキュラム論との間を揺れ動いてきたと言ってよい。1990年代のカリキュラム論では、文部省（現文部科学省）による「新学力観」への転換と「総合的な学習の時間」の導入に向けて、後者の議論が隆盛を極めていた。2000年代に入ると、マスコミを中心とした「学力低下論」を背景に前者の議論が沸騰し、2002年に始まった「総合的な学習の時間」はその出発と同時に批判に晒されることになった。

しかし、学校教育・学習の現場に立ち日々ともに過ごすわたくしたち教師と子どもたちにとって、右往左往するカリキュラム論に振り回されることは「百害あって一利なし」である。いかなる時代や局面が来ようと、地に足をつけて子どもたちのいのちを守り育む教育を実践したい。そんなわたくしたち教師のねがいを根底から支えてくれるのが、ホリスティック・カリキュラムである。

さて、そのホリスティック・カリキュラムとは何か。この問いに対する明確な解答はまだ見つかってはいない。教師であるわたくしのささやかな実践史（以下、Teaching Histories と記す）をもとに、今、暫定的な答案を書くとすれば、以下のようになろう。

ホリスティック・カリキュラムは、以下の四つの構成

ホリスティック・カリキュラム上の子どもたちと教師

〈一即一切、一切即一〉を体現する子どもたち

『華厳経』の中に〈一即一切、一切即一〉という言葉がある。この言葉は、一つの塵がそのまま宇宙のいのちを表わし、また宇宙は一つの塵もそのいのちからはずさず、個と全体が有機的に統合された壮大な宇宙観を示している（大須賀1987）。子どもたちは世界の中に生きる子どもであると同時に、一人の子どもの中に世界が生きている。子どものいのち中に世界のすべてが投影されていると言っても過言ではない。無論、教師であるわたくしにしても同じである。この言葉の意味するところは、あらゆるものがひとつにつながり、かかわりあって存在しているということである。バラバラに分断されているかに思われる子どもたちやわたくしたち教師も、見事な体系を持ち聳え立つかの如き学問に裏付けられた個々の教科も、それらを取り巻く人間・時間・空間・事物・情報・精神なども、ある根源的なつながりの中にあるということである。これは、まさにジョン・ミラーの説く人間観・世界観・宇宙観、ホーリズム哲学に通底している見方である。教師であるわたくしは、〈一即一切、一切即一〉という、いのちの哲学の上に子どもたちの存在そのものを捉え直し、ただひとつの教育活動を営んでいる。

〈善なる差別〉の中に生きる子どもたち

『仏説阿弥陀経』には「池中蓮華／大如車輪／青色青光

要素からなり立っている。

1 子どもたちが人間・時間・空間・事物・情報・精神など、あらゆるものとのつながりやかかわりに気づく。
2 多様で異なる見方・考え方や感じ方、論理的な認識と直観的な洞察とのバランスの大切さをつかむ。
3 よりよいつながり方〈自立共生・共生共存〉に向かって自己変革と社会変革を目指す（成田1997）。
4 子どもたちが1～3を目指す人間へと成長できるように、教師が指導・支援、促進する。

ホリスティック・カリキュラムには、子どもたちへのねがいと教師の役割が包括されている。つまり、ホリスティック・カリキュラムは、子どもたちの学びの履歴の総体（以下、Learning Histories と記す）としてのカリキュラムと教師の作る学校の教育課程や各教科などのカリキュラムの包括的な交互作用として存在しているのである。わたくしは、二つのカリキュラム論がつながり、かかわりあい、それらの動的な均衡を目指して、最終的にはひとつに包括されるものと措定しておきたい。

青陰／黄色黄光黄陰／赤色赤光赤陰／白色白光白陰／雑色雑光雑陰／微妙香潔」という言葉がある。これは、極楽の池の様子を示したものであるとされているが、池を教室・地域・国家・地球にたとえることができる。まさに、蓮の花が、いろいろな光を放ち、また、いろいろな陰をも抱いている。しかも、雑色雑光雑陰、鮮やかな色をだせない斑な色、斑な輝き、斑な陰がある子どもたちの存在をも示している「善差別」（大須賀1987）。この言葉は、悪平等にとらわれない「善差別」すなわち善なる差別の大切さに気がつかせてくれる。教師であるわたくしは、子どもたちが多様で異なる存在であること、そこからすべてが始まるのだということにこそ安心と確信を覚える。

子どもたちを守り育むための四条件

京都にある東寺の講堂には、大日如来像を中心に四天王、すなわち持国天・増長天・広目天・多聞天がある。東・南・西・北に配置されている。これは、いのちの曼荼羅としての持国天は環境としての条件を整え、南の増長天はその条件を生かして曼荼羅の成長と促進を目指す。西の広目天は自らの価値観にとらわれない広い心の目で人や組織にかかわり、北の多聞天は人の心に深く耳を傾けていく。この曼荼羅は、あらゆる個人や組織が成長・発展していくために欠かすことのできない大切な営みを暗示している（大須賀

1987）。このいのちの曼陀羅は、宇宙をはじめ地球・国家・地域・企業・家庭・個人はもちろん、教室の姿をも意味している。それは、子どもたちのいのちを守り育む教育・学習に欠かすことのできない基礎的・基本的な条件を示している。とりわけ、わたくしたち教師にとって必要なのは、子どもたちのいのちを守り育むという目的のために、教室の学習・生活環境（「持国」）を整え、何よりも子どもの成長や「増長」を願い、「広目」の心で「多聞」することである。

ホリスティック・カリキュラムにおける内容・方法および評価

学習内容と子どもたち

教師としてのわたくしは、中学校社会科教育・特別活動・道徳・総合的な学習の時間など、これまでの Teaching Histories を踏まえ、「人間」「時間」「空間」「事物」「情報」「精神」という六つのキーワードを措定し、「子どもたちと教師をめぐるホリスティックな教育・学習の世界」（図1）を作成した。また、「子ども（人間）の外的な世界の構造」（図2）と、「子ども（人間）の内的な世界の構造」（図3）を作成し、ホリスティックな教育の対象と内容を想定し実践している。

天野正輝編（1999）『総合的な学習のカリキュラム創造』ミネルヴァ書房
成田喜一郎（1997）『中学校社会科授業ディベートの理論と方法』明治図書
大須賀発蔵（1987）『いのち分けあいしもの』柏樹社
ミラー（1994）『ホリスティック教育』吉田，中川，手塚訳，春秋社

図1　子どもたちをめぐるホリスティックな教育・学習の世界

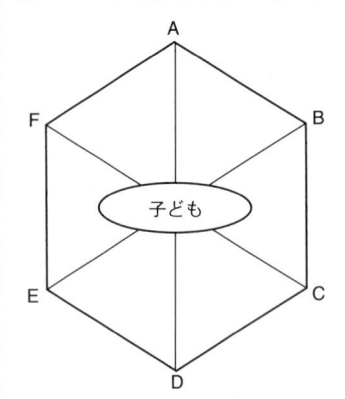

A:「人間」個人・家族・社会・民族・人種などとのつながり
B:「時間」現在・過去・未来などとのつながり
C:「空間」家庭・地域・国家・地球・宇宙などとのつながり
D:「事物」自然・商品・事物・物質などとのつながり
E:「情報」受信・発信・交信・通信などとのつながり
F:「精神」理性・論理・直感・感性・想像力などとのつながり
A・B・C・D・E・F:「あらゆるもの」平和・人権・環境・開発・国際理解・異文化共生とのつながり

図2　子ども（人間）の外的世界の構造

子ども　家族　地域　国家　域圏　地球　宇宙

〈世界システム〉

図3　子ども（人間）の内的世界

〈子どもの内面〉

皮膚（肌・色）
からだ（生・死・病・性）
理性（論理・分析・認識）
こころ（思想・価値観）
感性（直感・感覚・感情）

〈子どもの外界世界〉

他者とのつながり　他者とのつながり
魂（精神性・spirituality）

図1・2・3ともに作成／成田

学習方法と教師の役割

ミラーによって示された三つの学習スタイル論をもとに整理してみると、以下のようになる。

1　トランスミッション型の学習〈伝達注入〉　これは、子どもたちが教師からさまざまな知識・技能を伝達・注入される学習スタイルである。これは教師が効率よく体系的・系統的な知識・技能を伝達する伝統的な一斉授業にみられるスタイルである。

2 トランスアクション型の学習〈相互交流〉 これは教師に支援されて、子どもたち自身が相互に交流や啓発を行う学習スタイルである。これは、問題解決的なグループ学習やディベート、ロールプレイングなど、子どもたちが主体的に学びあう学習活動を意味している。

3 トランスフォーメーション型の学習〈主体変容〉 これは、トランスアクション型の学習スタイルを発展させ、トランスミッション型の学習スタイルをも排除せず、子どもたちはもちろんのこと、教師の〈主体変容〉にも迫るねがいやねらい、内容と方法を持った学習のことである。すなわち、自立共生・共生共存を目指した、ホリスティックなつながりやかかわりのある学習内容、人間の存在全体を組み込んだ有意味な学習内容をふくみ、子どもたちと教師の〈主体変容〉を引き起こす学習である。

ホリスティック・カリキュラムは、トランスミッション型の学習〈伝達注入〉とトランスアクション型の学習〈相互交流〉のスタイルをもつつみこみながら、第三の包括的な学習＝トランスフォーメーション型の学習〈主体変容〉を中心に据えて実践される。それは〈伝える〉〈分かち合う〉〈変わりゆく〉学習である。

子どもと教師のための評価

ホリスティック・カリキュラムの評価は、何よりも子どもと教師のために、以下のような手順で行われる。

1 子どもたちの Learning Histories と教師の Teaching Histories をもとに授業実践を行う。

2 子どもたちに学習の「目当て→学び→ふり返り」という自らの Learning Histories を自覚させる。

3 子どもたちに Learning Histories を共有させたり、後輩たちへ Learning Histories を継承させたりする。

4 教師の持つ「計画→実践→評価」という Teaching Histories に即して一連の評価活動を行う。

5 子どもの Learning Histories (ポートフォリオなど)をもとにした対話とコメントによる評価に重きを置く。

ホリスティック・カリキュラムの評価は、結果や成果に対する評価・評定ではなく、子どもたちの Learning Histories に沿った事前的評価・形成的評価・総括的評価のつながりを重視するのである。

以上がホリスティック・カリキュラムの概要であるが、具体的な実践事例については別の機会に譲りたい。なお本稿に関する問い合わせについては、直接筆者までお願いしたい。また、読者の方々とともに「ホリスティック・カリキュラムとは何か」という問いを分かちあい、さらなる答えを求め続けてゆきたい。

回 連絡先
筆者E-mail　jzs03765@nifty.com

私の考える
ホリスティック教育

ホリスティックな教育とインドの叡智

金田 卓也

教育におけるスピリチュアリティ

ホリスティックな教育の特質のひとつは、教育という営みをスピリチュアルな次元をも含めてとらえようとするところにある。精神性あるいは霊性などと訳される Spirituality の問題について、教育の現場において正面切って語ることはなかなか容易なことではなく、特にオウム事件以降、宗教的なものや精神世界に対する過敏な反応がある。オウム事件は、若い世代の人々が普段の生活においてあまりにも宗教やスピリチュアルな世界に対して無知であったために、そうした世界へ関心が向けられたとき、似非宗教の罠にいとも簡単に陥ってしまった結果だといえるのではないだろうか。9・11のテロ事件以降、原理主義者の過激な活動により、宗教はより否定的にとらえられる傾向にある。

一方、最近の若い世代をとりまく環境を見ると、ヒーリング・ブームに象徴されるように、ニューエイジ的な商業化された精神世界というものも少なくはない。高額な料金を必要とするヒーリングというものも少なくはない。高額な料金の誘いは多く、ヒーリング関連のさまざまな商品が販売されている。こうしたものすべてが問題であるとはいいきれないが、精神世界の探求とビジネスは本来直接結びつかないものであり、金銭によってスピリチュアルな世界に近づけたような幻想を与えるだけのものも多いことも事実である。

宗教や精神世界の名で語られるものの中から本物を見極めるのは、海辺の砂粒の中に紛れ込んだ宝石のかけらを探し出すことのように難しい。その困難さを自覚した上で、教育に関わる者自らがスピリチュアルな世界への航海に乗り出そうとするとき、ホリスティックな教育の展望が開かれていくように思われる。その困難な航海をする上で、現代でも精神世界への探求の伝統が脈々と受け継がれている

インドにおける精神世界探求の伝統

私はこれまで教育の問題とともにインドやネパールなどインド文化圏と長年関わってきたが、旅を重ねるごとに、その精神世界の奥の深さというものに改めて気づかされる。インド世界では現在でも、家庭の中でプージャと呼ばれるさまざまな宗教儀礼が行われ、神々の絵や彫像・献花、マントラ（真言）やバジャンと呼ばれる宗教音楽、そして香の匂いなども含めて、生活そのものが精神世界と分かちがたく結びついている。季節ごとに行われる祭りは宗教儀礼と不可分であり、子どもたちは祭りを通して伝統的文化と出会い、精神世界への入り口を垣間見ることができる。

一方、近年、インドのコンピュータ産業の発展は著しく、ウェブサイトの看板を掲げたビルの前を托鉢姿の裸足のサドゥー（遊行者）が平然と歩いて行く、そうした光景が決して珍しくないのが現代インドの姿である。

ホリスティックな教育というと、シュタイナー教育など西洋における教育実践に目が行きがちであるが、シュタイナー自身、インド思想から大きな影響を受けている。シュタイナーはインドを根拠地に東西宗教の融合を試みた神智学協会のドイツ支部長を務めていたことがあり、その後、神智学協会を去って、独自の人智学協会を新たに設立し、自由ヴァルドルフ学校を開校することになる。幼児教育の分野で活躍したモンテッソーリも第二次世界大戦中、神智学協会の招きで7年の長期にわたってインドに滞在し、乳児期の母子関係などインド文化から新しい知見を得ている。90年代から盛んになる北米のホリスティック教育運動を見ても、ニューエイジ的な精神世界とは一線を画すべきだとしながらも、その出発点の背景には、60年代・70年代のカウンターカルチャーやニューエイジ運動というものがあることは明らかであろう。ハーヴァード大学の心理学の教授をやめてインドでヨーガの修行をしたラム・ダス（本名リチャード・アルパート）の例のように、インドの精神世界の伝統というものがカウンターカルチャーやニューエイジに与えた影響というものは計り知れない。

20世紀のインドにおいて精神世界を追求した人物の中でラビンドラナート・タゴール、シュリ・オーロビンド、クリシュナムルティは子どもたちの教育にも大変強い関心を示し、それぞれ実験的な学校を開いた教育の実践家でもあった。そうした学校は現在も継続され、それぞれの独自な教育はインド国外からも注目されている。80年代より世界各地で呼吸法と瞑想について指導している

シュリ・シュリ・ラビシャンカールも子どもたちの教育に対して熱心な活動を続け、インド各地で数多くの学校を開くとともに、呼吸法の基本的テクニックを生かした子どもたちと青少年を対象にした独自の教育プログラムを開発している。

精神の覚醒としての教育

インドにおいて、宗教を意味するダルマ（法）という言葉は、人生における正しい行いを意味し、特定の教義というよりも人間の生き方全体を指し示す言葉である。従って西洋的な宗教（religion）とは本質的に異なり、宗教的か世俗的かという分け方自体が意味をなさない。インドでは、伝統的に教育は宗教＝ダルマの一部であると考えられてきた。そして、ウパニシャッドの中で述べられているように、教育の目的とは精神の覚醒にほかならない。そうしたインド思想の根本にあるのはウパニシャッドに示されている「梵我一如」という考えである。宇宙（世界）の根本原理であるブラフマン（梵）と個体の原理であるアートマン（人間・自己・我）を同位置に置くこと、つまり、人間存在を宇宙と同一視したひとつの小宇宙としてとらえるということである。「神はあなた自身の中に存在する」という言葉もそこから生まれてくる。比喩的な意味において、このような考えは全体を部分の総和以上のものであると

し、部分と全体を多層的に捉えるホリスティックな世界観に共通するものである。後世の仏教においては、非我あるいは無我という言葉によって、アートマンそのものを否定しようとする考えもあるが、ブッダの誕生した当時のインドの文化的背景を考えるならば、仏教もその出発点においては「梵我一如」の世界観と矛盾するものではなかったことは確かであろう。

サンスクリットでスピリチュアルを意味するアディヤットミックという言葉はアディヤットマ adhy‑atma（アートマン＝自己に関する）というところから来ている。つまり、スピリチュアルな探求とは自己の探求と等しいものなのである。現代の覚者のひとりであるラマナ・マハルシが「私は何であるか」という問いを究極的に突き詰める厳しいまでの自己への洞察の必要性を示したように、インドにおける精神世界の探求とは、自己洞察から始まり、そして西洋的な意味での自我のレベルを超えた無窮のリアリティとしてのブラフマンへとつながっていく。そこでは精

ヨーガの図（リシケシ）
提供／金田

神世界の探求は外部の絶対的存在に依存するのではなく、聖なる超個人的なものを自己の内部に見出すという考え方が基本になっている。日本人が一般的に抱きがちな「宗教」や「霊性」の概念とは異なる、あくまでも自己洞察を出発点とするインドの精神世界へのアプローチは、ホリスティックな教育を考える上で大きな示唆を与えてくれる。

多様性を許容するインド文化

インド思想の特徴のひとつは、善と悪、創造と破壊など、対立する概念もすべて含んだ大きな全体を考えるということである。このような考え方は、ものごとを決して一面から見ず、多様なものとしてとらえる多元的な（multidimentional）見方として現われている。インド文化では、矛盾も含めて不完全であるように見えても、その不完全さも完全さの一側面であり、無窮のリアリティの前ではその不完全さも含めて完全なものだという論理が展開する。

たくさんの神々を祀るヒンドゥー教に象徴されるように、インド文化の基底には異なるものという考えが存在する。異なるものというのは無窮のリアリティの多面的な現われだととらえられ、究極的には異なる姿をした神々もひとつになると考えられている。そうした異質なものを許容する世界観は、インドにおける人間の多様性についての認識にもつながっている。大家族の伝統の生きるインドでは家族や親族内で西洋的な意味でのプライヴァシーは存在しないが、家族内においても個人の考え方の相違は認められ、たとえ小さな子どもでも親に対して反対意見をはっきりと主張することができる。この点は日本的な家族関係とも異なっている。

日本の教育の場でスピリチュアリティについて語られるとき、常に問題になるのは、既成の宗教団体にときおり見られる狂信的な集団主義への危惧であろう。インドにおいて、宗教的な雰囲気に包まれながらも、宗教グループにありがちな個人を埋没させる集団主義にならないのは、先に述べたように、精神性の探求そのものが自己洞察を起点に始まるということとともに、たとえ家族の中でも個人の違いというものをはっきり認め合うという多様性を許容するインド文化の特質があるからである。

こうした多様なものを受け入れるというインド的な考え方の中では、ひとつの方法に拘泥することはない。山の頂に至るためにもいろいろな道があるように、精神の覚醒を探求する上でも、さまざまな道が求められた。その背景には、人間は一人ひとりでその性格も生い立ちも異なり、すべてにあてはまる一定の方法などはないという認識がある。このように人間の多様性を認識した上で、アディヤットマ〈自己探求〉を人間の多様性を認識した上で、その方法論もおのずから多

様なものとなる。同じく神智学協会にかかわり、それぞれ独自の学校を開いたクリシュナムルティとシュタイナーであるが、シュタイナーは方法論を明確化させ、一方、インド生まれのクリシュナムルティは特定の方法論にとらわれることを否定した。方法論に関して、ふたりはきわめて対照的である。インドの伝統の特徴のひとつである特定の方法に固執しないということは、方法そのものを否定することではなく、多様な方法を認めるということでもある。ある人に適応する方法がまた別の人にもあてはまるとは限らないように、矛盾するように見えるまったく正反対の方法も、ある人にはふさわしい場合がありうるということが前提になっている。インドでは古代より精神世界の道を求めるためにヨーガや呼吸法や瞑想法についてさまざまな方法が生み出されてきたが、現代でも多様なものを排除せず受け入れるという文化的土壌の中で、異質なものへの探求の道が消え去ることなく、受け継がれてきたのである。

ブラフマチャリヤの教育

インドやネパールでは近代学校教育以前の学びの場として、導師の下で共同生活をしながらサンスクリットを中心に学ぶグルクルという学びの場が存在した。古代よりヒンドゥー世界には、4段階に分けられた人生の理想がある。

第1段階は学生期…ブラフマチャリヤと呼ばれ、入門式を経て人里離れたところに住む師の下で寝食をともにしながら勉強をする時期である。グルクルというのは、この学生期に学ぶ場である。次の第2段階は師の下を離れ、結婚し、子を育て家庭生活および社会生活を営む家住期、第3段階は、子どもを一人前に育て、家庭・社会生活から引退し、人里離れた森の中で妻とともに宗教的生活を送る森住期という。そして、第4番目の人生の最終段階の遊行期においては、現世のあらゆる執着を離れ、聖地を托鉢巡礼することを理想としている。このような人生観は、現代でも実現は難しいが、ひとつの理想として多くの人々の心をとらえている。

ブラフマチャリヤとは一般的には性的に禁欲的な生活を送る意味で使われるが、本来的には根源的なるものとしてのブラフマンを求める行為であり、あらゆる感覚の統制を意味している。学生期におけるブラフマチャリヤとは、人

伝統文化と出会う子どもたち。
（クリシュナ神誕生祭）提供／金田

里離れたところで、師の下で共同生活を送りながら、欲望を抑制し心身を鍛え、知識を学び精神的覚醒への道を準備することである。そこでの学びとは観念的な知識を習得することだけではなく、自然（大地）そのものに触れ、身体を健康な状態に保つことも大切にされた。古代インド哲学においては、物質的世界を越えることを目指したが、身体や自然環境といった物質的な世界を軽視することはなかった。むしろ、身体を整えることによって超越的世界に至ることができると考えられていた。従って、ヨーガの修行のように睡眠・休息・食事といったことにも大きな注意が払われた。その背景にはヨーガやアーユルヴェーダ医学に見られるように、身体・感覚・感情・思考そして精神性を分断せず、ひとつのつながりとしてとらえる、正にホリスティックな智恵が存在する。シュリ・シュリ・ラビシャンカールは、子どもの教育はホリスティックなものでなければならないとし、教育における心と体のつながりの重要性を強調する。

クリシュナムルティの開いた学校では、古代のブラフマチャリヤのように早寝早起きといった自然のサイクルに即した規則正しい生活、有機農法による新鮮な素材を使った食事、早朝と夕方の運動など、身体についても細心の配慮が見られる。そうしたブラフマチャリヤ的環境の中で、生徒たちは自分をコントロールすることを自然と身につけ、

自己の内面を見つめていくことができるのである。現在の日本の子どもを取り巻く環境は、そうしたブラフマチャリヤ的環境と正反対であり、ホリスティックな教育を考えるとき、これまで教育と必ずしも直接結びつけられてこなかった睡眠・休息・食事などの問題を改めて見直す必要があるように思われる。

教師自身の精神性

インドの覚醒者たちは、教育とは教師の生き方そのものであり、教師は自分の知っていること以上のものを教えることはできないという。そして、スピリチュアルな教育を行うためには、教師自身が自己の内面を見つめることによって自らの精神性を高めることの必要性を強調する。スピリチュアルな次元を含んだホリスティックな教育というものは教師自らが奥深い精神世界に開かれていくところからしか、始められないといってもよいのではないだろうか。教育に関わる者が精神世界への旅を始めるとき、アディヤットマ〈自己探求〉という言葉に示される古代から伝わるインドの叡智から学ぶものは限りなく多い。

精神世界探求の伝統はインドに限られているわけではないが、インドの精神世界へ目を向けることは、日本文化の根底に流れる仏教的な精神世界を改めて見直す契機にもなるということを最後につけ加えておきたい。

私の考える
ホリスティック教育

I部
2

東洋哲学的ホリスティック教育論の試み

中川 吉晴

ホリスティック教育に対して、私は東洋哲学の観点から一つの理論・実践モデルを呈示し、それを、2000年にトロント大学大学院に提出した博士論文「東洋哲学とホリスティック教育」と、その単行本『覚醒への教育─ホリスティック教育への東洋的アプローチ』(ともに英文)のなかで明らかにした。

北米で登場したホリスティック教育には、そもそも東洋思想をふくむ永遠の哲学の伝統が流れこんでいるのだが、私はもっと徹底して東洋哲学の可能性を引き出し、そこからホリスティック教育を再考することを試みた。その結果、それまでのホリスティック教育論とは根本的に異なる見方に到達した。従来のホリスティック教育論は、教育の存在論的基盤を、個人や社会から、自然や宇宙といった包括的な世界にまで押し広げたのだが、東洋哲学はさらに自然や宇宙の根源にある無限性にふれており、この点で独特なアプローチが可能になると思われたのである。

東洋哲学が意味するもの

「東洋哲学」ということで主としてとりあげたのは、イスラムのスーフィズム、インド哲学(ヴェーダーンタ哲学)、哲学的タオイズム(老荘思想)、儒教および宋学の形而上学、そしてさまざまな仏教哲学(初期仏教、大乗仏教─中観、唯識、華厳、密教、禅、チベット仏教)などである。さらにクリシュナムルティ、ラマナ・マハリシ、オーロビンド、西田幾太郎、鈴木大拙といった東洋の哲人たちの思想もとりあげた。そのさいもっとも重視したのは、多種多様な伝統や思想の詳細ではなく、それらを包括するような基本的枠組みである。もちろん個別の伝統や思想家を研究することで各論的なモデルを構築することは可能だが、ここでは、とくに井筒俊彦による「東洋哲学」の再構築にならって、東洋哲学の基本構造からホリスティック教育を考察した。

Y. Nakagawa (2000), *Education for Awakening: An Eastern Approach to Holistic Education,* Brandon, Vermont: Foundation for Educational Renewal.

東洋哲学の構造

東洋哲学の基本構造の特徴は、その多元的な存在論にあり、その存在論には無や空といった根源的な次元が認められる。またこうした次元はたんに思索の対象ではなく、観想的実践（瞑想）によって実存的に覚知されるという点で、東洋哲学は実践論と結びついている。

井筒俊彦によれば、東洋哲学の特質は意識と存在の多層的・重層的な構造把握にある。表層レベルは現象的多者の世界であり、その背後には意味論的分節化の働きがある。そしてその深層領域には想像的イマージュの世界が広がっており、その根底には「言語アラヤ識」がある。さらにその深みには存在論的流動状態としての混沌のレベルがあり、そして究極の深みには「絶対無分節者」のレベル、「意識と存在の窮極的ゼロ・ポイント」がある。

井筒のいう絶対無分節者は、東洋哲学の伝統では、無相、ブラフマン、無、ニルヴァーナ、空、無極、理、道といった概念でとらえられてきた。東洋哲学の特徴は、このような無限の深みを認め、観想道をつうじてそれを開示しようとするところにある。そのさい観想道には、深みを探究する「往道」だけでなく、深みにいたったのちに展開される「還道」がある。実践道としての東洋哲学は、たんに無窮分節作用はコミュニケーションを媒介の深みにいたることを目的とするだけでなく、そこから日常の次元に立ちもどり、日常そのものを無限なものへと変容することに特徴がある。

リアリティの五つの次元

以上のような東洋哲学の存在論をとり入れることで、ホリスティック教育の存在論は、つぎの五つの存在次元からなる多元的現実論にまとめられる。

1 対象的現実 (the objective reality)
2 社会的現実 (the social reality)
3 宇宙的現実 (the cosmic reality)
4 無窮的現実 (the infinite reality)
5 普遍的現実 (the universal reality)

1 「対象的現実」——現象的・経験的・表層的現実。ここは、あらゆる存在者が個別の分離した対象的存在として現出する次元である。

2 「社会的現実」——対象的現実の根底にあり、現象的多者を分節化・差異化して現出する意味論的基盤。この次元が「社会的」現実と呼ばれるのは、意味分節作用はコミュニケーションを媒介とする社会関係のなかで成立するから

井筒俊彦(1991)『意識と本質』岩波文庫

リアリティの5つの次元

対象的現実
社会的現実
宇宙的現実　普遍的現実
無窮的現実

作成／中川

である。

3 「宇宙的現実」——社会的現実を包括する自然・地球環境・宇宙といった世界。ここに立ちあらわれるのは、万物の時空間のつながりや、動的に生成・進化する宇宙の諸相である。そこでは、あらゆるものが分離されることなく有機的・機能的につながっており、その関係性はエコロジーやシステム論によってとらえられる。

4 「無窮的現実」——宇宙的現実のさらに深みにある無限性の次元。東洋哲学が語りつづけてきた最深層レベル。宇宙的現実が宇宙の存在と生成にかかわっているとすれば、無窮的現実は絶対無・非存在のレベルにかかわっている。東洋哲学の伝統では、観想の往道をとおしてこのようなレベルにいたることが覚りとしてとらえられてきた。

5 「普遍的現実」——観想は二重の運動であり、往道は還道に引きつがれる。覚りのあと還道のなかで開かれる真如の世界、それが「普遍的現実」という概念でとらえられる。人が無窮的現実を覚知するとき、すべての存在次元を根底から変容され、そのありのままの姿で無限なるものを開示する。このような変容された世界が「普遍的現実」である。無窮的現実と普遍的現実（空と真如）は一つに折り重なっており、その非二元的なリアリティこ

そ、東洋哲学が究極のリアリティと呼んできたものである。

これら五つの現実は、五つの異なる領域が階層的に重なっていることを意味しているのではなく、リアリティが五つの相のもとに立ちあらわれることを意味している。一つの事象は同時に対象的現実であり、社会的現実であり、宇宙的現実である。しかもそれは無窮的現実に浸透された普遍的現実である。しかし通常、人間の意識ははじめの二つの現実に（マインドをつうじて）排他的に同一化しているので、それよりも深い現実を覚知することが容易ではない。それゆえ観想は、こうした排他的同一化を解き去り、より深い現実が開示されるように、意識を変容する技法として用いられる。

ホリスティック教育とは、こうした多元的現実を、人間が観想をつうじた自己変容をとおして探究する営みである。

東洋哲学から見たホリスティック教育

この多元的存在論は、これまでに提出されたさまざまなホリスティック教育論に一つのパースペクティヴを与えることができる。現代のホリスティック教育論は、表層次元の断片化（対象的現実）をのりこえ、根源的なつながりを回復しようとするものだが、この動きは対象的現実から社会的現実をへて宇宙的現実へといたる動きとしてとらえら

れる。このうち宇宙的現実は、大半のホリスティック教育論が究極の基盤とみなす次元である。しかし東洋哲学では、宇宙的現実よりもさらに深い無窮的現実や普遍的現実を問題にしている。ここに東洋哲学的ホリスティック教育論の独自性がある。

たとえば東洋哲学のなかで語られる東洋的自己というのは、無窮的現実を覚知し、みずからが普遍的現実として立ちあらわれるような自己存在である。その古典的な例として、老子における「賢人」、荘子における「真人」や「至人」、臨済における「無位の真人」などがあるが、それは鈴木大拙では「超個の人」、西谷啓治や上田閑照では「自己ならざる自己」と呼ばれている。東洋的自己とは、その根底において無限でありながら具体的個として現出するような存在である。

東洋哲学から見て、現代のホリスティック教育論の基本的な問題点は、それらがつながりを重視するあまり、存在の深み（無窮的現実、普遍的現実）への十分な洞察を欠いているという点である。この関連でとくに問題となるのは、エコロジー思想やシステム論的な宇宙論である。ウィルバーの言葉を借りれば、それらは深みを欠いたフラットランドの存在論にとどまっているのである。

東洋哲学から見れば、つながりそのものが多次元的なものであり、たとえば仏教の縁起思想はそれをよくあらわし

ている。縁起思想の究極ともいえる華厳哲学の四法界説では、事事無礙法界は、あらゆるものが相互に滲透しあい、相入相即し、重々無尽に交錯しあう、究極のつながりを意味している。しかしそれはたんに所与の世界ではなく、観想の往還運動をつうじて、ふたたび事の世界に立ちもどること（理事無礙）で現成するリアリティである。

ホリスティック教育論に存在の深みへの洞察が欠けているということは、その実践面にも反映されている。つまりホリスティック教育では、いまだ観想をつうじた自己変容の不可欠性が必ずしも十分に認識されているようには見えない。世界の断片化はマインドの働きによって生みだされる以上、世界のつながりや無限性を真に知るには、マインドを無心へと変容する観想や無限性の観想が不可欠である。そして、この観想に関して東洋的実践道はもっとも高度な発達をとげてきたのである。

東洋哲学的教育論の特質

東洋哲学の観点からみると、西洋で発達した教育論とは異なる教育論がなり立つ。いくつかの点を指摘しておくと、まず東洋哲学的教育論が明確に目的に掲げるのは、社会適応でも人格形成でも成人性でもなく、究極の無限性への覚醒である。

たとえばタオイズムにおける自然をとりあげると、それは自然主義は西洋教育学においても主要な思想であるが、無為としての行為のなかにほかならず、自発的にあらわれるタオ（無窮的現実）の働きにほかならず、自発的にあらわれるタオ（無窮的現実）の働きにほかならず、それゆえ東洋の自然主義教育は、観想道のなかで根源的なタオへと立ちもどることを意味している。

現代教育は人間の言語能力の発達を何よりも重視しているが、東洋哲学では言語よりも静寂が重視される。東洋哲学は、言語が深いリアリティを隠蔽することを洞察したうえで、人が言語的条件づけからいかにして解放されるかを問題にしている。静寂や沈黙はたんに言語の不在というにとどまらず、存在論的には無窮的現実を開示するものである。また教育学は学習に最大の価値を置いているのに対して、東洋哲学は脱学習に意味を見いだしている。通常の学習は存在の深みを隠蔽するものであり、学んだことを脱学習することで存在の深い次元があらわれてくる。

発達論においても東洋哲学は通常のとらえ方とは異なっている。東洋では子どものイメージが成熟の理想像として選ばれるが、これは成熟の果てにおとずれる無垢なる存在性を意味している。たとえば『十牛図』には宇宙的現実から無窮的現実へと至り、普遍的現実へと甦る東洋的自己実現のプロセスが描かれている。このような東洋的発達論は、西洋的発達論が終わったところ（成人性）からはじまり、大

死（絶対無）をへて成熟（老人＝子ども）へといたる道筋を描きだしている。

このような対比において重要なのは、あれかこれかを論ずることではなく、西洋的教育論と東洋的教育論のあいだに相互補完的な関係を築くことである。

統合的実践の必要性

東洋哲学的ホリスティック教育論は、実践方法としての観想と不可分に結びついていると述べたが、ここで重要なのは、東洋で発達した観想道をたんに現代に甦らせるだけでなく、西洋で発達してきた心理療法や心身技法などと結びつけ、より統合的な実践モデルを提示することである。ホリスティック教育にとって必要なのは、さまざまなレベルの方法論を結びあわせた統合的なアプローチである。

ホリスティックな立場の心理療法や心身技法は、社会的現実に規定された存在を宇宙的現実へと解放していく方法である。これに観想の技法を結びつけることで、さらに深い次元へと探究の道をすすめていくことができる。観想のなかでは自覚（アウェアネス）の技法が基本的に重要である。たとえば、自覚を軸にして東西の方法論の統合をめざした先駆的試みとしてオルダス・ハクスレーの「非言語的人文教育」があるが、このような統合的実践がホ

リスティック教育の実践として位置づけられなくてはならない。また東洋には、観想としての身体道や芸道なども多数あり、ホリスティック教育にとって重要な実践モデルを与えてくれる。なお「統合的実践」は、ウィルバーが提唱する統合的アプローチの実践形態として、マーフィたちによって構想されつつある。

現在、私は「ホリスティック臨床教育学」なるものを構想中であるが、それは、ここに示したような、ホリスティック教育と心理療法とスピリチュアルな観想を統合するようなものである。

社会変容との関連

東洋哲学的ホリスティック教育論は社会とどのようにかかわるのか、最後にこの点にふれておきたい。たとえば「ディープエコロジー」や「行動する仏教」では、人がより深いつながりに根ざすことで社会正義に向かう行動が生まれるとされているが、（これらの試みをふまえつつ）東洋哲学的ホリスティック教育論では、さらにさまざまな関連を引き出すことができる。

東洋的行動論の真の意味は、存在の深層を変容することにある。観想の往道面において、社会的現実を根底から変容することにある。観想そのものが（社会的現実からの脱同一化という意味で）一つの社会批判とみなされる。その一方

で、日常生活や社会行動をふくめて、どんな行動も観想の道として役立てられる。

観想の還道面において、個々の行動は無限の深みから生じてくる（大乗仏教では、この局面を慈悲と呼ぶ）。そのさい特別に重要な行動があるわけではなく、日常行動のすべてが重要なものとなる。さらに言えば、行動ではなく覚者の存在そのものが、深層と日常をつなぐ通路として重要なものとなる。したがって東洋的な覚りの社会的意味は、無窮の現実を社会的現実へともたらし、日常的現実を普遍的現実に変容することにある。

この意味は十分に理解されなくてはならないが、しかし一方では、東洋的行動論が個別の社会変革行動に必ずしも直結しないという問題点は残っている。それゆえ東洋哲学的ホリスティック教育論の課題となるのは、西洋的な社会行動論と東洋的な覚りの行動論とを、もっとも深い次元にまで遡って結びつけることである。これもまた統合的実践の重要な側面となるものである。

以上、私が構想した東洋哲学的ホリスティック教育論の概略を示したが、これはホリスティック教育が東洋哲学と出会うなかで生じる一つの可能性を追求したものであり、決して他の可能性を排除するものではない。むしろこの試みがきっかけとなり、今後いっそうさまざまな研究や議論が展開することを期待したい。

ウィルバー（2002）『万物の理論』岡野訳，トランスビュー

ジョン・ミラー

ホリスティック教育のパイオニアたち
I部 3
John Miller 1943-

中川 吉晴

ジョン（ジャック）・ミラーは、ホール『ホリスティック・カリキュラム』『ホリスティックな教師』『観想的な実践者』『教育と魂』があり、共著には『道徳教育のモデル』『カリキュラム』『ホリスティックな学び』などがある。

リスティック教育の分野を代表する理論家であり、1994年の初来日以来、わが国のホリスティック教育の発展に対しても多大な貢献をしている。ミラーはアメリカ出身で、ハーバード大学やトロント大学で学んだあと、現在はトロント大学大学院オンタリオ教育研究所教授として、ホリスティック教育の分野をとりまとめている。東西の神秘思想にも造詣が深く、長年にわたって瞑想をつづけ、そうした一面がその教育論には反映されている。

ミラーの著書には『教室を人間化する』『共感的な教師』『教育のスペクトラム』『ホリスティックな教師』『観想的な実践者』『教育と魂』があり、共著には『道徳教育のモデル』『カリキュラム』『ホリスティックな学び』などがある。

また中川吉晴との共編で『私たちの全体性を育む』がある。ミラーは人間性教育とトランスパーソナル教育を背景にもち、最近では「教育におけるスピリチュアリティ」の議論に深くかかわっている。

ミラーのホリスティック教育論のテーマは、ホーリズムの教育哲学、ホリスティックなカリキュラム論、教師教育論、魂の教育などである。その教育哲学においてミラーは三つの立場「伝達、交流、変容」を区別する。伝達型の教育とは、教科・教師中心の教育であり、細分化された知識や技能を一方向的に伝達するというものである。交流型の教育は、問題解決や知的探究を中心とするもので、教師と学習者のあいだの対話や、学習者間の共同作業が中心となる。ミラーはこれら二つに加え、変容型の教育を人間の存在全体の成長にかかわるものとし、その世界観を「ホーリズム」であるという。ミラーのいうホリスティック教育は、ホーリズムの哲学にもとづく変容型の教育である。

撮影／中川

I部—3　ホリスティック教育のパイオニアたち

ホーリズムの哲学では、宇宙のあらゆるものは根源的につながりあっているのであり、人びとが根源的なつながりに目覚め、つながりを回復していくことがホリスティック教育の目指すものである。ホリスティック教育は、人間と世界の断片化に抗して真のつながりを回復できるように、教育のあり方を根底から変革しようとする試みである。

ミラーのカリキュラム論では、六つのつながりがとりあげられる。思考と直観のつながり、心身のつながり、さまざまな知識（教科間）のつながり、共同体とのつながり、地球とのつながり、自己とのつながりである。これらのつながりは、教育において根源的なつながりへと入っていくための通路である。また教育方法として、イメージワークやボディワーク、それに瞑想の重要性を認めている点にも、ミラーの特色がある。

教師教育は、ミラーがトロント大学で実際に行なっていることである。オンタリオ教育研究所は北米でも有数の教育研究機関であると同時に、教師の再教育の場ともなっている。ミラーのアプローチの特徴は、教師が瞑想などの助けをかりて自己を変容し、それをとおしてその教育活動にも変化が起こるようにするというものである。ホリスティック教育の鍵となるのは、教師自身が真実で共感的なあり方へと自己変容することである。ミラーはそうした教師を「瞑想的な実践者」と呼んでいる。

最近のミラーの関心は、スピリチュアリティの教育を「魂の教育」として展開することであり、『教育と魂』のなかで、教育のなかに魂を呼びもどすためのカリキュラム論、学校論、教師論を展開している。

■参考資料

ミラー(1994)『ホリスティック教育』吉田、中川、手塚訳、春秋社

ミラー(1997)『ホリスティックな教師たち』中川、吉田、桜井訳、学研

Miller (2000), *Education and the Soul: Toward a Spiritual Curriculum*, SUNY Press

Miller & Nakagawa eds. (2002), *Nurturing Our Wholeness: Perspectives on Spirituality in Education*, Foundation for Educational Renewal

ミラーは The Holistic Educator というニュースレターを発行している。問い合わせは下記まで。
Dr. J. P. Miller
E-mail
jmiller@oise.utoronto.ca

◨サイト情報

Ontario Institute for Studies in Education of the University of Toronto (OISE/UT)
www.oise.utoronto.ca

トロント大学オンタリオ教育研究所

ホリスティック教育の
パイオニアたち

I部 3

Rudolf Steiner
1861-1925

ルドルフ・シュタイナー

今井 重孝

現在、世界50ヵ国以上に普及しているヴァルドルフ学校（シュタイナー学校）の創設者。1861年に当時オーストリア帝国の領土であったバルカン半島のクラリエヴェックという町で生まれた。実業学校卒業後、ウィーン工科大学へ進み、数学、自然科学を学んだことに示されているように、当時の自然科学に通じており、「個体発生は系統発生を繰り返す」という命題で著名な生物学者ハンス・ヘッケルとの親交もあった。シュタイナーは、大学時代、ゲーテ学者のシュレーアーと出会い、若くしてゲーテの自然科学論文集の編集を頼まれる。当時、自然科学的な認識に限界を感じていたシュタイナーは、ゲーテの自然認識に、新しい自然科学のあるべき方向性が示唆されていたのであるが、それが大変好評を得、その助言に従ったといわれている。最初は労働者を相手に講演をしていたのであるが、それが大変好評を得、その助言に従ったといわれている。また『ルチファー・グノーシス』などの雑誌の編集にも携わり、1906年の博士論文である『真理と学問』さらには『自由の哲学』によって深化されていく。

ゲーテ学者として、また文筆家として若い時期から頭角をあらわしたシュタイナーは、1900年頃を転機として、神智学、人智学といった霊性の科学の知見を表明し始める。かつての導師から、40歳までは、自然科学、通常科学の世界で仕事をしその後で霊的ない、若くしてゲーテの自然科学論文集の内容について公にするようにとの助言により、シュタイナー教育についての骨格が指し示された。1919年に、シュトゥットガルトの地に、世界最初のシュタイナー学校が設立された。このシュタイナー学校は、着実に拡大するが、ナチズムの下で禁止されてしまう。しかし、戦後、復活拡大し現在では、世界で800校以上にのぼって

別することが社会にとって最も重要であり、この原則を混乱させることから社会問題が生まれると考えた。それに従い、シュタイナー学校では、授業料については友愛の原則に従い、払えるだけ払う原則が取られているし、校長を置かず教師は教育の専門家として平等に完全な自由のもとに同僚として平等に教育に責任を持つ体制が取られている。

現代社会は、とりわけ、経済のグローバル化によって特徴づけられるが、現行の経済システムは友愛ではなく競争の原理によって運営されている。この原理を転換するものとして最近地域通貨が世界的に導入されはじめているが、こうした流れもシュタイナーの経済思想の流れに位置づけられる。

シュタイナーの講演範囲は、教育にとどまらず、治療教育、医学、薬学、生理学、農学、芸術学、建築学、言語学、神秘学、人智学、神智学、哲学、経済学など多岐に及んでいる。

そのなかでもとりわけ、社会の三分節化の主張は、社会変革との関連で注目に値する。彼は、法律を律する原理が平等であり、経済を律する原理が友愛であり、精神生活を律する原理が自由であり、この三つの原理を明確に区

いる。日本にも、東京シュタイナーシューレ（東京都三鷹市）、京田辺シュタイナー学校（京都府京田辺市）、シュタイナーいずみの学校（北海道伊達市）、たかはらシュタイナー学校（栃木県矢板市）などがある。

■参考資料

シュタイナー(1986)『霊学の観点からの子供の教育』高橋訳, イザラ書房

シュタイナー(1989)『教育の基礎としての一般人間学』高橋訳, 筑摩書房

シュタイナー(1989)『教育芸術』Ⅰ, Ⅱ, 高橋訳, 筑摩書房

シュタイナー(1989)『社会の未来』高橋訳, イザラ書房

シュタイナー(2000)『神智学』高橋訳, ちくま学芸文庫

西平直(1999)『シュタイナー入門』講談社現代新書

秦理絵子(2001)『シュタイナー教育とオイリュトミー』学陽書房

ほんの木編(2002)『シュタイナーを学ぶ本のカタログ』ほんの木

吉田敦彦, 今井重孝編(2001)『日本のシュタイナー教育』せせらぎ出版

吉田武男(2001)『シュタイナーの教育名言100選』学事出版

トロントのシュタイナー学校。ホリスティック教育との結びつきが深い。

ホリスティック教育の
パイオニアたち

Maria Montessori
1870-1952

I部
3

マリア・モンテッソーリ

――私の祖国は、太陽の周りを回り、地球と呼ばれる星です――

江島　正子

モンテッソーリのコスミック理論

モンテッソーリは「あなたの祖国はどこですか?」と尋ねられたことがあるが、そのとき「私の祖国は、太陽の周りを回り、地球と呼ばれる星です」と答えたという。彼女のこの言葉の中にはモンテッソーリのコスミック理論が示唆するものが含まれているように思われる。

モンテッソーリのコスミック理論では、宇宙全体に統一的計画があり、この統一的計画は神さまによって造られ、これは自然法則とも呼ばれるという考え方が基調になっている。すべての生物は統一的計画によって存在し、統一的計画によって進化する。地上の生物ばかりではなく、地球そのものも、宇宙も、統一的計画に従って進化していく。

コスミック理論を説明するときモンテッソーリは、サンゴや、花と昆虫の関係をよく事例に出している。

サンゴは水を大量に吸収する。人間にたとえれば1秒で30リットルの水を飲み込むのだそうだ。サンゴは海水から炭酸カルシウムをとり、酸素を出す。サンゴのなかで炭酸カルシウムはだんだんと大量になり、海面から現れ出てくる。これは島になり、ついには大陸になる。これはサンゴは大陸までも作ってしまう。またサンゴから出た酸素は、海中の生物が生きるために絶対に必要な酸素である。さらにサンゴは海水の塩分を常に一定に保つ。このようにサンゴは、まわりの世界へ偉大な作業を行っているが、しかしサンゴは自分がしていることをまったく意識していない。

蝶は花から花へ飛ぶ。生きるために!蜜を吸う。蝶は花の甘い蜜を吸う。生きるために!蝶は花の甘い蜜を吸っているあいだ蝶に花粉がつく。次の花へ飛んでいったとき花の受粉を助ける。蝶は自分の生命を維持するというる。蝶は自分の生命を維持するというる自己保存のために蜜をとるが、受粉の

I部—3　ホリスティック教育のパイオニアたち

援助という他者への課題をもはたしている。しかしながら、蝶は無意識的に、花の受粉を手伝っているのである。

地球上の生物は自然の本能に従って、自己の生命を保存するという行為を行っているが、これは同時に、他の生命にも貢献するという、コスミックな、偉大な共同作業の課題をはたしているのである。

では、人間はどうなのであろうか？ 霊長類ヒト科の人間は、他の生物と異なり宇宙の中で特別な位置づけを有する。なぜならば、人間は神さまから知性それ自体を与えられているからである。人間は知性を用い、自然を利用し、運河やダム、田や畑で米や作物などをつくる。人間は「超自然」(supranatura, Supra-Natur) つまり「文化」を作るという偉大な活動をする。しかしながらサンゴや蝶がコスミックな課題を意識していないように、人間もコスミックな課題を意識しない、あるいは、忘れ去ってしまっている。

モンテッソーリは、島や大陸をつくっているサンゴが無意識に生きているのと同様に、人間もコスミックな課題に対して、本当に無意識に生きているのではないか、そしてその結果、人間は自らつくった「超自然」の犠牲になっているのではないか、と問うてくる。モンテッソーリのコスミック理論は、21世紀における環境教育、平和教育、生態学を先取りしているといえよう。

■参考資料

江島正子 (2001)『モンテッソーリの宗教教育』学苑社

トルードウ (1990)『コスミック教育の形成』三宅訳, エンデルレ書店

モンテッソーリ (1968)『幼児の秘密』鼓訳, 国土社

モンテッソーリ (1992)『人間の可能性を伸ばすために』田中訳, エンデルレ書店

モンテッソーリ (1996)『子ども—社会—世界』ルーメル, 江島訳, ドン・ボスコ社

モンテッソーリ (1997)『児童期から思春期へ』ルーメル, 江島訳, 玉川大学出版部

Mario Montessori (1976), *Cosmic Education.* Association Montessori Internationale

コスミック理論と人間形成の関連性

宇宙 / 世界 / 国家 / 町 / 家庭 / 胎内
ムネメ / ネブラエ / ホルメ / 内的教師

S.Q.モンタナーロ, ローマ, 1997

ホリスティック教育のパイオニアたち

I部 3

R. Tagore
1861-1941
Sri Aurobindo
1872-1950

タゴール　オーロビンド

金田 卓也

インドのタゴールとシュリ・オーロビンドはそれぞれ実験的な学校を開き、西洋的な学校とは異なる学びの場を模索した。ふたりの教育理念とその実践の中に古代インド哲学につながるホリスティックな智恵を見出すことができる。

ラビンドラナート・タゴール

インドの詩人ラビンドラナート・タゴールはノーベル文学賞受賞者としても知られているが、教育の実践家でもあった。喧騒の都会カルカッタから北西へ160キロほど内陸に入った、豊かな自然の中にシャンティニケタン（平和な場所という意味）という学校を開き理想の教育を目指した。彼の教育実践は森の中の超俗の場所で導師とともに生活しながら学ぶという古代インドから伝わるブラフマチャリヤの思想に基づいたものだといえる。タゴールは自ら文学作品を生み出しただけではなく、作曲や絵画も心がけ、生きていくことと芸術を創造することはひとつのものであり、芸術は人生の真理をつかむための道であると考えた。シャンティニケタンにおいても教育の中での美術・音楽・舞踊・演劇といった芸術活動が大変盛んである。

シャンティニケタンは初等部から大学までを有する大きな学園に発展し、なかでも、音楽学部と美術学部はインド内外から多くの学生を集めている。

タゴールは近代学校教育はまるで教育の工場のようだと批判し、特に自然の中で自由に学ぶことの大切さを訴えた。シャンティニケタンでは大樹の下で学ぶ生徒たちの姿を多く見かける。草花が新鮮な空気と太陽の光を欲するように、子どもたちも自然と触れあうことによってはじめて、大地の呼吸と

シュリ・オーロビンド

シュリ・オーロビンドはカルカッタに生まれ、英国のケンブリッジで教育を受け、帰国後、学校で教えながらヨーガを学んだ。英国の植民地政策に反対する政治運動に関わり、投獄されるが、さらにヨーガの修行を続け、精神世界の探求を深めていった。やがて、南インドのポンディチェリーに移り、ヨーガを学ぶために彼の元に集まった人たちのためにアシュラムを開いた。シュリ・オーロビンドは人間の存在を身体的・生命的・精神的・霊的な存在へと向かう相互に関連しあった階層的なものとして捉え、スピリチュアルな生活とはひとつの成長であるとして、意識の根底からの変容を目指した「統合ヨーガ（integral yoga）」という考え方を示した。外側から教え込むのではなく、子どもたちの心にある自ら学び、探求する心を目覚めさせることを教育の目的として、幼稚園から高等教育までの学びの場がアシュラムで開かれている。彼は明確なカリキュラムやガイドラインを示したわけではないが、身体への教育を不可欠なものとするとともに、教師たちが自己の内面を深化させることによってのみ子どもたちへのスピリチュアルな教育が可能だとした。彼の死後、国境を超えてさまざまな人々が集いスピリチュアルな理想の生活を実現するために、ポンディチェリー近郊でオーロヴィルという実験的な都市建設が試みられ、現在も進行中である。オーロヴィルの中には、彼の教育理念に基づいた「新しい創造の学校」などと呼ばれるいくつかの学校が開かれ、世界各地から集まった住民ばかりではなく、地元の村人の子どもたちも通っている。

■参考資料

タゴール(1996)『人間の宗教』森本訳, 第三文明社

タゴール(1981)『タゴール著作集 第9巻 文学・芸術・教育論集』山室訳, 第三文明社

弘中和彦編, ガンディー, タゴール(1990)『万物帰一の教育』明治図書

Aurobindo & The Mother (1956), *Sri Aurobindo and The Mother on Education*. Pondicherry, India: Sri Aurobindo Ashram

■サイト情報

タゴールの学校
www.visva-bharati.ac.in

オーロビンド関連
www.sriaurobindosociety.org.in

www.auroville.org/education.htm

シャンティニケタン
提供／金田

ホリスティック教育のパイオニアたち

I部 3

J. Krishnamurti
1895-1986

クリシュナムルティ

金田 卓也

精神の開花

インド生まれのJ・クリシュナムルティは宗教的な特別な訓練を受け、英国でも学び、東西の宗教の融合を追求した神智学協会の幹部として活動していたが、34歳のときに「真理は道なき道であり、どのような方法やどのような宗教組織によっても近づくことはできない」と言明し、翌年、巨大な組織であった神智学協会から身を引いた。それ以降、権威や組織、書物に頼ることなく、自己を見つめることによって学ばなければならないということを説きながら世界各地を巡った。

特に子どもたちの教育に情熱を傾け、インドと英国と米国で七つの学校を開き、競争原理に基づかない、生徒たち一人ひとりの身体・心情・精神性の調和を目指した教育実践を行った。講話の中でも「ホリスティック」という言葉をしばしば使い、生を全体として捉えることの重要性を説いた彼の考えとホリスティックな教育とは大きく重なるところがある。クリシュナムルティは〈自由な精神の開花〉を教育の大きな目的のひとつとしたが、それは通常、「心の教育」といった言葉で語られるものより、より深いレベルのものを意味している。彼が生涯をかけて

伝えようとしたものは、自分自身の心の内面を探求し、社会・文化・習慣などによって条件づけられている自己に気づき、精神の深いレベルで自己を条件づけられているものから自由なものへと変容させるということであった。

インドのリシヴァリー・スクールや英国のブロックウッドパーク・スクールなどクリシュナムルティの開いた学校では小人数のクラスの自由な雰囲気の中で授業が進められ、厚い信頼関係で結ばれた教師との対話によって、生徒たちの豊かな精神性を高めることが目指されている。それは論争を目的としたディベートとは異なり、根源的な

写真提供／コスモス・ライブラリー

問題について問いかけ、探求し、対話をする中でお互いに自分の知らなかったことに気づいていくということに力点が置かれている。ほとんどの学校が全寮制であるが、生徒たちが教師のもとで寝食をともにしながら学ぶということは、古代インドからの伝統でもある。弟子たちは精神的に覚醒した師とともに生活する中で、師の生き様を通して、覚醒への道を探るのである。

自然に対する鋭敏な感性

クリシュナムルティの学校に共通するものは、オーガニックな食生活も含めた早寝早起きの規則正しい生活のリズムである。自然のリズムにかなった規則正しい質素な生活の中から生まれる精神と身体の調和こそスピリチュアルな学びに欠かせないものだと考えられている。クリシュナムルティは、樹木を見つめ、鳥のさえずりや風の音などに耳を傾けることのできる、大地の美しさに対する鋭敏な感性というものを大切にした。どの学校も美しい自然環境に囲まれ、そして、スピリチュアルなヴァイブレーションにあふれている。

あらゆる条件づけから自由になることを目指したクリシュナムルティの学校では、特別な教育方法や教員養成があるわけではない。この点、一時期、神智学協会のドイツ支部に属していたことのあるシュタイナーの開いた学校と対照的である。クリシュナムルティは、教師自身が自己の内面について充分理解していないならば、はたして子どもたちの心を教育することができるのであろうかという疑問を投げかけ、まず親や教師が自分自身の内面を見つめ直し、自己変容することの重要性を説いた。

■参考資料

クリシュナムルティ(1997)『学校への手紙』古庄訳,UNIO(星雲社)

クリシュナムルティ(1992)『子どもたちとの対話』藤仲訳,平河出版社

クリシュナムルティ(1988)『英知の教育』大野訳,春秋社

クリシュナムルティ(1980)『自我の終焉』根木,山口訳,篠崎書林

クリシュナムルティ(1995)『瞑想』中川訳,UNIO(星雲社)

大野純一編訳(2000)『クリシュナムルティの教育・人生論』コスモス・ライブラリー(星雲社)

■サイト情報

クリシュナムルティ関連
www.jkrishnamurti.org

www.kfa.org（米国）

www.kfonline.org（インド）

リシヴァリー・スクール
www.rvs.org

ブロックウッドパーク・スクール
www.brockwood.org.uk

ブロックウッドパーク・スクール 1999年、学校創立30周年を記念して、ホリスティック教育会議を開いた。提供／金田

I部 3

ホリスティック教育の
パイオニアたち

Aldous Huxley
1894-1963

オルダス・ハクスレー

中川 吉晴

オルダス・ハクスレーは20世紀を代表する作家・知識人の一人であるが、その教育論においても、ホリスティック教育をあらゆる面で先取りするような考えを提唱していた。彼の考えは、畏友クリシュナムルティの場合のように学校という形では実現されていないが、それでもさまざまなところで引き継がれている。ハクスレーの仕事はいまこそ再評価されなくてはならない。

ハクスレーはイギリスの知的名門に生まれ、40歳代にしてカリフォルニアに移住し、晩年には西海岸におこったヒューマン・ポテンシャル運動に大きな影響を与えた。最後の小説『島』は彼の思想を凝縮したもので、ホリスティック教育にとっても必読の一書である。ハクスレーは、卓越した知識と探究心をもとに、人間のあらゆるレベルの潜在的可能性の実現を追求しそれを一連の教育論として残している。

みずからの視力に問題のあったハクスレーは、健康や心身問題に深い関心をよせ、ベイツ式視力訓練やアレクサンダー・テクニックのような心身技法を終生つづけている。また妻ローラを介して最新の心理療法にも詳しく、さらには古今東西の霊性の伝統に通じていて『永遠の哲学』といった古典も残している。ハクスレーの教育論には、これらの知見がたっぷりと盛り込まれている。

ハクスレーはその教育論を「非言語的人文教育」と呼ぶ。彼は従来の教育が言語面に偏っていて、非言語的な直接経験を無視していると感じていた。そこで非言語的人文教育を提唱し、運動感覚の訓練や、知覚の訓練、イメージ法、感情表現、意味論、瞑想などをそれにふくめた。非言語的人文教育は、人間の身体・感情・精神・スピリットの全域にわたるアプローチがふくまれている。

非言語的人文教育は、言語的次元の背後にある人間の深層次元を探求して

ゆくものである。ハクスレーによれば、人間は意識的自己と無意識的「非自己」からなる重層的存在である。無意識的非自己の浅いレベルには、習慣や条件づけ、抑圧された衝動、幼児期の心理的外傷などからなる個人的潜在意識があり、意識的自己とこの潜在意識がさまざまな病理を生みだす。

さらに深い非自己としては、体の成長や機能をつかさどる植物魂、洞察の源となる叡知的非自己、元型的非自己、神秘的非自己、そして根底には普遍的非自己がある。非言語的人文教育は、このような深い非自己にふれるための方法である。ハクスレーは、普遍的非自己を知ることがもっとも深い自己実現であり、教育の目的であると言って

いる。

さまざまな方法のなかで、ハクスレーは気づきの技法に特別の重要性を認め、幼少時から死に至るまでつづけられるべきものであると述べている。初等教育段階では、アレクサンダー・テクニークのような心身技法のなかで基礎的な気づきの訓練をし、青年期以降の高等教育段階では日常生活のなかで気づきの訓練が行なわれるべきだという。ハクスレーによれば、気づきを高めていくことこそが悟りへの道なのである。

ハクスレーのさまざまな着想のうち、意識的な死のプロジェクトはラム・ダスやレヴァインによって、通過儀礼はルブモアによって、誕生と育児

のプロジェクトは妻のローラによって、それぞれ引き継がれ、実践された。ハクスレーの考えは、これからもホリスティック教育を豊かにしていくであろう。

■参考資料

ハクスレー（1980）『島』片桐訳, 人文書院

ハクスレー（1983）『ハクスレーの集中講義』片桐訳, 人文書院

ハクスレー（1986）『ハクスリーの教育論』横山訳, 人文書院

ハクスレー（1988）『永遠の哲学』中村訳, 平河出版社

ハクスレー（2002）『この永遠の瞬間―夫オルダス・ハクスレーの思い出』大野訳, コスモス・ライブラリー（星雲社）

■サイト情報

EnCompass
www.encompass-nlr.org

ルブモアの主宰するホリスティック教育センターEnCompass。（ネヴァダシティ, カリフォルニア）
撮影／中川

ホリスティック教育の
パイオニアたち

Robert Assagioli
1888-1974

I部
3

ロベルト・アサジオリ

平松 園枝

サイコシンセシス（以下PS）の創始者、イタリアの精神科医。「ユングは心理の世界に初めて soul を入れた、アサジオリはそれに spirit を入れた」といわれるが、20世紀初頭に、心理学の分野に、スピリチュアルで、ハイアーな（50年後にマスローなどがトランスパーソナルと呼ぶ）領域をユングとともに取り入れ、それに意志も加えた。自分、人間とは何者か、何のために生きているのか、現実をどうとらえ、どうすればよいかを探究、仮説として提案。「遅ければセラピー、早ければ予防、最も早い予防は教育」と教育を重視し、発信し続けた。

アサジオリを動かしたもの

アサジオリは、性善説を信じながら、現実社会を直視し、人間探究のために、フィレンツェで、精神医学、神経学を専攻した。精神分析に光明を見いだしたが、それが病的な側面のみで、魂、意味、愛など高次の領域を除外することに限界を感じた。一方、宗教、スピリチュアリティ、神秘にかかわる人たちには、科学性、現実性が必要と感じた。

そこで、広い分野で素晴らしく生きた人々、古今東西の哲学、文学、宗教、秘法、行法などを探究し、心理学、精神医学（特に精神分析を含めた精神力動の研究）、心身医学、実存主義、人類学、意味論、宗教心理学、超意識、ホーリズム、パラサイコロジーなど同時代の学問を学び、鈴木大拙も含め、世界中の研究者、詩人、宗教人、芸術家などと、豊かな語学力を背景に広く交流し、個人・社会の解放と、自由で幸せな人間らしい本来のホリスティックなありようを探った。

そして、「現代の問題の根本は、外的世界に対する知識とそれを操作する力を得てきた現代人に、自分自身の内なる世界、自分を動かすものへの知識も、内的力（特に意志）も不足してい

I部―3　ホリスティック教育のパイオニアたち

る。」「この内外の知識と力のギャップこそ、緊急に改善すべき課題」と提言。「自分、他者、世界、人生に対する肯定的な態度」をもたらすような理論と実践体系として、ホリスティックな人間観にもとづき、気づきと意志を軸とした「癒しから〈真の自己〉実現への体系」として、PSを科学の立場で、仮説として提案した。

1910年に、学会で発表、28年に研究所を設立して、PSは広くヨーロッパで、賛同者を得ていった。60年代以降のアメリカでの人間性／トランスパーソナル心理学の流れの中で、PSは、その最初の、最も包括的な体系として再発見され、以後、世界中から多くの専門家が彼を訪れ、PS自体も発展していった。アサジオリは、10 0以上もの論文を書き、10ヵ国語以上に訳されたが、個人の内なる権威、PSの実践を重んじ、自分自身が権威になるのを嫌った。日本では、イメージ法のように、PSから発展した概念、技法が、諸分野で広く応用されていながら、アサジオリはあまり知られていないが、トランスパーソナルな実践哲学の巨人の一人とされている。

アサジオリの生涯

アサジオリをつき動かしていたものは、初めから個人・社会・人類の解放、幸せという人類愛、人道的動機であり、それを実現するための自分の仮説を実践、実証するというスタンスで生きたことは、今の社会問題に示唆、希望を与えるのではないかと筆者は思う。

ユダヤ系イタリア人、義父は医師、母は神智学会会員という家庭で、宗教的というより、スピリチュアルで、自由、知的で愛情に恵まれた、豊かな環境に育った。早くから西洋の古典に親しみ、10代で、後にマスローが至高体験とよぶような体験をしたといわれる。15歳で、雑誌に論文を二つ発表、

17歳の頃の書簡集から、彼は伊英独仏など語学力を生かし、欧州諸国を旅行し、視野が広く、愛を根底として、「エネルギーに満ち、かつ調和と幸せに向かう個人・社会・人類の〈真の自己〉実現」への道を探っていたことがわかる。

リベラリスト、平和主義者ということで、ムッソリーニの迫害にあい、1940年には投獄された。このとき、「平和や、自由は、運動で闘って得るものではない、自分の心のありよう（態度）である」と、実際に平和で自由な投獄生活を送った。一人息子に先立たれ、悲しみにくれた後、皆の前に現れた彼は凛として、輝いていた。「何があったのか」という問いに対し「私は意志を発見した」といったといわれる。晩年、カリエスで背中も曲がり、体調は万全ではなかったが、精神は健康で、死を怖れず、穏やかで、彼を知る人々は「愛、知恵、喜び、パワー、ユーモアに満ち、受容的で、一緒にいると、葛藤がとけ、自分の光につつまれて、自分の最もよいところが発現する」、「真の賢人というにふさわしい人」などとたたえる。まさに、自分の提案したPSを自分で実践、実証した生涯であった。

■参考文献

アサジョーリ(1989)『意志のはたらき』国谷, 平松訳, 誠信書房

アサジョーリ(1997)『サイコシンセシス』国谷, 平松訳, 誠信書房

R. Assagioli (1991), *Transpersonal Development*, Aquarian/Thorsons

J. Hardy (1989), *A Psychology with a Soul*, Arkana

Psicosintesi
イタリアで刊行されているサイコシンセシスの雑誌

回連絡先
サイコシンセシス研究所
Istituto di Psicosintesi
Via San Domenico, 16 50133
Firenze, Italy
E-mail
psicosin@frael.it
Istituto@psicosintesi.it

■サイト情報
アサジオリ関連
www.chebucto.ns.ca/Health/Psychosynthesis/index.htm
より assagioli で

II部 ホリスティック教育のつながり

自然とのつながり

環境教育
Environmental Education

高橋 仁

環境教育の歴史

環境問題がクローズアップされるようになったのは、1960年代の後半から70年代にかけてとされている。世界各地で、都市化の進展に伴って自然の荒廃が進み、日本では、高度経済成長と引き換えに各地で公害問題が発生していた。このような状況の中で、環境問題を教育に取り入れるという取り組みが展開されるようになった。これが環境教育の始まりである。

日本では、公害から身を守るための公害教育をはじめ、自然体験によって自然に対する理解を深める野外教育や、消費生活と環境問題との関係を考える消費者教育などが、それぞれの地域の実情に合わせながら普及していった。

一方、1972年の国連人間環境会議で採択された「人間環境宣言」において、環境教育の重要性が提示され、その後、国際環境教育会議における「ベオグラード憲章」（1975年）、環境教育政府間会議における「トビリシ宣言」（1977年）などを通じて、国際的に環境教育に対する認識が深められていった。

1980年代に入ると、環境問題がそれぞれの地域や国家だけにとどまらず、地球全体の問題であることが明らかになってくる。地球温暖化、オゾンホール、酸性雨などの問題が国境を越えて広がっていることを、多くの人々が認識せざるを得なくなった。

その後、1992年にリオデジャネイロで開催された「環境と開発に関する国連会議」いわゆる「地球サミット」では、環境問題とともに、南北問題や先住民問題が取り上げられた。そして、それぞれの国や地域の問題も視野に入れて考えていかなければ、地球規模の環境問題を捉えることができないことが明らかになった。

こうして、環境教育のあり方にも変化が要求されるようになる。身近な生活環境や自然保護の問題だけでなく、経済活動、科学技術、エネルギー、食文化、ライフスタイルなど、幅広い視点から環境問題を理解していくことが求められるようになったのである。

これに対して、日本の行政レベルでは、1988年に環境庁（現環境省）から「環境教育懇談会報告」が提出さ

Ⅱ部―1　自然とのつながり　　　107

れ、1991年に文部省（現文部科学省）から「環境教育指導資料」が刊行された。この資料では、環境教育の目的について「環境問題に関心を持ち、環境に対する人間の責任と役割を理解し、環境保全に参加する態度および環境問題解決のための能力を育成する」ことであると定義されている。そして、学校教育における各教科での実践や、生涯学習としての環境教育の位置づけなど、多様な提言が盛り込まれている。

それは、日本の環境教育が、その必要性を提起する段階から具体的な実践の段階へと移るターニングポイントでもあった。

地球サミットから10年を経て、環境教育という言葉も定着し、学校のみならず、地域、行政、NPOなど、さまざまな立場から取り組みが行われている。これからも激変が予想される環境問題を前に、環境教育の重要性はますます高まっている。

枠を超えて

従来の環境教育において中心となったのは、方法論に関する議論であった。しかし、環境問題の現状を考えてきたように思える。

このアプローチに限界が見えてきたように思える。

アメリカの大学で環境教育を実践しているデイヴィッド・オール（David W. Orr）は、現在の教育システムを支えている価値観の問題にまで視野を広げながら、環境教育の理想像を追求している。彼は、環境の中にあるさまざまな「つながり」を感じ取る能力の育成が、環境教育の重要な目的であると言う。そして、そのために必要な考え方を六つの原則として提示しているので紹介しよう。

1　あらゆる教育は、環境とつながる教育である。

2　教育の目的は、人間としての自分自身を理解することである。

3　知識は、それを使う上で責任を伴う。コントロールと責任の所在が不明確になった科学技術や、巨大化して責任の所在が不明確になった企業が、環境問題の原因の一つである。

4　知識は、幅広い視点から捉えなければならない。名前だけではなく、それが周囲にどのような影響を与えるのかを理解するまでは、そのことを「知っている」とは言えない。

5　教えていることと自分自身の生き方に矛盾のない教師など、優れた

図　「環境についての教育」から「環境とつながる教育」へ

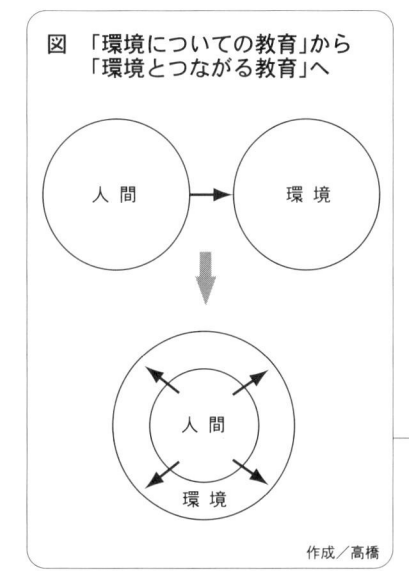

作成／高橋

「先達」が必要である。学ぶ内容と同じくらい重要である。講義と試験だけでは主体的な学習ができない。また、室内だけの活動では、ますます自然と切り離されてしまう。

6 今までは、環境教育が教育の中の一分野であるという見方が強く、このような根本的な問題について取り上げられることはあまりなかった。しかしそれが、環境教育の役割を狭めてきたのではないだろうか。オールは、教育システム全体が変わらなければ、環境教育が目指す目標は達成できないと指摘する。これは、環境教育をよりホリスティックに捉え直すことによって、見えてきた課題の一つである。

学校、教科といったさまざまな枠を超えた、環境とのダイレクトなつながりを目指し、従来の教育の枠組みの転換をも促進していく。このようなアプローチは、環境教育の持つ大きな可能性を感じさせてくれる。

性が高くなるからである。

ここまで、環境教育の歴史と現状、およびその課題について概説してきたが、実践においてはどのような考え方が必要だろうか。ここでは三つにまとめてみたい。

自分のできるところから

「地球規模で考え、地域レベルで行動せよ（Think Globally, Act Locally.）」という言葉はよく知られているが、いきなり地球規模で考えてしまうと、「何をしたらいいのだろう」と立ち往生してしまう。それよりも、身近な経験や、自分の住んでいる地域での出来事に関心を向けることから始めて、少しずつ視野を広げていく方が効果的である。環境問題と日常生活とのつながりを理解することができ、「ここからやってみよう」という気づきを得られる可能

人と人とのつながり

次に、それぞれの行動が有機的につながることが重要である。考えなければならない問題は多く、一人でそのすべてを把握するのは不可能である。しかし、その問題群はバラバラではなく、一つの大きなつながりの中にある。だから、さまざまな視点や立場で環境教育を展開する人々が、お互いに理解しあいながら問題解決を目指すというスタンスが要求される。環境問題をめぐる議論ではしばしば対立が見られるが、ケア（気配り、思いやり）と忍耐をもって取り組んでいくことが大切である。

世代間のつながり

そして、もう一つ大切なのは、大人たちが環境問題に対する認識を深め、

「環境とつながる教育」へ

そもそも、ホリスティック教育が提唱された背景には、地球規模で進行する環境破壊に対する危機感がある。「ホリスティック教育ビジョン宣言」では、環境教育の代わりに「地球と共生する

ための教育」という表現を使い、それは「この星のすべての生命を支えているつながりのあり方を、全体として学びとっていくためのものである」としている。環境問題のみならず、環境問題を通じて見えてくる「生命のつながり」への視点が、環境教育の今後の発展のために必要である。先に紹介したオールの実践も、この点を視野に入れている。

従来の環境教育は、総じて言えば「環境についての教育」であった。しかしそこには、環境というものを人間と切り離して客観視する傾向が見え隠れする。それが、人間と環境とのダイレクトな「つながり感覚」を醸成する上で障害となってきたのではないだろう

か。

人間と自然とのつながりをどのように取り戻していくか、その智恵を学び合うところに、環境教育の核心がある。そのために必要なのは、「環境とつながる教育」なのである。

自らの生き方を問い直すこと、そしてその姿勢を次世代へ伝えることである。それは何も、「環境」という看板を背負って仕事をしている人だけに限らない。どんな人にも環境について考える機会があり、やるべきことがある。環境教育は、学校や自然の中といった、特定の枠の中で行われるものではなく、あらゆる世代の人が取り組んでいくべき自己教育にほかならない。

■参考資料

AERA Mook(1999)『新環境学がわかる。』朝日新聞社

伊東俊太郎編(1996)『環境倫理と環境教育(講座「文明と環境」第14巻)』朝倉書店

グレイグ,パイク,セルビー(1998)『環境教育入門』阿部監修,明石書店

文部省(1991)『環境教育指導資料(中学校・高等学校編)』

D. Orr (1994), *Earth in Mind: On Education, Environment, and the Human Prospect.* Island Press

夏の四万十川
提供／髙橋

自然とのつながり

Interpretation

自然体験活動

小林 毅

自然体験活動では、指導者はファシリテーター（援助者）、あるいはインタープリター（解説員）と呼ばれる。自然体験活動が自然を説明してガイドするタイプの活動と異なる点は、参加者が自然を直接体験することを通じて、自ら学びや気づきを得る構造になっていることだ。自然体験活動の指導を行う場面でも、参加者が学ぶ状況でも、人や自然に対してホリスティックに向きあうことが大切である。ここでは、インタープリテーション活動の現場に起こるホリスティックな場面について紹介したい。

インタープリテーションの六つの原則の中に見るホリスティック

アメリカのジャーナリストであるチルデンは、インタープリテーション活動についての取材を行い、インタープリテーションの本を著した。その中でインタープリテーションを有効に進めるための六つの原則を記しているが、その一つに「インタープリテーションは部分的ではなく、全人格を示すようにすべきである。そして、聞き手の一面だけでなく、全人格にはたらきかけるべきである」というものがある。原文では、「全体像」「全人格」という部分に、wholeという言葉が用いられており、後半部分は「ホリスティックにはたらきかけるべきである」と訳してもいいほどだろう。

インタープリテーションの構造にみるホリスティック

インタープリテーションの際に起きる意識や活動の流れを図1に示した。それぞれの場面におけるホリスティックな要素について、順を追って解説しよう。

① ねらい/メッセージを決める

インタープリテーション計画では、まず活動を通して何を伝えたいのかを明確にする。環境教育の四つの目標段階を図2に示したが、インタープリテーションのねらいを設定する際には、4段階のどの位置にあるのか、という「ねらいのポジショニング」を意

II部―1　自然とのつながり

識することが必要だ。しかし、この四つの段階は切り離されているわけではない。特に第1段階の感性や表現などの能力は、全段階に関連しており、第4段階においては、1から3までの能力もフルに活用して自然体験活動やワークショップを行うべきだろう。活動のねらいや目標は、人間の成長について断片的ではない、ホリスティックな認識を持ちながら、参加者が体験を通してどのような人になってほしいのかということを考えて設定する。

② 参加者把握

参加者がどのような人たちで、どのようなことを欲しているのか、といった属性やニーズを把握することは、ねらいをプログラムに落とし込んでいくために欠かせない要素だ。参加者の年齢や人数などの参加者構成を知ることはプログラムづくりの基本条件である。それにも増して大切なのは、参加者がこれまでにどのような自然体験をしている人たちで、どういった活動に興味があるのか、といったことを知ることだ。このような参加者把握は、メッセージを効果的に伝えるための素材選びやプログラム選択につながる。「参加者の全人格に話しかけていくこと（チルデンの原則）」という考え方にも示されていたが、プログラム以前に参加者をホリスティックに把握することが大切なのである。

③ 素材の調査

ねらいが具体的になり、参加者の様子がわかったら、次にはねらいを伝えるのにふさわしい素材を探し出す。素材は断片的に取り上げられることが多いが、その存在は、有機的かつ複雑に、自然界全体につながっているものだ。素材を取り扱うとき、ねらいに関連した断片的なことだけでなく、全体へのつながりの意識をもつことが大切だ。

④ 素材からメッセージをうける（気づき）

調査という直接体験を通して、インタープリターが、自分のもっている感性で、素材が持っているメッセージを受け止める。その際には、一つの感覚にに、無意識のメッセージとなって参加者に伝わるものである。

こういった意識は、知らず知らずの内

図1　インタープリテーションの構造

- 素材
- ⑧ 直接体験
- ③ 調査
- ④ 気づき
- ① ねらい／メッセージ
- インタープリター（⑤プログラム計画）
- ⑦ うながし
- ② 参加者把握
- ⑩ うけとめ
- ⑪ フィードバック
- ⑥ プログラム
- ⑨ 気づき
- 参加者 参↔参

作成／小林

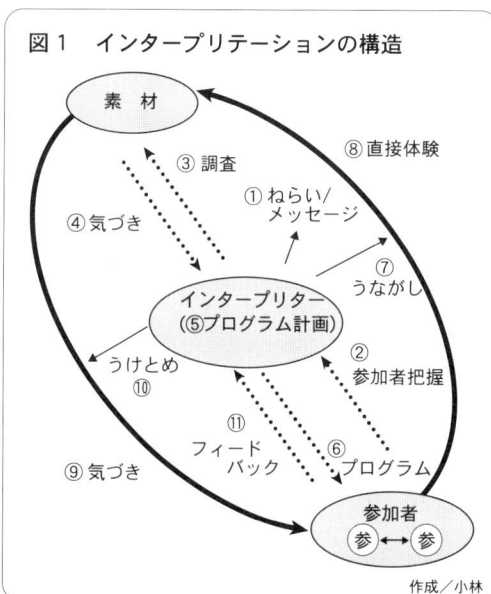

器官ではなく体全体の感覚を総動員することが必要だ。受容器がホリスティックに働くことが必要となる。こういった感覚を「センス・オブ・ワンダー」とも呼んでいる。

⑤ プログラムを考える

インタープリテーションのプログラムを計画するときには、①から④のこと、さらに⑥以降に述べていくことをすべて意識しながら構成を考えていく。導入・本体・まとめ、といった流れはもとより、プログラムの展開によって参加者の学びの動き（マインド・フロー）を意識しながらの計画づくりが求められる。

⑥ プログラムを実施する

プログラムが単なる情報の伝達に終わらずに、参加者が直接体験から学びを得ることができるように、インタープリターは参加者に対して上手にはた らきかけなければならない。プログラムの実施中にも、参加者の反応を敏感に感じ取りながら全体的にとらえ、参加者の学びにつながるよう、柔軟に対応することが求められる。

⑦ 参加者をうながす

参加者が活動をしたくなるようにはたらきかける。これは「うながし・つかみ」とも呼ばれている。参加者の興味・関心を敏感に感じ取り、参加者にシズル感（肉がジュウジュウ焼けるような音の感覚＝食べたくてたまらなくなる気持ち）を感じさせられるとよい。もちろん、子どもの場合と大人の場合ではそのやり方を変えるべきである。

⑧ 参加者の直接体験

インタープリターが素材から気づきを得たときのように、参加者が素材を直接体験することで気づきや学びを得

⑨ 参加者の気づき

インタープリターは、プログラムのねらいが達成される活動となるように、そして参加者が体験的に学べるように適切な声かけをするなど、援助的にかかわることが求められる場面である。

図2　環境教育の4つの段階

〈環境教育の4つの目標段階〉	〈キーワード・伸ばす能力〉
1　自ら問題に気づく	●感性　●表現　●原体験
2　自ら理由を知ることができる	↓　　↓　　●知識
3　自ら判断できるようになる	↓　　↓　　●技術　●模倣
4　自ら決断し、行動できるようになる	↓　　↓　　●チャレンジ ●人間関係

作成／小林

II部—1　自然とのつながり

る。この対応は、「ファシリテーション」とも呼ばれる。

⑩ 参加者の気づきをうけとめる

インタープリターとしては、参加者が直接体験を通して何かに気づいたり学んだりする瞬間を逃してはならない。参加者の様子をよく観察し、その瞬間に価値観を同じくする者として近くにいて認めてあげること、参加者自身が発するコメントを上手にうけとめることが大切である。①でねらいを設定したが、無理にねらいに誘導するのは禁物だ。参加者自身の、その場での学びを大切にして、柔軟に対応しなければならない。

⑪ 参加者からのフィードバックを受ける

プログラムに対する参加者からのフィードバックを受けることは、インタープリターが、プログラム計画・実施という一連の作業をその場限りとしないで、次回以降に改善された形として提供することにつなぐ作業だ。アンケートや聞き取りという方法もあるが、プログラム実施時の参加者の反応から、自ら感じ取ることもできる。

以上が、インタープリテーション活動の構造である。このプロセスの中には至るところにホリスティックな認識が含まれている。逆の見方をすると、インタープリテーション活動は環境教育の手法なので、ホリスティック教育から学ぶことは多いと言えるだろう。

■参考資料
レニエ他（1994）『インタープリテーション入門』小学館

F. Tilden (1957), *Interpreting our Heritage,* Chapel Hill Books

■サイト情報
インタープリテーション協会
http://interpreter.ne.jp

Ⅱ部 1

自然とのつながり

エコリテラシー
Ecoliteracy

エコリテラシーについて

坂田 加奈子

フリッチョフ・カプラは、もともと高分子物理学者であったが、1970年代以降に起こった物理学の根本的概念の転換を通じて文明論的レベルでのパラダイム転換を読み取り、人々に現代文明の危機的現状と転換すべき方向性を示唆する著作を多数出版してきた。たとえば『タオ自然学』『ターニング・ポイント』などがある。そのなかでも、地球環境問題の深刻さを認識したカプラは、その解決の道として独自の環境教育を実践するエコリテラシーセンターをカリフォルニア州バークレーに設立した。彼は、1991年から教育現場でエコリテラシー・プロジェクトを実施し、子どもたちが協力した教育者に、「ホリスティック教育ビジョン」の発案者の一人であるエドワード・クラークがいる。

クラークは、これまでの機械論的パラダイムに対して、エコロジカルパラダイムを教育の基底に据え、生徒観、教師観、カリキュラム、教育行政の徹底的な見直しにもとづく新しいホリスティックな教育論の構築を試みている。その際、新しい教育の中心に据えるべき最重要課題として環境教育に注目する。それは、独立科目でも、自然科学的教育でも、自然体験的学習でもなくて、世界とわれわれとの関係性を根本的に見直すという課題を担う、新しい枠組みの中に位置づけられたエコリテラシーを身につけるための教育実践を続けている。そして、カプラに

コロジカルなリテラシー教育のことである。

エコリテラシー教育の構成内容は、①エコロジーの原則についての知識、②システム的思考、③エコロジカルな価値観の実践である。①まずエコロジーの原則として、相互依存性、持続可能性、環境的循環性、エネルギー流動性、パートナーシップ、柔軟性、多様性、共生進化性といった特徴への理解が求められる。②次に、エコシステム内の全生命が互いに多様にかかわりあいながら形作る、全体としての生態システムを理解するために、関係性やつながりの中から思考する、システム的思考が必要となる。③そして最後に、エコロジーの原則から導き出された、協同、保護、平等性、パートナーシ

II部—1　自然とのつながり　　　115

図1　クラークの図例

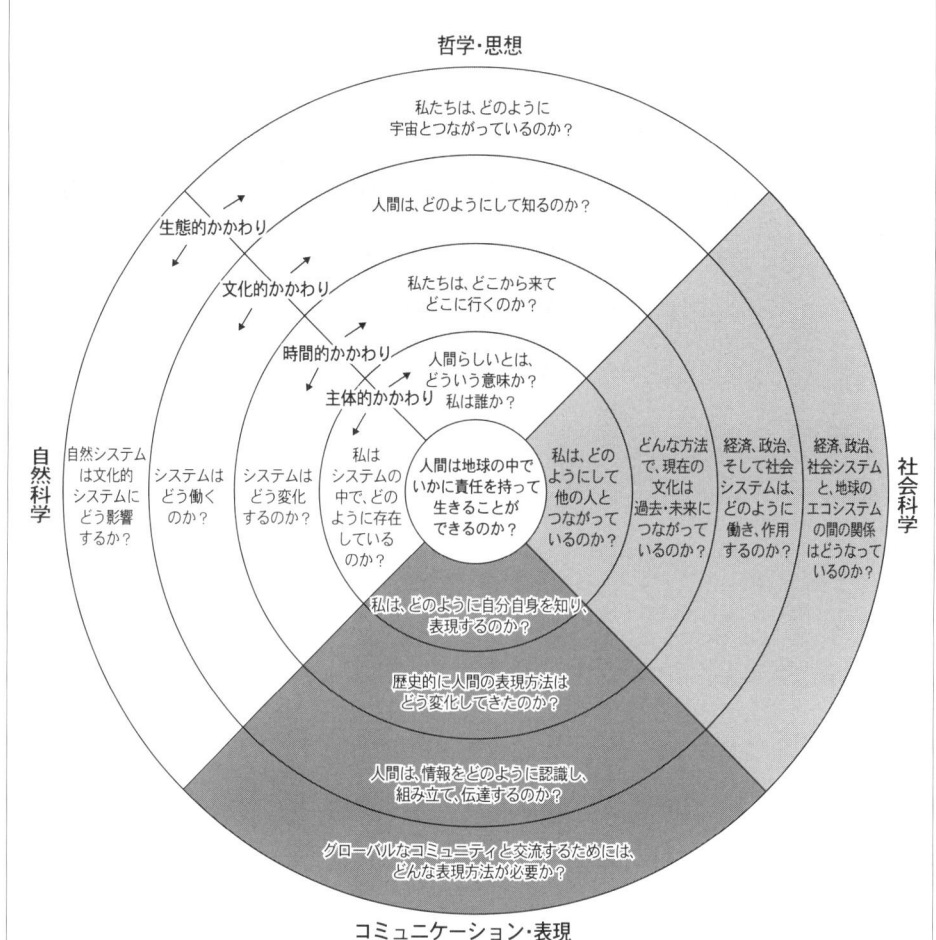

哲学・思想

- 私たちは、どのように宇宙とつながっているのか？
- 人間は、どのようにして知るのか？
- 私たちは、どこから来てどこに行くのか？
- 人間らしいとは、どういう意味か？私は誰か？

生態的かかわり
文化的かかわり
時間的かかわり
主体的かかわり

自然科学

- 自然システムは文化的システムにどう影響するか？
- システムはどう働くのか？
- システムはどう変化するのか？
- 私はシステムの中で、どのように存在しているのか？

中心：人間は地球の中でいかに責任を持って生きることができるのか？

社会科学

- 私は、どのようにして他の人とつながっているのか？
- どんな方法で、現在の文化は過去・未来につながっているのか？
- 経済、政治、そして社会システムは、どのように働き、作用するのか？
- 経済、政治、社会システムと、地球のエコシステムの間の関係はどうなっているのか？

コミュニケーション・表現

- 私は、どのように自分自身を知り、表現するのか？
- 歴史的に人間の表現方法はどう変化してきたのか？
- 人間は、情報をどのように認識し、組み立て、伝達するのか？
- グローバルなコミュニティと交流するためには、どんな表現方法が必要か？

主体的かかわり：自分自身とのかかわり；自分と他者や自然とのかかわり
時間的かかわり：過去、現在、未来へのかかわり；歴史、発達、進化へのかかわり
文化的かかわり：文化へのかかわり；人間社会の言葉や情報や思想などとのかかわり
生態的かかわり：自然界の全ての動植物や地球の生態系とのかかわり

〈水平的統合カリキュラムのモデル〉

E. Clark (1997), *Designing and Implementing an Integrated Curriculum*, Holistic Education Press, p.89 (一部変更)

プといったエコロジカルな価値観にもとづいた、新しい生き方ができるようになることが求められるのである。

つまり、エコロジカルなリテラシーを身につけるとは、エコロジーの原則や「物事のつながりあい」といった「大自然が語る言葉（language of nature）」を理解し、その理解に沿った方法で生活・行動する能力のことであるといえよう。エコリテラシー・カリキュラムの目的は、エコロジカルな学びのコミュニティとしての学校を創造していくことで、生徒たちが自らエコリテラシーを身につけていけるように支援することにある。ここでは、エコロジカルな概念や、原則、価値観、実践がカリキュラムを通して結びつくようにデザインされる。具体的な手順としては、①目的：目的を定める、②構造：フレームワークを形作る、③焦点：意味の探求に向けて動機づける、④内容：材料や活動などを決めることである。

エコリテラシーカリキュラムの構造の特徴は、学習単元の視点と方向性を生み出す一連の「問いかけ」にある。この一連の質問は、対象への各段階的（学年）レベルにおける「水平的」統合と、多様なレベル間における「垂直的」統合の枠組みを生み出すことになる。ここでは、垂直的統合カリキュラムと、それを横断する水平的統合カリキュラムのモデルをそれぞれ見ておくことにしたい。

まず、図1の水平的統合のモデルでは、中央に中心となる「問いかけ」が配置される。そして、その問いに関連する諸領域が、同心円を縦横四つに分割する形で円周囲に配置される。それぞれの領域は、4段階の「かかわり」という視座で区切られ、中心の「問いかけ」を基点に段階ごとの適切な問いが配置される。円周囲に配置される諸領域の内容は変化するとしても、各段階のかかわりについての視座は常に同

じである。図1の質問例では、「人間は地球の中でいかに責任を持って生きることができるのか？」という問いが中心にある。そして、この質問に関連する16の問いかけが周囲に配置されている。

生徒たちは、一つの図表を中心にしながら多種多様な問いかけを発見し、答えをさまざまな方法で探求する。彼らは問いかけ、答えを見出すごとに、より主体的にかかわっていく。そして、一つの問いから別の問いへと移動するときには、彼らは諸領域のつながりを発見し、また水平的な視野を切り開いていくことになる。後に、彼らが段階から段階へと移動すればするほど、その質問はより哲学的になっていくのである。

次に、図2の垂直的統合のモデルでは、エコロジーの原則を垂直の柱（8本の柱）にした形で、第1学年から第8学年のそれぞれに、中心となる「問

Ⅱ部—1　自然とのつながり

■参考資料

F. Capra, C. Cooper, E. Clark, & R. Doughty (1993), *Guide to Ecoliteracy*, Center for Ecoliteracy

F. Capra (1996), *The Web of Life*, Doubleday

E. Clark (1997), *Designing and Implementing an Integrated Curriculum*, Holistic Education Press

◘サイト情報

Center for Ecoliteracy
www.ecoliteracy.org

いかけ」が設定される。エコロジーの八つの原則は、どの学習内容や学年にも適用されるものであり、それぞれの学びを垂直的につなげる働きをもつ。

これらの基本原則にもとづいたカリキュラムは、学年が上がるたびに深化・発展していき、生徒たちは新しい発見を繰り返しながら、理解をらせん（スパイラル）的に深めていく。そして、カリキュラムの垂直的統合が進むと、エコロジーの原則はより体系的・普遍的な原理として理解されていくのである。

エコリテラシー教育において、教師の役割りは教科カリキュラムを作成・指導するのではなくて、かかわりについてのカリキュラムを提示し、生徒たちの主体的な学習を後押しすることに

より、新しい教育パラダイムにおける教育カリキュラムの形がここに見出されるだろう。

ある。カプラとクラークの共同研究に

図2　クラークの図例

学年	問い	原則
第8学年	地球の中でいかに責任を持って生きることができるのか？	相互依存性
第7学年	システムはどう働くのか？私たちはどのように地球とつながっているのか？	環境的循環性
第6学年	人間らしいとはどういう意味か？	エネルギー流動性
第5学年	文化とは何か？	多様性
第4学年	世界はどのように動いているのか？	共生進化性
第3学年	コミュニティはどのように働いているのか？	パートナーシップ
第2学年	私の街はどれだけ大きいのか？	持続可能性
第1学年	家族の一員として、私はどのように存在しているのか？	柔軟性

＜垂直的統合カリキュラムのモデル＞

E. Clark (1997), *Designing and Implementing an Integrated Curriculum*, Holistic Education Press, p.106（一部変更）

Ⅱ部 1

自然とのつながり

Deep Ecology
ディープ・エコロジー

井上有一

ディープ・エコロジーの二つの意味

ノルウェーの哲学者、アルネ・ネスが、「ディープ・エコロジー運動」という言葉をはじめて使ったのは、1972年のことである。北の国々（いわゆる「先進国」）に住む人々の物質的生活水準を維持・向上させるためだけの環境浄化や資源節減といった技術主義的な取り組みと、今日の環境危機の根源に問題を持つとしてその深いところからの変革を、生命圏平等主義、多様性や共生の原理、反階級制や分権推進の主張などにもとづいて実現しようとする取り組みとを、ネスは明確に区別し、後者の取り組みを、長期的な視野を持つ深いエコロジーの運動と呼んだのである。これは、環境の危機の根底に横たわる、わたしたちの社会（政治、経済、文化）の問題や、一人ひとりの価値観や生き方の問題そのものを問い、変革の対象にする必要があるという訴えであった。

「ディープ・エコロジー運動」という語は、このような問題意識と主張のもと多様なかたちをとって展開される取り組みの全体を意味する。その取り組みとは、個々の判断や行動から、生活姿勢や判断基準、考え方や発想、究極的な哲学や価値観まで、互いに次元を異にするさまざまなものを含んでいる。

一方、「ディープ・エコロジー」の語は、この運動と関係が深い、別のものを指して使われることもある。それは、ネス自身が生きていく上でその究極的な基盤にしている哲学である。ネスは、じぶんのすべての行動や判断、思考の根源となっている価値観を、「エコソフィT」と呼ばれる哲学体系にまとめ上げた。それは、あとでみる「エコロジカルな自己の実現」を究極規範として、多様性、複雑性、共生をはじめとする基本規範を互いに関係づけたものであるが、ネス以外の人々にも広く支持されている。

とはいえ、エコソフィTへの支持は、右に取り上げたディープ・エコロジー運動に参加するための前提条件にはされていない。このことは重要である。なぜならそれゆえに、ディープ・エコロジー運動は市民性を持つ取り組みとなり、独善や排外主義に陥りがちな宗教・政治運動とはまったく違ったもの

になっているものである。ディープ・エコロジー運動への支持は、究極的な価値観ではなく、その手前の原則レベルの合意にもとづくものである。たとえば、教祖の教えに全身全霊をささげる絶対的な追従が要求されるカルトとは異なり、究極的には何を信じていてもよく、原則レベルでの合意（環境問題の原因をその背後にある社会構造や考え方に求め、技術的な対応を超えた、もっと深いところから変革を始める必要があるという認識の共有）があれば十分というのである。このことで、ディープ・エコロジー運動は多様性や主体性の尊重という重要な性格を持つことになった。

アルネ・ネスとホリスティックな世界観

ディープ・エコロジー運動を特徴づける深いレベルの問いかけには、人間と自然、人間と人間、自己と他者、といったもののあいだに成立する関係（あるいは、かかわりやつながり）の見直しを図らなくてはならないということも、当然のことながら、最重要課題として含まれている。そこでは、これまで当たり前とされてきたものの見方・考え方、わたしたちの社会において主流をなす価値観といったものに縛られることなく、環境持続性、社会的公正、生きることの豊かさをそれぞれ実現させる関係がどのようなものであるのかが問われたのである。

このディープ・エコロジー運動を、ネスは「ディープ・エコロジー」のもうひとつの意味であるエコソフィTを個人的根拠として支持しているわけである。

エコソフィTはホーリズムにもとづく哲学である。ホリスティックな人間観や世界観は、エコロジー運動や環境思想一般に広く見られるものであるが、ネスの哲学にはその特徴が明瞭に表われている。前述のとおり、エコソフィTは「エコロジカルな自己の実現を図らなくてはならない」という究極規範を持つが、ネスは、「エコロジカルな自己」を、他の存在との同一化過程をへて狭い自我から解放され拡大された自己と理解している。

人間という存在は、他の存在（人間だけでなく、人間以外の生物、さらに川や森といった生態系なども含む）と自己を同一化していくことでバランスのとれた成長を遂げるものであると、ネスは考える。

「エコロジカルな自己」は、個人を超えて広がっていくのであるから、「トランスパーソナルな自己」と呼ぶこともできる。

自己の拡大、

アルネ・ネス
撮影／Doug Tompkins (1989)

エコロジカルな自己の実現とは、他の存在の喜びや幸せ、痛みや苦しみを、じぶんのことのように感じるまでに、その相手との関係を深めていくこととも言える。そのような本質的な関係で他の存在と結ばれた場合、自己はすでにその関係が成立する以前の自己と同じものではなくなっている。ネスにとり、このことは、人間が成長するということの意味であり、人間が生きることの豊かさを実現していくことなのである。

自己を他の存在と同一化すると、わたしたちはごく自然な気持ちで、相手のことをじぶんのこととして気づくようになる。こうして自己が十分な広がりと深まりを持てば、利己主義と利他主義は、もはや対立するものではなくなる。「わたしの成し遂げたいこと、この30年そのために闘い、その達成を願ってやまなかったことは、自己実現である」。これは、ネスがよく引用す

るガンジーの言葉である。「自己」を従来の狭い意味で捉えるなら、自らを投げ出して植民地支配における人々の苦しみに終止符を打とうとし、人間以外の生命に対する博愛でも知られるガンジーの言葉としては奇異に響くであろう。しかし、ガンジーもまた、「自己」をホリスティックな人間観にもとづくエコロジカルな自己と捉えていたことが理解されれば、深くうなずける言葉になる。

ネスは、自己が広がり深まれば、いつくしみの姿勢は自然に生じ、道徳が説かれる必要もなければ、義務感を強く持てと言われる必要もないと言う。そして、この方向への成長こそが、人間が持つ可能性を正当に実現し、生きることの豊かさを達成する道であると考えている。

つながりから構成される「わたし」

日本では、「わたし」というと、じぶんの鼻のあたりを指差すことが多い。けれども、ネスも言うように、わたしたちは、「わたし」と「わたしの身体」を同じものとは考えていない。わたしたちは、皮膚によって外界と区切られた中身をなんとなく「わたし、じぶん」という領域と捉えがちであるが、「わたし」を現在の「わたし」にしているのは、これまでに築き上げられてきた、皮膚という境界を超えて広がる他者との関係のネットワークにほかならない。このように述べるネスのホリスティックな言説には、率直にうなずける。

前段でみたエコロジカルな自己の実現、自己の拡大といったことは、何も難しい神秘的なことではない。わたし自身、日常のなかでよく経験することでもある。何度もすてきな時間を過ごした森は大切なものとなり、その森が破壊されると、わたしたちは言い

ようのない悲しみ、喪失感にとらわれる。そのときまでに、その森はわたしを形成する存在となっており、その破壊により、わたしはかけがえのないじぶんの一部を取り返しのつかないかたちで失ったのである。また、幼い頃はケーキをひとり占めにしたがった子どもも、成長に伴い、じぶんが食べる分は確実に減っても、だれかと分けあって、楽しい時間をともに過ごすことの豊かさや喜びを知るようになる。これは、ネスの表現では、自己の深まり、広がりにほかならない。

じぶんが他の存在との本質的関係で構成されていると考えた場合、その関係から得られる豊かさや満足は、所有や支配、あるいは競争に打ち勝つこと

で得られる原子論的な狭い自己観にもとづく利己的欲求の充足ではなく、いつくしみ(愛情をもって大切にすること)や相手の尊重といった要素にもとづくものになる。このことは、ディープ・エコロジー運動に広く見られる価値観の転換、すなわち「所有の満足」から「関係の豊かさ」への転換をうながす契機のひとつになっている。

最後に、同一化はけっしてじぶんという存在の個性やアイデンティティの喪失につながるものでないことに留意しておきたい。その逆である。他の存在と本質的につながることで自己がそこに埋没して失われるのではなく、人間以外の存在も含む他者との豊かな関係が、多様で個性的な尊い自己を育

てあげるのである。

なお、本項でみたホリスティックな存在観にもとづき教育的な要素を持つ実践事例には、バイオリージョナリズム(生命地域主義)、エコステリー(エコロジカルな道を修める場)、エコフォレストリー(エコロジカルな林業)などがある。いずれも北アメリカに始まる試みで、生活が根ざす地域の土地(生命の集合体)や、身近な森林といった存在を自己同一化の対象に取り上げている。

■参考資料

鬼頭秀一編(1999)『環境の豊かさをもとめて』昭和堂

シード,メイシー他(1993)『地球の声を聴く』星川監訳,ほんの木

ドレングソン,井上有一共編(2001)『ディープ・エコロジー—生き方から考える環境の思想』井上監訳,昭和堂

ネス(1997)『ディープ・エコロジーとは何か—エコロジー・共同体・ライフスタイル』斉藤,開訳,文化書房博文社

フォックス(1994)『トランスパーソナル・エコロジー—環境主義を超えて』星川訳,平凡社

メイシー(1993)『世界は恋人 世界はわたし』星川訳,筑摩書房

◻サイト情報

ディープエコロジー
www.deep-ecology.net

エコステリー
www.ecostery.org

バイオリージョナリズム
www.planetdrum.org

人間の寿命よりはるかに長い時間をこの森に生きた末に、伐採され、製材所に送られたレッドウッドの大木を、その巨大な切り株のうえで想う。(カリフォルニア州、アウル・クリーク)
撮影/ Geoff Bugbee (1998)

Ⅱ部 1 先住民教育 *Indigenous Education*

自然とのつながり

風と語るラコタ的フルバリューな生き方

松木 正

私が初めてインディアン居留区を訪れたのは、1989年夏のことだった。サウスダコタ州、シャイアンリバー・インディアンリサベーション（居留区）。そこには、いつも風が吹いていた。どこまでもつづく平原と、真っ青な空の間に、その風は、いつもいた……。風に香りがあるのだと、そしてその風の中に生命力が満ちているのだと知ってはいたけれど、実感したのは、あのときが初めてだったように思う。それ以来、どこにいても、風を感じられるようになった。

風・力・スピリット──それらを同じ意味の言葉として使う人びとが、そこにはいた。彼らの言い方をまねるなら…気が遠くなるくらい幾つも冬を遡るくらい昔から、この大地の上で生きてきた人びとを…。"ラコタ"、彼らは自分たちをそう呼んでいる。海を渡って後からやってきた人びとは、スーと呼んだ。しかし、ラコタこそが本当の呼び名だ。ラコタという言葉は、彼らの生き方を示す、二つの意味が語源となっている。その一つはまさにわれわれが漢字で「人間」と書き表すその意味だ。「人と人の間で生きるもの」。それに加えてラ・コ・タには、そのかかわりの中で「とても大切にされている」という意味あいを、その響きの中にもっている。英語では「人と人のかかわりの中で自分自身や人の尊厳・価値を最大に認めあう考えを Full Value をもつ」とも言うそうだ。そういう意味で言うと、ラコタは Full Value な関係を大切に生きてきたことが、その呼び名からもわかる。

もう一つの語源は、「同胞」という意味だ。つまり「同じ子宮から生まれた兄弟姉妹」に相当する。父は空、母は大地、その同じ大地の子宮から生まれた、同じ生命を持つもののひとりだということだ。「人と自然」といった人間を自然から切り離す考えはない。だからラコタには、動物にあたる言葉もない。動物を四本足のひとびとと表現し、同じように鳥は翼を持つひとびと、魚は水に住むひとびと、草木は根っこを持つひとびと…生命あるそのすべてをオヤテ＝ひとびとと呼ぶ。石に至っては、この大地に最初に生まれ

---

*1 儀式が教育的意図をもった体験学習プログラムだとすると、その枠組の中でメディスンマンが念入りに押さえていることがある。①ねらいを共有すること（何のためにするのか？）②この場が安全であることを認識させること（受容懸念をとる）③自分で挑戦し、エッジ（限界線）を越えること（チャレンジ バイ チョイス）④分かちあい助けあうこと、Help を出すこと！（協働の場である）⑤水をかける、日常に返す（スピリチュアルなことだけに夢中にならないようにする）

この大地の上でおこったすべてを見てきた知恵のあるひとびとという意味で「おじいちゃん」と尊敬を込めて呼ぶ。身の上の困難に立ち向かうとき、石のおじいちゃんに話しかけ、石から助言をもらったりする。すべてのオヤテ＝ひとびとは自然という大きな家族の中でさまざまな次元でかかわりあい、つながりあい、助けあって一つの大きな生命体＝母なる大地と一つになって生きてきた。同じひとびとであるということは、同じだけ幸福に生きる権利を持ち、同じだけ生命のつながりのバランスと調和を守る責任を持つということだ。つまりすべてのオヤテは Full Value な関係で結ばれていると言える。

それが、ラコタの生き方なのである。

そこで一人の老インディアンに出会った。ラコタの人びとは、彼のことを"アンクル・ロイ（ロイおじさん）"と呼び、彼はメディスンマンだと言った。

メディスンマンとは、部族の伝統儀式をとり行うセレモニーリーダーで、超自然的な力を借りて非日常の神話的時間（ドリームタイム）の中で人と、自然界のさまざまなパワーとをつなぎ合わせ、癒したり、自己発見や自己実現への手掛かりをつかむ手助けをする人のことである。そういう意味でラコタにとって儀式は、癒しのプログラムであり、個々人を成長に導く教育プログラムであり、メディスンマンはそのファシリテーターとも言える。

その日、ロイによってスウェットロッジセレモニー*1がとり行われた。私を含め12名が次々にロッジの中に入り車座になった。ドアが閉められると、ロイがスピリットに祈りを捧げ、焼石に水がかけられた。舞い上がる激しい蒸気の中、セレモニーソングが歌われ、輪の中にいる一人ひとりが自分の中にある「今、ここ」*2 を語り、祈り始めた。喜び・感謝・悲しみ・苦しみ…そのすべては心から発せられ、それを聴く者は「Ho〜」「Ho〜」と相槌を入れるように声を発する。「Ho〜」とは、「あぁそう」「そうなんだね」と共感を声にしたものだ。「Ho〜」に励まされ悲しみや苦しみを泣きながら話す者もいた。私もそこで泣いて語った…。ラコタもともに歌い泣いてくれていた…。セレモニーの終わりが告げられドアが開くと、同じ大地の子宮でつながった兄弟姉妹たちは、産道を通り生まれる赤ん坊のように一人また一人、這い出ていっ

バッドランド（サウスダコタ）
提供／松木

飛び出した、生まれたての私は、ただ平原に身をまかせるほか、何もできなかった。空を見上げるのがやっとだった。満天の星々が私にほほえんでいた。しばらくすると、ロイがタバコを吸いながら私を手招きした。「タハァシ、タハァシ（タダシがラコタ訛りになったもの。ラコタ語では従兄弟の意味）」。手招きするロイの手は、横に座れと言っている。何とか這っていってロイの横に座り直すと、ロイはこう言った。「タハァシ…この大地の上に生きるものにとって最も大切なことが何だかわかるか？」。これはとてつもなく大きなテーマである。そこでロイが答えのないところには何も起こらない。タハァシ…。今までにこの「Faith（信頼）だ！」「Faith」。

ロイに限らず、幾度となくラコタの老人たちから教わったことがある。それは「すべての人は、この世に生を受けたとき、みんなミッション（使命）を持って生まれてきた。そして、その使命をはたすために必要なメディスン（聖なる力）を一人ひとり持って生まれてきた。だから、それを探し求めなくてはならない。実は誰もが魂の奥底で自分の生きる『意味』を知っているんだ。本当はね…」。しかし、多くの人は、口にもしたこの「信頼」という言葉が妙に新鮮で、私のからだの深い所に入っていった。その後、私は彼について6年間ラコタの伝統儀式を学ぶことになったのだが、その間、彼は儀式が終わるたびに私を呼び寄せ「タハァシ、Faithのないところには何も起こらない…」。そう言い続けた。あるときロイはこうも言った。「Faithはどこから始まるかわかるか？」。「Faith」。そこでロイはこう言った。「Accept（受け入れる）することだ…」。

多くの人は、自分の魂の中にワカンタンカ（大いなるもの）がそっと隠した生きる「意味」→「使命」→「Vision」を聴こうとしない。その魂の声を聴こうとしない。多くの人は、大いなるものが自然界の兄弟姉妹たちに託したサイン（動植物・風・雷・石などが、色・形・香り・ふるまい・自然現象を通し伝えようとする）を見逃してしまう。それは自然界の兄弟姉妹をDiscount（数に入れない・見下す）し、受け入れていないからだ。信頼がないからだ…。多くの人は偶然の一致（偶然人との出会い・偶然くり返される出来事・偶然耳にする言葉）のサインに注意を向けない。認めない・取るに足りないものだとする・見下す。しかし、多くの人が夢の中では、自分に隠された「意味」が引きよせている偶然の出来事も「意味」それと同じように偶然の出来事がリアリティ日常の時間に押し流され、その時間の中にだけ現実があるのだと信じ、日常的現実の中に埋没してしまう。

多くの人は、印象に残る夢をサインと

---

*2 ラコタ語でイニィピーと呼ばれ子宮回帰を意味する儀式。若木を組み合わせ作られた半円球のフレームを毛布やシートで覆い、焼石をドームの中に入れ、水をかけサウナ状態の中で行われることから、スウェットロッジセレモニーと呼ばれる。

II部—1 自然とのつながり

して受け入れようとしない。本当はないでいる。過去の出来事に対する古い思い込みにとらわれている。本当はVisionのかけらなのに…。

多くの人は、自分自身を信頼できない。日常的現実(リアリティ)のむこう側にあるもう一つの非日常的現実(リアリティ)(ドリームタイム)も、もう一つの自分なのに…、踏み出せない。いつも人生の旅の一歩があるがままなのに、受け入れていないからだ…。

Discountしてしまっている…。多くの人は、いつも自分をどこかDiscountしてしまっている。いつも人が自分をどう見ているのか気にしている。人と比べてしまう。自分の目で、自分を見ようとしない。本当は、私は私でしかないのに…かけがえのない私なのに…。多くの人が、大きなエッジ(Edge：自分自身に対して・人とのかかわりに対しての限界線)を越えられないで生きた。

「今、ここ」にサインが表されているのに…。だから人生の旅の方向を見失う。サイン(道標)を見ないから…。

ラコタの人たちは、人生の旅の上で必要なとき、自ら選んで儀式に参加し、それを見ようとした。そしてサイン(道標)に出会った。サイン(Vision)に従い、旅を続け、旅を通し自分に与えられた力(メディスン)に気づき、新たな力を手に入れた。そして使命を生きた。自分らしく生きた。

ロイは私によく言ったものだ。「タハーシ、風を感じろ！　風はオマエ

もう一つの世界へつれて行ってくれる。オマエのもう一つの注意力を開かせてくれる。風はどこに向かって歩けばよいか教えてくれる。タハーシ、風に願え！　風は力をくれる。タハーシ、風はいつでもオマエのそばにいるんだよ…」。

Ho Mitakuye Oyasin
すべてのものはつながっている。

■参考資料

阿部珠理(1994)『アメリカ先住民の精神世界』NHK出版

ウォール，アーデン(1997)『ネイティブ・アメリカン 叡智の守りびと』築地書館

カーター『リトル・トリー』和田訳，めるくまーる

コーガン(1999)『老女の聖なる贈りもの』ハーディング訳，めるくまーる

ストーム(1992)『セブン・アローズ』1-3，阿部訳，地湧社

ナイハルト(2001)『ブラックエルクは語る』宮下訳，めるくまーる

松木正(2001)『自分を信じて生きる－インディアンの方法』小学館

寮美千子編訳(2002)『父は空 母は大地』対訳版，パロル舎

G. Cajete (1994), *Look to the Mountain: An Ecology of Indigenous Education*, Kivaki Press

◉連絡先

マザーアース・エデュケーション（松木正）
TEL/FAX 078-951-3373

サンダンス後，2人たそがれる兄弟。
提供／松木

人とのつながり

グローバル教育
Global Education

II部 2

浅野 誠

「グローバリゼイション」と対抗するグローバル教育

グローバル教育というと、グローバリゼイションと結びついた教育か、と勘違いする人がいるかもしれない。確かに、そうした方向性を含めて「グローバル教育」について語る人がいるかもしれない。だが、ここで述べるグローバル教育はそうではない。

そこでまず、グローバル教育のリーダーの一人であるセルビーの定義を紹介しておこう。

グローバル教育は、コミュニティ・土地・人々の相互結びつき、すべての社会的文化的自然的現象の深い共有性をもつものであることがおわかりいただけたであろう。

相互関係性、過去・現在・未来の相互浸透性、人間の認知的・感情的・身体的・精神的諸次元の相互補完性を基礎に置いた教育のホリスティックなパラダイムである。それは、開発・公正・平和・社会的環境的正義・環境的持続性の諸問題に取り組む。その視野は、個人的・地域的・国民的・地球的なものを含む。その教育方法は、その規範と原理に一致して、体験的・相互作用的・子ども中心的・民主主義的・共生的・参加的・変化志向的である。
*1

ここに示されたグローバル教育が、グローバリゼイションとは対抗的な「現在の教科のなかに、他の国や文化の考えかた、映像、経験を取り入れる」ものではなく、日本でいえば、国際理解教育ということで行われている教育のなかには、そうした色彩を濃厚にもっているものが多い。そうした型においては、グローバリゼイションの

グローバル教育の二つの流れ

グローバル教育は、1980年代、アメリカ・イギリスなどで育まれ、その後世界的な動向となって広がってきたが、先に示唆したように、大きくわければ二つの流れがある。それをパイクの整理にしたがっていえば、細分化（コンパートメント）型とホリスティック型である。前者は、「現在の教科の枠組み、おもに社会科のなかに、他の国や文化の考えかた、映像、経験を取

＊1　セルビー（2002）「ウェブ（網目）を越えて」浅野誠, セルビー編『グローバル教育からの提案－生活指導・総合学習の創造』日本評論社, 13頁
＊2　パイク（2002）「グローバル教育再論」浅野, セルビー編、前掲書, 77-88頁

なかで「たくましく生きる力をもった日本人」を育てるという発想に響きあってしまう。

それに対して、ホリスティック型は、「地球とすべての生命体の共通の利益」がおもな目標であり、「個人と地球の健康のあいだにダイナミックな相関関係がある」という立場にたつ。

後者の立場にたつグローバル教育の展開においては、細分化型を示す「ビリアード・ボール」モデルに対して、さまざまなものがつながりあって存在することを示す「ウェブ（網目）」モデルが用いられてきた。最近セルビーは、そのウェブモデルをさらにおしすすめて、多次元・多レベルのものが共同して展開していくことを表現するものとして「ダンス」モデルを提案している。この三つのモデルを概観したものが、表1である。

グローバル教育の諸領域

こうしたグローバル教育は、多様な次元がつながりあい、相互関係を結ぶなかで共同創造していくものとして理解される。たとえば、パイク／セルビー（1997）は、空間・時間・内面・課題（イシュー）の四つの次元で、グローバル教育を説明している。

だから、グローバル教育は特定の領域を指すのではなく、多様なレベル・次元を視野に入れ、それらがつながりあったホリスティックなものとしてとらえられるものである。それらの視野には、日本で展開されている、ないしは展開されようとしている実践にかかわっていえば、次のようなものが含まれる。

人権教育　平和教育　開発教育　多文化教育　反差別教育　環境教育　ヒューメイン教育　ジェンダー教育　福祉教育　国際（異文化）理解教育

セルフエスティーム教育　対立解決（コンフリクト・レゾリューション）　未来教育　メディア・リテラシー　ライフ・スキル教育　ワークショップ型授業　共同・協同学習　参加型学習

表1

たとえ	基礎にある概念	カリキュラム	過程
ビリアード・ボール　ブロック積み　時計	分離性　断片化　区画化　直線的結合	教科　分野ごと　芸術と科学の二分性	個別化され競争的な学習　機械イメージの教育（インプットとアウトプット）　速い学習
ウェブ（網目）	相互結合　相互依存　相互関係	統合　学際性	協同的・双方向的学習　子どもたち中心（子ども中心ではなく）　混合ペースの学習
ダンス	相互埋め込み性　包み込み　相互浸透	分野ごとを越える体験	共感的で身体化された学習　スピリチュアルな学習　ゆっくりした学習

浅野誠、セルビー編『グローバル教育からの提案』日本評論社、22頁（一部変更）

グローバル教育・未来創造ビンゴの手順

グローバル教育の実践では、こうしたアクティヴィティを活用することが多い。

■あらまし
グローバル教育・未来教育についてのさまざまな問題をめぐる意見の一致や違いに関する出会いのビンゴゲームを通して、グローバル教育・未来教育への導入とする。

■ねらい
1. グローバル教育、または未来教育への導入
2. 参加者相互の発見と関係の発展

■すすめかた
1. 参加者は、配布された下記のビンゴ用紙の上部にある名前の箇所に自分の名前を記入する。
2. ビンゴゲームで、タテ・ヨコ・ナナメのいずれか1列を埋めることができたら、「ビンゴ」と叫んでくださいと言う。
3. ファシリテーターは、参加者の1人と実演しながら、やりかたを示す。
   挨拶(握手)。名前を言いあう。埋められそうなマスを2人で探す。「異なる」で始まるマスなら、相互に違うことをマスのなかに書き、相手の名前を記入する。「いっしょの」で始まるマスなら、共通のことを記入し、相手の名前を書く。
4. マスを埋めるときは、2人同時に同じマスを埋めるが、同じ人とは1つのマスしか埋めてはならない。20人以内の時は、複数可。
5. スタート
6. ビンゴができた人には、「おめでとう。さらに2列目に挑戦し、まだの人を応援してください」と言う。
7. 最後にふりかえりの討論を行う。

そして当然のことながら、ホリスティック教育が深いつながりをもつ。また、日本のなかでユニークな形で長く展開されてきた生活指導の実践のなかには、グローバル教育と響きあうものが多い。そして、以上の志向に深く根ざそうとする学校教師のなかには、総合学習でそれを追求してきた、あるいは追求しようとする人が多い。

日本での展開

グローバル教育という用語を使用しての実践ということで、日本での展開をいうと、1980年代にもみられた

グローバル教育・未来創造ビンゴ

10年後(30才の時)(2015年)について、考えよう。

私の名前〔　　　〕(下のマスメのなかの名前の欄は、相手の名前を記入する)　※紙面の都合で下2段のマスは割愛した

地球温暖化による海面上昇が深刻な事態をもたらすことで、意見が一致。理由 名前	買売春の増減の予測をめぐっての意見が一致。どんなふうに 理由 名前	地球人口の20％がEメールを使うようになるかでは意見が異なる。私 あなた 名前	環境変化による生物種の激減が深刻化することで意見が一致。どんなふうに 名前	グループリビングをする人が増えるかどうかで意見が異なる。私 あなた 名前
世界の失業率の予測で意見が一致。どの程度 理由 名前	自分が夫婦と子ども1～2人の家族をつくるかどうかで賛否が分かれる。私 あなた 名前	多文化主義を方針とする国が多数になるかどうかで、意見が異なる。私 あなた 名前	学校での暴力やいじめなどの増減をめぐって、意見が異なる。私 あなた 名前	地球人口の増加による経済危機が国際紛争を生むという予測で意見が一致。理由 名前
教師から生徒への一方通行式授業が大幅に減ることで、意見が一致。理由 名前	世界の貧困な人々の増加をめぐる予測が一致。どんな予測 理由 名前	宇宙開発の予測について、楽観的か悲観的かで意見が異なる。私 あなた 名前	「平和の文化」運動の広がりについての意見が異なる。私 あなた 名前	自分がしている職業が異なる。私 あなた 名前

作成／浅野

Ⅱ部―2　人とのつながり

が、細分化型でグローバリゼイションに親和的なものが主であり、ホリスティックなものは90年代になってのことであった。とくにセルビー/パイクが来日し各地でワークショップを行ったこと、またかれらとつながる人々の著作の紹介が大きな契機となった。

だが、先にも述べたように、生活指導や総合学習を追求する教育者などのなかに、グローバル教育という用語を使用していなかったにせよ、グローバル教育と考え方を共有する実践の歴史的蓄積があったことにも着目しておく必要がある（河内他1997）（浅野1996、2002）。

例をあげれば、子どもたちのなかにある暴力性を、討論と実践のなかで平和的な方向で打開していった鈴木和夫実践、グローバル教育でよく使用されるアクティヴィティを、生活指導実践の文脈のなかで活用発展させた渡辺雅之実践*4などは注目される。また、校区を流れる川をめぐって子どもたちが地域問題・環境問題などに取り組んでいった中野譲実践は、総合学習かつ生活指導であり、かつグローバル教育そのものだといえよう（中野2002）。

こうした実践は、1960年頃より日本の学校教育を制覇してきた能力主義、その能力主義と経済成長を前提にした人生・生活のありよう、自然を征服・搾取しようとする生き方・生活のありようなどを問いなおすものであり、蔓延する敵対的関係・暴力的な関係のなかで、未来と学びから逃走する子どもたちが、そこからの脱出・癒しを求めつつも、マスコミ文化などに従属する形でしか自己表現できないでいる状況の打開に挑むものでもある。

こうした課題に応えるうえで、グローバル教育・ホリスティック教育からの問題提起・取り組みが一層発展的に有効性を発揮していくことが求められている。また、学校内外で多様な創造探究をしている人々の相互交流が希薄な状況を克服し、あらたな共同創造関係を発展構築していくことが重要な課題となっているといえよう。

■参考資料

浅野誠(1996)『学校を変える　学級を変える』青木書店

浅野誠(1996)『転換期の生活指導』青木書店

浅野誠(2002)『授業のワザ一挙公開』大月書店

浅野誠、セルビー編(2002)『グローバル教育からの提案―生活指導・総合学習の創造』日本評論社

開発教育推進セミナー(1999)『新しい開発教育のすすめかた』古今書院

河内徳子，渡部淳，平塚眞樹，安藤聡彦(1997)『学習の転換』国土社

中野譲(2002)「川との語り合い」『生活指導』9月号所収

バーンズ，ラモント(1998)『未来を学ぼう』ERIC国際理解教育センター

パイク，セルビー(1997)『地球市民を育む学習』中川監訳，阿久澤訳，明石書店

ヒックス，スタイナー(1997)『地球市民教育のすすめかた』岩崎監訳，明石書店

フィッシャー，ヒックス(1991)『ワールド・スタディーズ』ERIC国際理解教育センター

＊3　鈴木和夫(2002)「私たちは平和的に生きられるのですか」浅野，セルビー編，前掲書，所収
＊4　渡辺雅之(2002)「参加・友情・自治を育む実践を」浅野，セルビー編，前掲書，所収

人とのつながり

Ⅱ部 2

ホリスティックな人権教育
Human Rights Education

松下 一世

自分と出会い、人とつながる総合学習

教室で黒板を背に話をする人が「学校の先生」ではなく、地域の「おっちゃん」や「おばちゃん」であることも珍しい風景ではなくなってきた。総合的な学習によって、地域との交流や協働が盛んになってきた昨今である。スポーツや文化活動の講師として、授業のゲストティーチャーとして招かれるだけでなく、授業の企画段階から学校と地域の人が相談しながら進めている地域もある。

しかし、今から20年ほど前、「総合的な学習」という言葉もない時代に、私が勤務していた学校では、地域の「おっちゃん」や「おばちゃん」が教室に訪れていた。被差別部落を校区に含む、ある小学校でのことである。

Yちゃんのお父さんは、肉店で肉をさばく仕事をしている。

お父さんは、白い上っ張りとゴム長靴姿で教室に来て、子どもたちに肉のさばき方を説明した。けがの体験、仕事での苦労や喜びを子どもたちに語った。肉店で働いているということで、差別された経験も語る。「でもな、差別はまちがってるんや。だれのおかげで、肉、食べれるんやと、おっちゃんは言いたい。おっちゃんはな、おいしい肉、作ってることに誇り持ってるんや」と、胸をはって語る。

その姿を見て、子どもたちは、仕事への誇りや差別の不合理さを、感じ取っていく。

その後、それぞれが、自分の親の仕事についての聞き取りを家でしてくる。それを作文にまとめて、クラスで発表しあう。仕事の内容、そこでの苦労や喜び、親に対する自分の気持ちを交流しあう。どの子も、自分の親を誇らしげに語り、それが、友だちに受け止めてもらえてうれしそうだった。

なかには、自分の親の仕事が恥ずかしい、友達には言いにくいという子もいた。だが、仕事の厳しさを知る過程で、見方が変わっていった。また、気にしていたことを友達に語るなかで、「こんな思いは自分だけじゃなかったんだ」「私の父母のことを友だちはわかってくれたんだ」と、安心していく。

部落の子も部落外の子も、親の働く姿を出しあうことで、共感しあい、つ

ながっていった。

さらに学年が上がると、親の半生をうかがかわりを持ちながら何をなそうとか、うれしいことばかりではない。つらいことや悲しいこともある。差別や偏見を体験した人もいる。それらにどう向き合い、どう乗り越えてきたのか。どんな喜びを得てきたのか。そういったことを親がわが子に語る。

これが20年前の部落問題学習の授業風景であり、同和・人権教育の原点である。

総合的な学習で問われている「生きる力」とは、まさにこのような学びから生まれてくるのではないだろうか。

自己をみつめ、語り、他者とつながる

今、多くの子どもたちは、親や友達との関係、自分の能力など、さまざまな問題を抱えている。そして、展望を失いかけている。自分が将来どうい

生き方をしていくのか、社会とどういかかわりを持ちながら何をなそうとするのか。他者とどういう関係を切り結んでいくのか。

学校や家庭から要求されるのは、生活と密着しない、ばらばらに切り離された多くの知識の習得である。このような努力をしいられることに耐えられない子どもたちは、自らの生き方に葛藤するよりも、刹那的な楽しみに流れていく。このような事態を打開するために提唱されたのが、総合的な学習の「生きる力」であろう。しかし、はたして、総合的な学習は、子どもたちの内面の空虚さに応えることができるのだろうか。

総合的な学習では、自分で課題をみつけ、主体的に学ぶ授業、何かを作り上げ、人と出会う体験が推奨されている。しかし、ややもすれば、目的意識のない、子ども任せの、単なる「お楽しみ」で終わる危険性もたぶんにある。

いわゆる「お勉強」がきらいな子も、体験重視の総合的な学習の中では、自分の好きな課題に取り組むことができ、生き生きと参加できるに違いない。

しかし、このような体験も子どもたちの生活と切り離されたものであっていまっていまうときだけのものであってしまう。どんなすばらしい人をゲストティーチャーに招いたとしても、その人の話が自分の課題と重ならない限り、人ごとの感想で終わってしまう。どれだけ教師がこと細かにポートフォリオによる自己評価を支援したとしても、それだけでは「生きる力」にはなりえない。

同和・人権教

生命の不思議について、調べ学習する子どもたち。
提供／松下

育の原点には、「みつめる」＝自己洞察、「語る」＝自己開示、「つながる」＝人間関係作りの基本三要素があった（松下1999）。この三つの要素が絡みあう学びによって、一人ひとりがセルフエスティーム（自己肯定感）を高め、肯定的なアイデンティティの獲得を目指してきた。

総合的な学習においても、人権の視点を取り入れ、「自己をみつめ、語り、他者とつながる」学びを発展・創造していかねばならない。

いのちの学習

今年度、高学年で「いのちの学習」に取り組んだ。子どもたちの中には、「どうせ私なんか」というマイナスの自己イメージを持っている子がいる。自分に向き合う強さがない。心の中には友だちへの思いや優しさを持ちながらも、それをプラスに転化することができないでいる、そんな子たちがいた。

生命の不思議についての科学的な調べ学習と絵本づくりから導入した。そして、難病と闘うわが子を持つ親との出会い、若くして亡くなった人の体験記、障害者の作業所見学、身近に亡くなった人への「空への手紙」を通して、生と死について考えた。人ごとだった死が、次第に自分に引き寄せて考えるようになるにつれ、子どもたちは葛藤や不安を感じながらも、真剣に向きあっていった。祖父母を亡くした子がいる。可愛がっていたペットの死を経験した子もいる。かつての担任を亡くした子もいる。親を亡くした子もいる。

子どもたちは、「空への手紙」の中で死者に語りかけ、当時の自分と今の自分に出会っていく。

さらに、親の生い立ち、自分の生い立ちを親から聞き取った。親の人生の苦労や喜び、自分の誕生や成長にまつわる家族のかかわりや思いを知った。反抗ばかりしていた子が「お母さんは、

私にこんなにもかかわってくれていたんだ」と初めて気づいた。苦労して育った親の生い立ちを聞いて、「お父さんはこれだけ苦労して、今ぼくたち家族を大事にしてくれているんだ」と気づいた。

その後、友だちと語りあう時間を持つ。生まれてすぐに母と別れた子が、「母に会いたい。でも、父の私への思いがわかったから、頑張る」と語った。離婚して父と離れて住んでいる子、父も母も帰りがおそくてほとんど一人で生活をしている子、いろいろな子がいる。一人ひとりが自分の状況、心情を語った。

この世の中でたったひとつのかけがえのないいのち、自分という存在の重み、そこから自分の生をどう生きるかということを子どもたちは少しずつ考え始めた。

自分と出会い、人とつながる学びは本来、楽しい学びである。だが、その

II部—2 人とのつながり

ために、子どもたちの生活に厳しく迫り、ときには、葛藤を経験させることも大切である。

自分との出会いをくぐらせて初めて、学びは自己との対話となる。知識であれ、体験であれ、それが自分のこれまで生きてきた生活、そこにある家族や友だちとのかかわり、自然や社会とのかかわり、そして、未来の自己像とのつながりに気づいて初めて、自分の知となり得る。これは、ホリスティックな学びそのものである。

■参考資料

パイク, セルビー(1993)『ヒューマン・ライツ』中川監訳, 平岡訳, 明石書店

松下一世(1999)『子どもの心がひらく人権教育』解放出版社

松下一世(2001)『いじめをなくし, 心をつなぐ』明治図書

松下一世(2002)『18人の若者たちが語る部落のアイデンティティ』解放出版社

森田ゆり(1998)『エンパワメントと人権』解放出版社

森田ゆり(2000)『多様性トレーニング』解放出版社

森実編(2002)『熱と光にみちびかれて―同和教育実践がひらく人権教育』解放出版社

「ガンの子供を守る会」の方をゲストティーチャーに招いて。提供／松下

人とのつながり

Ⅱ部 2

対立解決法
Conflict Resolution

西山 徳子

対立解決法は、北米を中心に生徒指導の有力な方法論として、教育現場に導入されていて、日本でも徐々に紹介がはじまっている。対立解決法には多数のプログラムがあり、「セカンドステップ」「ライオンズ・クエスト」「トライブス」のように有名なものもある。対立解決法のポイントは、それがソーシャルスキルとエモーショナル・リテラシーの教育を統合していることである。対立には感情的な反応がつきものだが、この方法では、当事者が自分の感情に気づき、それを言葉で相手に伝えることが重要な要素となる。そして仲介者に手助けされながら、当事者たちが自他の理解を深めることで、たがいに納得のいく解決策をさぐっていく。対立解決法は、このように感情面へのかかわりをふくんで、社会的な問題解決力を養っていくものである。

（以上、中川吉晴）

平和的対立解決法

なわて遊学場（フリースクール）での対立と、その解決法を報告し、参考に供したい。

「A男のヤツがオレにツバかけよった！」怒ったB男はスタッフと相談、平和的対立解決法を選んだ。

この方法は双方が自分たちだけで話しあいたくないとき、双方がOKする第三者が立ち合い、話しあう方法である。その第三者は自分の意見を言わない。次の三つの条件を双方がOKしたときだけ行なう。

1 自分が言いたいことをぜんぶ言う。

2 相手が話している途中で、しゃべりださないで聞く。

3 解決したいと思っている。

A男とB男はこの三つの条件を受け入れ、双方がOKしたスタッフがはいって始まった。B男のけんまくに、年下のA男はひるんだが、スタッフが「言いたいことぜんぶ言った？」と聞くと、にっこりし、しゃべりだした。言いあいの末、二人とも解決したし、と言った。どちらもあやまらなかったし、「あやまれ」とも言わなかった。

後で聞くと、二人ともそれまでより仲よくなったと答えた。自分の気持ちを言うことが苦手だったA男が言うようになった。

この方法を選んだケースでは、私の知るかぎりすべて問題は解決した。アメリ

カのグラスルーツ・スクールのパット・シアリーから学んだ方法である。

この方法をやるまでには、本人たちが前記の三条件をよしとするまでの成長が必要だった。2年間におよぶ仲たがいをこの方法で解決したケースでは、その間、ちがう解決法を試行錯誤するプロセスがあった。また前記のB男は、遊び場にきた当初、気に入らないと物を投げたり、ぷいと出ていったりで、平和的対立解決法どころかなかった。それが、両親が内観を体験し、B男も毎朝少しずつの内観を始め、半年後には怒りっぽくなくなり、前記の解決法をやれるまでになっていた。おとなが平和的対立解決法を使う時は、親業講座などで勧めている次の方法とあわせて使う方が有効だった。

1 わたしメッセージ。相手についてとやかく言わず、相手の言動の事実、私への影響、私の感情だけを言う。

2 相手の気持ちを受けとめて、それを言葉にしてかえす。

この二つを使って、一方の側だけで相手と対決し、解決することも多い。

勝負なし法とミーティング

「ワゴン車の天窓は開けないと決めよう」。天窓のしめ忘れのため、雨で座席がぬれることが続き、スタッフがこう提案した。子どもたちは猛反対。天窓をあけ、ときに首を出す楽しみがなくなるなんて！みんなでブレーンストーミング、解決策を思いつくかぎり出した。その一つひとつを検討、自分がいやな案に挙手、ひとりでも挙手すればその案はボツ。このときは、車の出口に「天窓」とはり紙するという案が残り、それに決定した。その後も、遊び場では雨でもミーティングで決定された。対立点は多数決はとらず、子どもたちは天窓を開けて遊んだが、座席が雨でぬれたことはなかった。

親業講座で学んだ、この勝負なし法で決めた。対立は、解決よりも、そのプロセスこそ成長の宝庫だった。

■参考資料

アダムス,レンズ(1986)『女性のための人間関係講座』近藤,田中訳,大和書房

金光律子編(2000)『対立は悪くない』ERIC国際理解教育センター

クーパー他(2000)『世の中を変えて生きる』三国,陣内,高橋訳,嵯峨野書院

クライドラー(1997)『対立から学ぼう』ERIC国際理解教育センター

ゴードン(1985)『教師学』奥沢,市川,近藤訳,小学館

ゴードン(1998)『親業』近藤訳,大和書房

ジャドソン(1995)『静かな力』三国訳,嵯峨野書院

ミンデル(2001)『紛争の心理学』永沢監修,青木訳,講談社現代新書

*1 内観については232-235頁参照。

イラスト／守安あゆみ

スクールソーシャルワーク
School Social Work

II部 2 人とのつながり

吉田 武男

ここでは、スクールソーシャルワークの特徴とその必要性をより鮮明に捉えるために、スクールカウンセリング活用関係事業予算とスクールカウンセラーとの対比においてスクールソーシャルワークについて論述することにする。

表1が示すように、不登校の子どもは年々増加の一途をたどり、ついに2001年度には13万8000人に達している。現在のわが国では、このような不登校の問題をはじめ、いじめや暴力などの多種多様な教育問題が多発している。この問題状況を解決する有力な方策として、文部省（現文科省）は、スクールカウンセラーの配置を選択し、1995年より、スクールカウンセラー活用調査研究委託事業を開始した（2002年からは、スクールカウンセラー活用事業となった）。

ところが、表1が示すように、不登校児童生徒数とスクールカウンセラー活用関係事業予算とを重ね合わせて見ると、その相関関係に気づかされる。つまり、スクールカウンセラーの配置は、不登校の問題についてさえも顕著な効果を教育現場にもたらしていないように見えるのである。なぜならば、カウンセリングのスタンスは、宗教のような一定の絶対的なコスモロジーを持ちにくいわが国の子どもにとっては、欲望や自我、さらには感性・感覚の肥大化を促進させてしまう、と考えられなくもないからである。それにもかかわらず、その事業に対する十分な吟味がなされることもなく、スクールカウンセラーへの過剰とも言える期待を断ち切れずに多額の文教予算が費やされ続けている。

そこで、わが国では、このような教育施策から目を転じる代替案が模索されなければならないであろう。その際、有効な代替案の一つとして注目すべきものに、スクールカウンセリングのいわば発祥の地のアメリカにおいて、スクールカウンセリングとは類似し重なりつつも、明確に異なったスクールソーシャルワークという教育福祉的な活動があげられる。その活動は、家庭や地域との連携協力の下、全人的な人間形成を生活共同体的な学びのなかで目指すわが国の学校文化においては、大いに参考になるものであろう。なぜならば、スクールソーシャルワーカーの活動は、全体性をはじめ、さまざまな要素とのつながりや関係性を重視す

アメリカにおけるスクールソーシャルワーカーとその広がり

アメリカの学校教育においては、その社会の文化を反映して、わが国と比べものにならないくらい分業化のシステムが根づいている。たとえば、指導についても、学習指導と生徒指導とは明確に区分され、教師は学習指導としての授業における教科指導や生徒指導についての補完的な学習指導や生徒指導は、専門家を中心とするさまざまな人たちが担うことになっている。

もちろん、州や学校段階によって異なり一概に言うこともできないが、一般的には、子どもの才能を最大限伸ばすための学習活動の支援と進路に対するアドバイスを行うスクールカウンセラー（その意味で言えば、わが国における臨床心理士としてのスクールカウンセラーのイメージとは、大きく異なる）をはじめ、不適応を起こしている子どもの心理的状態を診断しプログラムによって改善させていくスクールサイコロジスト、言語発達において支援の必要な子どもに言語訓練を行う言語療法士、学習にかかわる活動面での発達において支援の必要な子どもに作業訓練を行う作業療法士、などの専門家が学校教育に携わっている。そのような専門家の一つとして、アメリカにはスクールソーシャルワーカーという専門家が存在している。一般にスクールソーシャルワーカーとは、学校・家庭・地域において何らかの困難な問題を持った子どもに対して、自ら問題解決できるように必要な支援を行う専門職と言われている。

歴史的に言えば、スクールソーシャルワークは、アメリカにおいておよそ100年前に、貧民層救済という社会改革運動に端を発した、社会的に不利な立場に置かれている子どもの教育環境の向上をねらって始まった教育福祉的なものである。最初、それは学校制度の枠外で、ニューヨークやボストンやハートフォードにおいて行われた

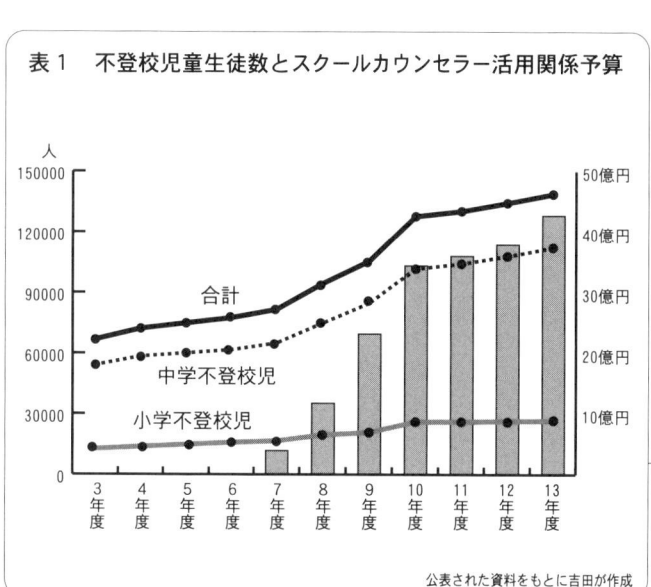

表1 不登校児童生徒数とスクールカウンセラー活用関係予算

（グラフ：3年度〜13年度までの小学不登校児、中学不登校児、合計の推移と予算額（億円））

公表された資料をもとに吉田が作成

が、1913年にロチェスターにおいて初めて学制制度の枠内で行われるようになった。その後、スクールソーシャルワークは、アメリカ中西部にも広がり、教育委員会によって中学校や高等学校で行われるようになった。やがて、スクールソーシャルワークは、紆余曲折を経ながら、現在ではアメリカ全土において、約1万人のスクールソーシャルワーカーが活躍するまでに発展することになった（表2）。最近では、世界的なネットワークの動きもはじまり（たとえば、1999年4月に、シカゴで第1回国際スクールソーシャルワーク会議が4日間にわたって開催され、51ヵ国からおよそ900人が参加している）、国によって事情は違うが、スクールソーシャルワークは、カナダやヨーロッパ諸国（特に、スウェーデンやフィンランドなどの北欧諸国が最も充実している）のみならず、香港（1971年には、実験的な試みが始まっ

た）や韓国などのアジアにまで広がりをみせている。

わが国では、1986年に埼玉県所沢市教育委員会の委託を受けて山下栄三郎氏が行った活動が、スクールソーシャルワークの始まりと言われている（1998年3月31日に、氏はそこでの活動に終止符を打っている）。最近では、スクールソーシャルワークの講演会や研究会が全国各地で開催されるようになり、まだまだ数は少ないがいくつかの公立校では、スクールソーシャルワーカーが配置されるようになった（たとえば、香川県の引田町立引田中学校）。

現在のアメリカでは、スクールソーシャルワークの活動は、スクールカウンセリングと並んで広範囲に普及し、そして広く市民にも知られている。し

かしわが国では、スクールカウンセリングへの過剰期待とは対照的に、スクールソーシャルワークは教育関係者のあいだでもあまり知られてこなかった。現在でも、スクールソーシャルワークの知名度は低く、スクールカウンセリングとの区別は、教育行政機関の中でも十分ではない状況である。

たとえば、東京都M市の委員会（2001年6月）や東京都B区の議会（2001年11月）でも、スクールソーシャルワーカーの導入についての質問に対し、教育委員会関係者は、スクールソーシャルワーカーとスクールカウンセラーや心の教室相談員との活動はきわめて「類似したもの」であるために、スクールカウンセラーの配置でこと足りる、という主旨の答弁を行っている。つまり、スクールソーシャルワークとスクールカウンセリングの区別は、ほとんど理解されていないのである。

スクールソーシャルワークの特徴

確かに、おもに問題をかかえる子ど

II部—2 人とのつながり

もに対しての支援活動であるという点では、スクールソーシャルワークとスクールカウンセリングとは共通の土壌を持っている。したがって、その区別が難しいというのも理解できないことではないが、しかし両者には大きな違いが存在している。

スクールカウンセリングと言っても、その内容はカウンセリングの理論や技法・療法によって多岐にわたっている。たとえば、箱庭や絵画、心理テストなどを重視する派もあれば、問題事象を個人あるいは家族の病理現象として捉えようとする派もあれば、さらにはグループ・エンカウンターを重視する派もあり、多種多様な立場がカウンセリングには存在している。しかし、どのような立場であれ、現実の子どもの問題を子どものこころの問題にもとづき、それぞれの依って立つ論理にもとづき、その子どものこころを見立・診断し、そしてカウンセリング

によってこころのあり方や感情を変容させて、子どものこころの問題の解決（内実は解消というべきもの）を支援するというところは、ほとんど共通にみられる特徴である。

それに対して、スクールソーシャルワークの大きな特徴は、子どもの人権や利益の尊重保護を最優先するという立場に依拠しながら、現実の子どもの問題を子どものこころの個人的な問題に限定することなく、子どものこころや行動に影響を及ぼすような生活上の環境条件や社会的人間関係をも広く視程に入れて解決しようとしているところにある。つまり、長期的な見通しのなかで、子どもを取り巻く多様な関係性の広がりが考慮されたうえで、子どもの理解と支援が実際の生活のなかで実施されることになる。そのために、そこでは、子どもの個人的な適応が要求されるだけでなく、子どもの周囲の人間やシステムへの働きかけも行われる。

したがって、スクールソーシャルワーカーは、実際的には対象の子どもだけでなく、その周囲の人間への支援を行ったり、子どもと学校、家庭と学校、地域社会間の関係を結びつける媒

表2　雇用されているスクールソーシャルワーカーの数

地区名	雇用されている人数
アラバマ	11
アラスカ	1
アーカンソー	12
コロラド	321
コネチカット	450
軍関係の学校	15
ワシントンD.C.	39
フロリダ	539
ジョージア	206
グアム	3
ハワイ	40
イリノイ	1,349
インディアナ	190
カンザス	133
ケンタッキー	73
ルイジアナ	210
メリーランド	243
マサチューセッツ	482
ミネソタ	395
モンタナ	8
ネブラスカ	37
ネバダ	275
ニューハンプシャー	72
ニューヨーク	1,513
ノースカロライナ	345
プエルトリコ	956
ロードアイランド	54
サウスダコタ	6
バーモント	350
バージニア	449
ワシントン	125
ウェストバージニア	12
ウィスコンシン	365
ワイオミング	58
計(34地区)	9,337

(1990年調べ)

全米ソーシャルワーク協会編『スクールソーシャルワークとは何か』現代書館,163頁より引用

わが国において求められるスクールソーシャルワーク

一般的なソーシャルワークという福祉活動それ自体が、本来的に言って、その時代の社会構造に大きく依拠しながら、主として人間とその社会環境、介的役割を担うことになる。実際的な例をあげて言えば、スクールソーシャルワーカーは、スクールカウンセラーのように子どもの本心を聞き出すことに専心するのではなく、子どもとかかわる担任教師や親などとも話しあい協力しながら、ときには外部の機関とも連携しながら、しばしば子どもと生活上の行動をともにすることもある。つまり、そこには、原因（要因）の追究やその解消に取り組むのではなく、結果として生じている現実の問題状況の解決に取り組む姿勢が、強く垣間みられるのである。

およびその関係性、さらに最近ではエコロジカルな相互作用にも目を向けるために、その独自性が十分に確立されているわけではなく、しかも一貫性や論理性という点で曖昧さを明らかに有している。その意味では、学校の子どもを中心にかかわるスクールソーシャルワークは、同様な負の特徴を持つことになる。したがって、確かに学問あるいは専門職という点から言えば、スクールソーシャルワークは、大きな弱点を宿命的に包含することになるのである（もちろん、スクールソーシャルワークの関係者のなかには、専門職性を強調する人たちもいる）。

しかし、多発している不登校やいじめや暴力行為などの教育病理的な問題に対して、スクールカウンセリングの重視やスクールカウンセラーの配置という方策でしか対応していないわが国において、スクールソーシャルワークは、有益な示唆を与えてくれると考え

られる。なぜならば、そうした教育病理的な問題の原因は、特別な場合を除き、当事者の子どもだけにあるのではなく、その子どもを取り巻く友だちや教師や親、学校や家庭、さらには地域や社会の人々やシステムなどの人的・物的環境と深くかかわっているからである。しかも、それらの環境の問題解決のために調整・仲介・代弁・連携などといった、つなげる役割を担うスクールソーシャルワークは、大きな意義を有しているからである。

ただし、有益な示唆を与えてくれると言っても、スクールカウンセラーの場合と同じように、スクールソーシャルワーカーの配置を推進することが望ましいわけではない。確かに、スクールカウンセラーへの過剰な期待を解くために、スクールソーシャルワーカーの配置は一考に値する。しかし、アメ

リカのそれとは大きく違ったわが国のスクールカウンセラーが、共同体的な特徴を強く持つ学校に配置されているという現状が一方にありながら、さらにスクールソーシャルワーカーという専門家が配置されることになれば、学校現場を無用な混乱に陥し入れかねないという点で、十分な配慮を必要とするであろう。

それゆえ、現時点においては、スクールソーシャルワークの視点こそが、わが国の学校教育に取り入れられるべきではないか。それによって、教育問題のいわば「原因探し」、特に個人のところでの「原因探し」に向かうのではなく、それらの問題の解決に向けて総合的かつホリスティックに取り組

むことの重要性が、教育関係者や社会全体のなかで再認識されるであろう。とりわけ、コミュニティとのつながりにおいて、子どもをサポートする総合的でホリスティックな働きかけが探られるであろうし、またそのようにならなければならないのである。なぜならば、子どもの問題はさまざまな要素が複雑に絡みあって生じているにもかかわらず、教師や教育関係者（さらに教育学）は教育の視角から、カウンセラーは臨床心理学の視角から、医療関係者は精神病理の視角から、警察や家庭裁判所は法律や制度の視角から、それぞれ子どもの問題に取り組むというように、これまであまりにも個々の専門領

域の立場（見方）が子どもの現実の問題の解決よりも優先され、子どもを全体的・総合的に捉える見方が大きく欠落していたからである。その意味では、スクールソーシャルワークの視点は、まさに時代の要請を担っていると言えるのである。

なお、将来的な展望において、スクールソーシャルワークの視点の具体化を図る際には、わが国の場合、アメリカのような分業化された専門家システムよりも、同和教育（人権教育）における教師の日々の実践が大いに参考になる、と筆者は考えている。

■参考資料

グトウリム, 川田誉音 (1986)『ソーシャルワークとは何か―その本質と機能』川島書店

全米ソーシャルワーク協会編 (1997)『スクールソーシャルワークとは何か―その理論と実践』山下編訳, 現代書館

山下栄三郎 (1995)『愛（かな）しき人（もの）たちの詩―不登校の子どもたちと歩き続けて』黎明書房

山下栄三郎 (1999)『エコロジカル子ども論―教育から共生へ』学苑社

Ⅱ部 2

人とのつながり

地域づくり
Community Development

清水 義晴

犯人探しはもう止めよう！

新潟県大潟町での「まちづくり」活動から、私は多くの大切なことを学んだ。その重要なひとつが、標題である「犯人探しはもう止めよう！」ということであり、真の問題解決は、犯人探しの考え方や手法ではなし得ないということであった。

平成6年、新潟県の上越市に隣接する海辺の町、大潟町からの依頼で、まちづくり委員会のアドバイザーを引き受けることになった私が最初に提案したことは、みんなで自分たちの「町を知る」ということであった。まちを活かし、まちづくりをすすめるためには、まず自分たちの町を知ることから始めなければならないというのが、私の「まちづくり」の方程式の第1条なのである。

20～30名のまちづくり委員の方々は、はじめ乗り気ではないようだったが、アドバイザーの言うことだからと取り組んでいるうちに変化が起きていった。一年経って、それぞれが調べた町の歴史、自然、文化、人、風俗などを発表する会を開いたのであるが、委員の人たちが話したことはほぼ同じ三つのことに集約された。

一つは、今まで何十年もこの町に住んできて、町のことなどよく知っているつもりだったのに、何も知っていなかったことがよくわかったということ。

二つ目は、今までよその町ばかりよく見えて、自分の町には何もないと思っていたけれど、この町には宝物がいっぱいあって、この宝物を磨くことがまちづくりなんだと気がついたこと。

三つ目は、松林も新堀川（分水）も江戸時代の先人がつくってくれたおかげで、今こうして安心して住むことができるということを再認識したことであった。

地域観が変わる

この「町を知る」という活動によってメンバーの地域観が変わったのである。地域観が変わると人は地域に対して異なるアプローチをし始める。70歳を超えたY氏を先頭に松林の掃除を始める人たちが出てきたのであっ

Ⅱ部—2 人とのつながり

■参考資料

浦河べてるの家(2002)
『べてるの家の「非」援助論』医学書院

清水義晴(2003)『改革は、弱いところ、小さいところ、遠いところから』太郎次郎社

べてるの家の本制作委員会編(1992)『べてるの家の本』べてるの家(博進堂出版部)

た。昔のような白砂青松の海岸に戻そうという運動がささやかではあったがスタートを切った。

そして、掃除をしているうちにY氏が小さなビンに親指大のキノコを数個入れて委員会に持参したのである。年輩の人は一様に驚きの声を上げた。「ウァー松露だ」「まだ松露なんてあったんだ！」若い人たちは、始めて見るキノコを珍しがるだけだった。

この日たまたまY氏が見つけたと思った松露(松林に昔出ていたキノコ)が松林を掃除するうちに増えてくるのである。そして掃除をしている松林の松が元気なことにも気がつくようになっていった。

松林を掃除しているとキノコが出てきて松も元気になる。この因果関係はどういうことなのだろう、というのが私に疑問として浮かんできて、人に聞いたり、調べたりするうちに次のような結論に至った。

松林を掃除しているとキノコの菌の働きがよくなってキノコが出てくる。そして菌の働きがよくなると土がよくなり、松の根がよく張るようになる。松の根が張ると松の生命力が強くなり、松ヤニがよく出るようになって防虫作用が強くなるというものであった。

結局、松枯れの真犯人は松食い虫ではなかったのである。私たち人間と自然との関係やつながりがなくなったことに真の問題があったのであった。真の問題解決は、犯人探しではなく、関係性の回復にあることに気づかされた私にとって、これは大きな体験だった。

地域に根ざす。(バリ島)

学びとのつながり

Experiential Learning

体験学習 ──人間関係の体験学習を中心として──

Ⅱ部 3

中村 和彦

「体験学習」とは？

これまでの学校教育（大学教育を含む）では、教師が既存の知識を学習者に対して伝達していく講義型の教授方法が用いられてきた。既存知識の伝達による知的側面を強調した教育（いわゆる「座学」、頭だけの学習）の弊害から、近年、子どもたちの「生きる力」を育むために、小学校学習指導要領にも「体験的な学習」という言葉が盛り込まれ、体験が重視されつつある。「体験学習」という用語はさまざまな形で用いられている。たとえば、知識を学ぶために体験的な活動を伴った場合（理科の実験など）、中高生が施設で実習を行ったり、学生がインターンシップとして企業で働くなど現場で何らかの体験をした場合、授業の中で体験型の実習を行う場合などである。

このようなさまざまな体験的な学習は、二つの次元から整理できると考えられる。一つの次元は、学習者が体験をする場に関するもので、「現場（フィールド）での体験」と、教室や学校内で行われる「実習（exercise）」に分類される。もう一つの次元は、学びの対象や目的に関するものであり、「コンテント（content）」と「プロセス（process）」に分類される。コンテントとは〝内容的側面〟のことであり、何らかの知識の内容を学ぶことを目的とした学習が〝コンテントに焦点をあてる学習〟である。一方、プロセスとは〝人と人との関係的な過程〟のことであり、どのようにかかわったか、どのように感じたかなどの〝how（どのように）〟のレベルである。

学習者が、体験を通して自分自身の他者（ものも含む）へのかかわり方をふりかえることによって、自分自身のありかたや人間性に気づくことを目的とした場合が〝プロセスに焦点をあてる学習〟である。さまざまな体験的な教育活動の例を、この二つの次元で整理したものを表１に示す。

体験型の実習を導入しても、教育目標が〝コンテントに焦点をあてる学習〟の場合、教師のかかわりや指導も知識の獲得を目指したものとなり、人間性豊かで全人格的な成長を目指した体験学習にはならない。現在、「総合的な学習」においてさまざまな体験型の実践がなされているが、その教育目標はコ

人間性の成長を目指した人間関係の体験学習

体験学習の中でも、プロセスに直接焦点を当てることによって、学習者の人間関係や人間性の成長を目指した、人間関係の体験学習に関する一連の方法が存在している（「ラボラトリー・メソッド」とも呼ばれている）。1946年にクルト・レヴィンが始めたT-Group（トレーニング・グループ）がその源とされており、現在でもアメリカを中心に実践され、日本でも南山大学を中心に行われている。この方法では、学習者は他者とかかわる実習を体験し、その実習における"今ここ(here and now)"でのプロセスをふりかえる(processing)ことにより、体験から自分の他者へのかかわり方の特

コンテントレベルに留まっており、プロセスレベルにまで焦点づけられていないことが多いと思われる。

表1 体験的な活動を伴った学習例の分類

	教室内・学校内における実習の体験（教材や仮想空間での実習）	現場・フィールドでの体験（本物の活動および観察）
コンテントに焦点をあてる学習（知識獲得が目標）	● 理科の実験、実際の材料を用いた授業 ● 調理実習（グループで実施する場合は、お互いの関係や手順、役割というプロセスに光をあてることも可能）	● 工業見学などの社会見学（製品ができるまでのシステムを学ぶ） ● 小学校社会科や生活科における「商店街に出かけて地図を作る」などの活動（地域の人にインタビューする際の自分、というプロセスに光をあてることも可能）
プロセスも目標にされるが、直接の介入はされず、プロセスからの学習は学習者に任すもの	● 協同学習、バズ学習 ● 特別活動、クラブ活動など（グループで問題を解く・活動するなど、グループワークを通して協調性を養うこともねらいとされるが、直接の介入はない） ● 花を育てる、動物を飼育するなど（花を育てていく過程や、動物にどうかかわったかに直接焦点づけることも可能）	● 林間学校やキャンプなどでのグループ活動（協調性を養うことも目的にされるが、直接の介入はされない） ● 看護師の病院実習・大学生の企業インターンシップ研修（仕事の仕方という知識の獲得と、自分の他者へのかかわり方に気づくことがねらいとされるが、後者は学習者に任される）
プロセスに直接焦点をあてる学習	● 特別活動・クラブ活動などで、学習者の他者へのかかわり方を教師が指導する際 ● 人間関係の体験学習（ラボラトリー・メソッド） ● 構成的グループ・エンカウンターの実習	● 環境教育の総合的な学習の一例（ゴミ処理システムを調べると同時に、自分がどのようにゴミを捨てているかをふりかえる、など） ● 南山大学における「人間関係フィールドワーク」実習

作成／中村

徴に気づくことができる（津村・山口 1992）。

人間関係の体験学習は、「非構成的アプローチ」と「構成的アプローチ」に分類される。「非構成的」(unstructured) とは、実習の中で学習者が取り組む課題があらかじめ決まっていないものであり、前述のT-Groupやカール・ロジャーズが始めた Basic Encounter Group が代表的である。一方の「構成的」(structured) とは、学習者が取り組む課題があらかじめ設定されており、学習者はその課題に取り組んだ後、そのプロセスをふりかえるという形式がとられる。非構成的なアプローチは合宿制で集中的に実施されることが多い一方、構成的なアプローチは学校内の授業において実施できる方法である。

また、人間関係のどのレベルのプロセスを扱うかで、「個人の気づき」実習（個人内プロセスを扱う）、「一対一のコミュニケーション」実習（対人間プロセスを扱う）、「グループワーク」実習（グループのプロセスを扱う）などが区別される。用いられる方法には、問題解決型の実習、話題や物語を基にしたグループで協力する活動、ディスカッション、ノンバーバル・コミュニケーション実習、ロールプレイ、などがある。

体験から学ぶステップ
―過性の体験が流れずに学びにつながるために―

体験は主観的・情意的なものであり、その体験をふりかえり、客観視し言語化しなければ、体験は流れてしまい、学びに結びつかない。体験から学ぶためには、学びにつなげるためのステップが必要である（図1）。

まず、「体験」することから始まる。次に、体験をふりかえり、自分自身がどのように他者とかかわったか、他者はお互いの関係はどうだったかをふりかえる「気づく」ステップが必要とされる。そして、気づいた出来事について、どうしてそのようなことが起こったか、理由や因果関係を分析する「考える」ステップを踏む。さらに、考えた結果にもとづいて、次の状況に向

図1 体験学習のステップ（体験から学ぶサイクル）

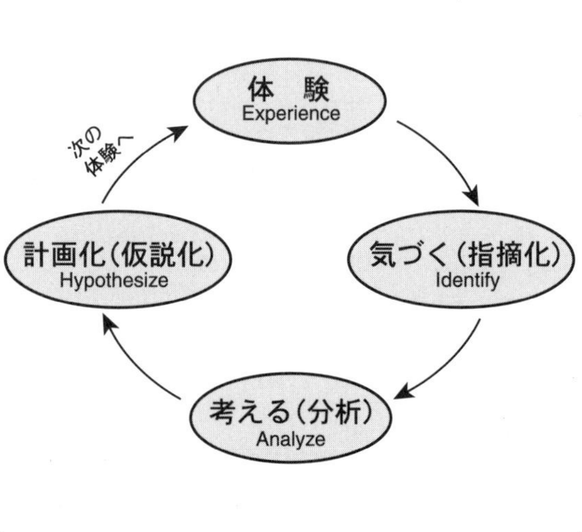

体験 Experience → 気づく（指摘化） Identify → 考える（分析） Analyze → 計画化（仮説化） Hypothesize →（次の体験へ）体験

II部―3　学びとのつながり

かって具体的な行動計画を考える「計画する」ステップに移行し、また実際に行動をしてみる、というサイクルである。学習者はこのサイクルを循環させることによって、次の実習の中で自分の行動目標を設定し、その目標に取り組むことを通して、自己成長を図ることができる。同時に、学習者は、体験から学ぶ方法を知る（learning how to learn）ことによって、日常の体験からも学んでいくことができる「自己教育力」を備えた個人に成長することが可能となる。

教師の役割は、学習者の体験が学びや行動変容に結びつくために、学習サイクルを学習者自身の力で循環させていくことができるようにファシリテート（促進）していくことである。この場合、教師は「教える」役割をとらない。学習者同士がかかわることができる場を創り、その体験から学習者自身が自ら学び気づくことを促進していくファシリテーターとして、「ともにある（With-ness）」ことが大切である。つまり、教師が学習者とどのようにかかわっているかという、関係性のプロセスが重要な側面となる。

■参考資料

津村俊充, 山口真人編(1992)『人間関係トレーニング－私を育てる教育への人間学的アプローチ』ナカニシヤ出版

星野欣生(2003)『人間関係づくりトレーニング』金子書房

ジョンソン他(2001)『学生参加型の大学授業』関田訳, 玉川大学出版部

■サイト情報

南山大学人文学部心理人間学科
www.nanzan-u.ac.jp/JINBUN/Shinriningen

南山大学人間関係研究センター
www.nanzan-u.ac.jp/NINKAN

人間関係の体験学習の実践例
―南山大学人文学部心理人間学科―

南山大学人文学部心理人間学科では、大学生に対して人間関係の体験学習をさまざまな授業の中で実施している(前身である南山短期大学人間関係科を含めると30年の歴史がある)。代表的な授業を紹介する。

■人間関係トレーニング（Tグループ）

5泊6日の合宿制で行われ、学生10名と教員2名が1つのグループとなり、非構成的な場の中で、今ここでのお互いのかかわりから自分自身のあり方について学ぶ。

■人間関係フィールドワーク

1年間養護学校や老人施設などのフィールドに出かけ、現場での自分自身のかかわり方をふりかえり、自己への気づきと自己成長を目指す。

■人間関係プロセス論

2コマ続き(180分)で実施される。課題がある実習が提示され、学生はその課題に取り組む過程をふりかえり、自分自身の他者へのかかわり方に気づく。

その他、人間性教育論、カウンセリング的対話、ボディワーク、ホリスティック教育人間学などの体験学習を用いた授業が実践されている。また、南山大学人間関係研究センターでは、社会人を対象にした体験学習による人間関係の講座を実施している。

II部 3

学びとのつながり

Workshop ワークショップ

中野 民夫

ワークショップの興隆

「ワークショップ」（workshop）という英語のもともとの意味は、「工房」「作業場」など、共同で何かを作る場所を意味している。それが、現代演劇や現代美術、都市計画や人間関係トレーニングなどの世界で発展してきた。教師から生徒への一方通行的な知や技術の伝達でなく、学習者（参加者）が主体となって積極的に「参加」し、アタマや言葉だけでなく「体験」を重視し、「双方向性」や「相互作用」を活かした、「参加体験型のグループによる学習や創造の場」である。1960年代くらいから世界のさまざまな分野に広がってきた。日本でも、住民参加のまちづくり、演劇やダンスなどの

アート、環境教育や自然体験活動、異文化理解や人権教育、心と身体、自己成長や癒し、人間関係や心理学、企業研修やビジネス、そして社会教育や学校教育など、さまざまな分野で盛んに行われ始めている。

分野や人によって、「ワークショップ」という言葉もさまざまな意味で使われているので、とりあえず「ワークショップとは、**講義など一方的な知識伝達のスタイルではなく、参加者が自ら参加・体験し、グループの相互作用の中で何かを学びあったり創り出したりする、双方向的な学びと創造のスタイル**」と定義しておきたい。

ワークショップの三大特徴

さまざまなワークショップに共通する特徴には、次の三つがあると思う。

1 参加

ワークショップは学習者（参加者）が主体の場である。先生が教えてくれる場ではなく、ファシリテーター（進行役）のそそのかしにより、参加者自身が主体となって、参加者同士の相互作用の中から、自らの体験や参加者同士の相互作用の中から、自ら学んだり創り出したりする場である。だから参加者には、ただ受身的に話を聞くだけでなく、主体的にプログラムに「参加」しにかかわっていく積極的な姿勢が不可欠である。

2 体験

ワークショップは、「体験」の場である。言葉を使ってアタマで考えるだけでなく、五感を使って自然を感じたり、現場を観察したり、心や身体の全体を使って「体験」を積み重ねていく。

人間には、ボディ（身体）・マインド（知性）・スピリット（直観・霊性）・エモーション（感情）の四つの要素があると言われるが、通常はどうしても「知性」偏重の場が多い。ワークショップでは、これらの要素をバランスよく扱うことが多い。この点が特に、ホリスティックな教育としても活用が期待されるところではないだろうか。

さらに、ただ体験すればいいというのではなく、「体験学習法」の循環プロセス、①体験する、②観てみる、③分析する、④概念化する、を重視する。何かを体験したあとに、自らふりかえり、分析して概念化できてこそ、さまざまな局面への応用ができるようにな

る。この点をふまえ、ワークショップでは、一区切り体験したあとの「ふりかえり」や、感じたことや気づいたことを語り合う「わかちあい（シェアリング）」を大切にする。

3 相互作用

三つ目の特徴は、参加者同士の双方向的な「相互作用」である。これは、誰か特定の先生からだけ学ぶのではなく、お互いから学びあうということだ。お互いに感じたことを分かちあったりする中で、参加者は自分とは違う他者との交流や刺激から学びあう。安心・安全な場ができさえすれば、相互作用の中でさまざまな予期せぬ展開が起こっていく。

ワークショップの必須条件

よいワークショップを作るために、主催者側が留意すべき三つの必須条件があると思う。

1 場づくり

まず初めは、人の集まる「場」をどのように設定するかという「場づくり」である。ワークショップは通常、お互いの顔が見える範囲で、ていねいな環境をつくりながら行うので、人数は10～20名、せいぜい30名くらいで行うことが多い。集い方の基本は「輪」になって座ること。作業によっては机も有効だが、机やいすが固定されていない平らなフロアにいすだけ置いたり、

図1　ワークショップの三大特徴

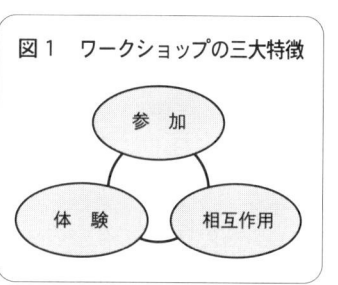

参加　／　体験　／　相互作用

図2　三つの必須条件

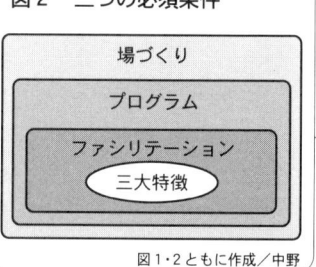

場づくり
プログラム
ファシリテーション
三大特徴

図1・2ともに作成／中野

床に直接座れるところならクッションを使ったりするだけでもいい雰囲気が作れる。

「輪」になって座ることは、慣れないと自分がむき出しになった感じで落ち着かないかもしれないが、一人ひとりがその場を担うかけがえのない一部なのだ、という自覚を促す。また、人類は太古から「輪」になって座り、火を囲んで調理したり、話しあったり、生き延びるための知恵を出しあってきた。今、簡単な正解などない難問だらけの時代だからこそ、「どうしたらいいのだろう」「何ができるのだろうか」と「輪」になって集い、問いあうことが必要なのではないだろうか。

2 プログラム

二番目は「プログラム」だ。ワークショップもある目的のために、限られた時間の枠内でやる以上、よく練られたプログラムのデザインが必要であ

る。ある一まとまりの活動を「アクティビティ」「エクササイズ」「ワーク」などと呼ぶが、それらを有機的な流れを持つようにつなげ、全体で目的を達成するように「プログラム」を構成したい。

プログラム・デザインの基本は、①「つかみ」、②「本体」、③「まとめ」の三つのステップを考慮して組み立てることだ。①「つかみ」とは、有効な学びや創造が起こりやすくなるように、目的を確認・共有するなどの目的を達成するための肝となる部分で、お互いに安心して心を開けるような雰囲気を作ったり、「受け入れる準備」を整えることだ。②「本体」とは、目的を達成するための肝となる部分で、目的によって、学んだり、考えたり、創ったりの、いくつかのアクティビティを積み重ねる。③「まとめ」とは、体験したことをふりかえり、わかちあい、そこでの学びをどう持ち帰り、その後の日常の中にどうつなげていくかの締めの部分で、評価も大事だ。

3 ファシリテーター

これらの器や流れを作りながら、ワークショップを進行させていく機能が「ファシリテーション」であり、担う人が「ファシリテーター」である。もともと「容易にする」「促進する」などの意味の英語 facilitate からきている言葉だ。日本語では「進行促進役」「そそのかし役」「引き出し役」「助産婦」「触媒」などと意訳されることもあるが、カタカナのままで使われることが多い。

人が集う場で、それぞれのやる気や知恵を上手に引き出しながら、お互いの学びあいやクリエイティブな議論、ときには紛争解決を促進していく役割である。ファシリテーターには、目的に向かうしっかりとした意図を持つ一方で、「待つ」姿勢が必要である。参

ワークショップの意義

このようなワークショップは、どのような現代的な意義を持つのだろうか。

一つには、「豊かさ」の再発見だ。ワークショップは楽しく喜びがある。人とかかわったり、自然にふれたり、自分自身について知ったりすることは、人の根源的な歓びでないだろうか。単に受身的でなく、能動的な参加で場全体が未知の世界へとどんどん動いていくことを体験するのは、ただ知の伝達だけでは起こり得ない、かかわる中での「豊かさ」を実感する。モノの所有では決して満たされない満足が、このような人や自然や自分とのつながりを取り戻す「関係」の中で得られるのは、現代社会の真の「豊かさ」を問い直す上で大きい意味を持つ。

二つ目には、「自分らしさ」を取り戻すきっかけになることだ。一つの正解や画一的なモデルに向かう学習でなく、それぞれの違いや多様性が学びや創造を豊かにしていくことを知る。そのことで、他者のありのままを受け入れ、自分のありのままを正直に表現する意味を実感できるだろう。みんな違っていいのだ、と。

三つ目には、「主体性」が育まれることだ。きらめきが満ちている現代に、自分の小さな一言が場を動かしていくことを知ることは、主体性や市民意識を育てていく上でも大きな意義があるだろう。

加者が主体であるのだから、自分がいくらわかっていても、それを押しつけては意味がない。グループに任せるのは、決して効率のよいものではない。つい先を急いで余分な介入や誘導をしたくなりがちだが、そこはぐっと押さえたい。場をよく読んで、ていねいにかかわらないと、せっかくの主体的かつ自発的なグループプロセスを台無しにしてしまう。

ん動いてみることと。「どーせ変わらないよ」というあきらめが満ちている現代に、自分の小さな一言が場を動かしていくことを知ることは、主体性や市民意識を育てていく上でも大きな意義があるだろう。

■参考資料

中野民夫(2001)『ワークショップ―新しい学びと創造の場』岩波新書

中野民夫(2003)『ファシリテーション革命―参加型場づくりの技法』岩波アクティブ新書

一般意味論
General Semantics

学びとのつながり

Ⅱ部 3

足立 正治

人が正気で生きるには

私たちは自分の経験を「ことば」などの記号に置きかえることで、その経験を振り返ったり、時間と空間を越えて他者に伝達したり、さらに、その経験を再構成して新たな現実を創造することができる。この能力によって、人はすべてを一から始める必要なく、他者の経験や思考を受け継いで前進することができるのである。しかし、歴史が示すように、ことばは時空を越えた協力の道具として役立つだけでなく、闘争や紛争、狂気や社会的な混乱の原因ともなってきた。このことを憂慮したポーランド生まれのアルフレッド・コージブスキーは、人間に特有の能力である、記号を使うことで時間を結ぶ能力 (time-binding) と、記号を使いながら記号について意識できる能力 (self-reflexiveness) を生かすことで、非生存的な記号行動におちいらずに進化できるはずだと考えた。彼は1933年にアメリカで『科学と正気』を出版、自ら開発した体系を「一般意味論」と名づけた。それは、言語学における意味論とは異なり、私たちが生きる営み一般に適用して正気に生きるための仕掛け（思考の枠組やツールなど）を提供してくれる。

私たちはどのように世界を認識しているか

私たちは、ことばなどの記号を媒体として世界を認識しているが、一般意味論は、そういった認識の前提を問い直すことで、現実に即応した創造的な生き方ができるようになることを目指す。

外在的指向のすすめ

一般意味論では、私たちがたえず変化するプロセスの世界に生きていることを前提にする。プロセスの世界では、一定不変の真理もなければ、絶対に確実なものもなく、真理は暫定的なものであることを認めざるをえない。記号化は仮説形成のプロセスである。そう気づくことによって私たちは知の限界を知り、「わからないから調べてみよう」という態度が芽生えてくる。その第一歩は、状況をあるがままに観察することであり、この態度を「外在的指向」という。

抽象作用に気づく

私たちは、つねに自らをとりまく環境と交流しながら生きている。そのと き環境から受けるさまざまな刺激を取捨選択しているが、これを抽象作用と いい、非言語のレベルから高次の記号式に至るまで階層をなしている。この ことをコージブスキーは図1のような抽象分離モデル（The Structural Differential）によって示した。いちばん上の放物線の形をした部分は、「できごと」のレベルと呼ばれる知覚以前の世界を表わしている。それは人間の神経組織によって直接的にとらえることはできないが、今日の科学によって推論されているダイナミックなプロセスの世界である。その下の円は知覚のレベルを表わしている。それは「できごと」のレベルから抽象された結果であり、顕微鏡などの拡大装置によってとらえられる世界や、感情、運動など、

上以外には抽象が行なわれない動物的な抽象レベルを表わしている。その下の荷札形のラベルは言語のレベルである。最初のラベルは「事実の記述」のレベルで、知覚したものをそのまま言語化する段階である。その次のラベルは事実の記述にもとづく一次的な推論のレベルである。推論は次々に重ねられ、それにつれて「できごと」や「知覚」における細部の特徴はどんどん捨てられ、私たちの認識はより包括的になっていく。こうして導き出された抽象的、一般的な考えは、矢印が示すように「できごと」のレベルに読み込まれて、ふたたび抽象のプロセスをたどることになる。この循環を繰り返すことで私たちはつねに変化する現実に即した見方を維持し、それにもとづく適切な思考と行動ができるようになる。しかし、この流れを中断したり、抽象のレベル

を飛躍したり、一定のレベルに停滞したり、プロセスを逆転する場合には人は正気を維持できなくなる。

抽象分離モデルを利用することによって、私たちは言語化（記号化）作用が知覚や思考、行動などにどのような影響を与えているかに気づき、抽象作用や認識にたいする自らの責任を自覚できるようになる。

人は記号を外界にあてはめて見ようとする

抽象作用は私たちの内面で起こっていることであるが、私たちは、その結

図1　抽象分離モデル

Alfred KorzybskiのThe Structural Differentialを図式化したもの

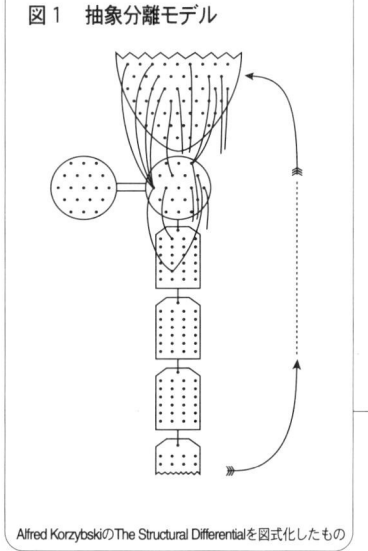

果である知覚像を対象にあてはめて認識しようとする傾向があり、これを投射と言う。ことばも同様の働きをして、たとえば「蛇だ!」と思えば、道端に落ちている縄も蛇に見えることがある。ことばにたいして、あたかもそれが事象そのものであるかのような反応をすることを同一視という。また、私たちには、わずかな事実の観察にもとづく推論を全体にあてはめようとする傾向もある。「いつも」「すべて」「ぜったい」といったことばが用いられるか、そのような前提で語られる場合である。ヒットラーもバッハも同じ「ドイツ人」とみなしたり、「女や子どもとはじられない」とか「マスコミは信じられない」といった一般化を行うこともある。さらに、ことばは善―悪、正―誤、老―若、強―弱、大―小といった対立関係によって互いの意味を規定するので、その中間にある微妙な程度の差を表わすのはかならずしも容易で

はない。その結果、「よく」なければ「悪い」にちがいないとか、「好き」でなければ「嫌い」だとか、「美味しく」なければ「まずい」といった極端な価値判断をしてしまうことがあり、これを二値的評価という。こうして「善」「正義」「成功」「幸福」「平和」といった抽象的な概念を絶対化して、それが達成されなかったからといって悩み、自己嫌悪に陥ってしまう人もいる。

記号の呪縛から解放されるには

非言語的な気づき

タルな有機体として状況にかかわることができる。シャーロット・セルバーとチャールズ・ブルックスによって開発されたセンサリー・アウェアネスは感覚的気づきを高めるために使える技法である。

遅延反応

ことばなどの記号にたいして即座に反応しないで、いったん知覚のレベルにしばらく間をおいてから反応することを遅延反応という。ことば以前の気づきを高めることで、私たちは状況判断をともなわない習慣的、条件反射的な行動を抑制すること

同一視や極端な一般化、二値的反応といった、ことばの袋小路から抜け出すには、いったん知覚のレベルに立ち返って、自分や自分を取り巻く状況をありのままに受けとめることが必要である。ことばに反応する前に、ことば以前の気づきを高めることで、私たちは心身一体となった

図2　抽象のプロセス

言語のレベル		非言語のレベル			
推論	事実の記述	運動	情動	知覚	できごと・推論されたプロセスのレベル
……　←	たぶん毒ではないだろう　←	リンゴが見える　←	唾液が出る思わず手が出そうになる　←	おいしそう　←	🍎　←	

作成／足立

ができる。遅延反応を行なうには、からだが適度な緊張状態にあることが必要である。からだが過度に緊張していても弛緩していても状況の変化に応じて柔軟な対応を選択することは難しい。F・M・アレクサンダーの開発したアレクサンダー・テクニックは、自らの身体感覚を通して遅延反応の訓練に役立てることができる。

ことばの使い方の工夫

ことばから「ぜったい、いつも、すべて」という含みをはずし、より具体的な現実を指し示すように工夫することができる。

1 同じことばでも同じものを表わすとはかぎらないことや、同じもの

でも時間とともに変化することを忘れないために、インデックスや日付をつける。「わたし1980」そつきだ」→「彼は昨年の大学受験に失敗した」、「あいつはうそつきだ」→「彼は昨日ぼくとの約束を破った」、「私は教師です」→「私は一週間に二日、その会社で中国の人に日本語を教えています」

2 物ごとにたいする感じ方や考え方に個人差があるということを忘れないために「私にとって」（私の意見では）「私の見たところ」「私の推論では」）といったことばを添える。

3 すべてを言いつくせないことを意識しておくために「…など」をつける。

4 断定や変化しない状態を表すことが多い「…である」型の文よりも、「…する」型の文を使う。「私は駄

「地図」と「現地」のたとえ

言語を含む記号一般と現実との関係を地図と現地の関係にたとえて、一般意味論の要点をまとめると次のようになる。

1 地図は現地ではない。
2 地図は現地のすべてをあらわさない。
3 地図についての地図を作ることができる。

■参考資料

片桐ユズル(1983)『一般意味論セミナー』くろしお出版

ハヤカワ(1985)『思考と行動における言語』大久保訳, 岩波書店

ヴォークト(1966)『非Aの世界』創元推理文庫

松本東洋(1989)『アルファ通りの空中広場』アズ工房

A. Korzybski (1933), Science and Sanity, The International Non-Aristotelian Library Publishing Company

学びとの
つながり

Story Telling

ストーリーテリング

II部 3

長尾 操

物語を語る。いにしえに想いをはせ、それを伝える。語る者、聞く者、皆、イメージの旅をする…。ストーリーテリングの定義は特にない。昔話を語ることもあれば、体験談や創作童話も含まれる。では、さまざまな語りの中で、何が本質であるのか。一冊の本を参考に見てみたいと思う。

ストーリーテリングとは何か？

ストーリーテリングとは、声や身振りを通して聴衆に話をすることである。日本では語り部、西アフリカではグリオットという、ともに宮や王などに仕え、歴史や慣習を伝えた職種としての言葉もある。現代ではでは物語や童話などをコミュニティーの場で子どもたち、または大人に語ることがそのおもな活動とされていることが多い。ストーリーテリングとは、読み聞かせや朗読ではない、口承文芸なのである。

もともとフォークアートであったストーリーテリングは、ラジオやテレビの登場により徐々にその形態が失われてきた。しかし、その復興を目指す人々がいることも事実であり、そのことについて比較的規模の大きい活動をしているのが、米国における非営利団体、「ナショナル・ストーリーテリング保存育成協会（NAPPS）」である。1973年以来毎年10月にナショナル・ストーリーテリング・フェスティバルがテネシー州ジョーンズボロで開かれている。

語りのエッセンス

たいていのストーリーテリングに関連した文献は、物語の選び方やその語り方について、また、物語そのものについて言及されたものが多い。その中で、ネイティヴ・アメリカンの口承史として出版されたポーラ・アンダーしておくと、物語を伝え聞きするという行為は、語り手・聞き手の双方にとって言語表現の発達を促す役目をはたし、また語りの内容から、おのおのの内面の思考や感情を表出させやすくするきっかけとなる、と言えるだろう。文字化されていない話に、耳を傾けることのみで理解しようとするアートには、想像力の強化を望むことができるであろう。

II部—3　学びとのつながり

■参考資料

アンダーウッド(1998)『一万年の旅路』星川訳,翔泳社

ル=グィン(1997)『オールウェイズ・カミングホーム』上下,星川訳,平凡社

ウッド著『一万年の旅路』は、実際のネイティヴ・アメリカンに伝わる話を中心に、古の知恵の伝達法とその意義について書かれている。著者はアメリカ北東部の先住民に伝わる口承史を父親から学び、その後正式な継承者になった女性である。

ストーリーテリングを学ぶのに、ネイティヴ・アメリカンでないといけないわけではないのだが、語りの意義を探るなかで、大変参考になる叙述がこの本にはある。すなわち、物語全体を学ぶには完璧な注意力をもって耳を傾け、イメージのむこうにある現実を読み取ろうとする責任があるということだ。語りのなかのメタファーが何であるかを自分で理解するよう促される。

からだを通しこころで聴く、この〈想いのイメージ〉こそ彼らにとってもっとも古い教えであるというのだ。

日本文化でも「語り」という行為の始まりは、「祈る、呪う、唄う」などと同じ目的と働きがあり、その語源は「魂をゆさぶり、魂と交流し、魂を鎮める」という意味に行き着きそうである。口で語られ、耳で聞き、心でイメージを得る。貯えられた記憶からの語りとは、魂への教育といってもいいだろう。この最も基本的である、「教育」ではない「教えの形態」を、われわれは今一度、語り、すなわちストーリーテリングによって再確認してみるべきではなかろうか。

撮影／中川

MI 多重知能
Multiple Intelligences

学びとのつながり

II部 3

坂田 加奈子

近代学校は、IQと総称される知的能力を伸ばし、子どもを社会的に有用な人材として育成する役割を担ってきた。そして、IQを測るための知能検査が20世紀初頭に考案されて以降、人々の知能を測定・評価する教育方法のひとつとして知能検査は欠かせないものとなり、子どもへの評価に対しても、IQを重視する傾向が強くなっていったといえる。

このような知能の見方に対して、より多重的な知能（Multiple Intelligences）の可能性を提唱した人物に心理学者ハワード・ガードナーがいる。ガードナーは、知能とは「情報を処理する生物心理学的な潜在能力であって、ある文化で価値のある問題を解決したり成果を創造したりするような、文化的な場面で活性化されることができるものである」と定義した。ここでいう「知能」とは、特に目に見える形で測定されない神経的な潜在能力のことであり、その潜在能力が活性化されるかどうかは、文化や環境や家族などに影響されるとした。そして、人間には複数の比較的独立した知能が存在し、その組み合わせは個々人において独自のものであると同時に、それぞれの知能には固有の領域や下位知能があること、また、それらの知能は建設的にも破壊的にも用いることができるものであるとした。

ガードナーは、まず人間の持つさまざまな諸能力を分析・検証するための規定基準を設け、人間の諸種の能力が知能となりえるのか検証するために、四つの学問分野（生物科学、論理学的分析、発達心理学、伝統的心理学研究）からそれぞれ二つの質問事項を導き出した。そして、候補となる能力がそれらの基準に適合するか否かで、知能として成立しうるかどうかを判断した。そこで確認された人間の知能は、近代教育が重視した「言語的（Verbal / Linguistic）知能」、「論理数学的（Logical / Mathematical）知能」、全般的能力として「音楽的（Musical / Rhythmic）知能」、「身体運動的（Bodily / Kinesthetic）知能」、「空間的（Visual / Spatial）知能」、「博物的（Naturalist）知能」、個人的知能として「内省的（Intrapersonal）知能」、「対人的（Interpersonal）知能」の八つである（図参照）。

II部—3　学びとのつながり

この八つ以外に加えることのできる知能の可能性もガードナーは検討しつつある。霊的（Spiritual）知能の場合、それを独立した知能として認めるには、その特質からさまざまな困難があるとして、「実存的（Existential）知能」の一部とすることが妥当であるとする。そして、その実存的知能については、八つの測定基準に高いレベルで適合するものの、それが他の知能と異なり複雑な要因をふくむ能力であるため、より厳密な判断をとるべきという立場から、現段階では知能として認めていない。

多重知能の評価については、特に個人的知能や身体運動的知能などは、筆記問題などでは評価できない知能であるため、それぞれの知能を直接測るための評価方法が考案されつつある。教育評価の実践例としてガードナーが紹介するのは、「スペクトル教室」というものである。そこでは、子どもたちが種々の知能を活性化するための材料や環境（自然の標本やボードゲーム、音楽の教材、また運動やダンスができるエリア）が用意される。そして、子どもたちがそれらに魅力を感じて取り組むプロセスを観察し、それぞれの知能の配列を明らかにしていこうとする取り組みである。この評価プロジェクトは、それぞれの年齢にあわせた環境や材料を用意することによって、さまざまな年齢に適用できると考えられる。

全人的な能力を多重知能として分析することで、子どもの多元的な知能の潜在性を明らかにし、それを評価できるようにまで具体化したMI理論は、ホリスティックな全人教育にとって注目に値する。

■参考資料

アームストロング（1996）『7つの超「脳」力』本田訳,DHC

ガードナー（2001）『MI ―個性を生かす多重知能の理論』松村訳,新曜社

H. Gardner(1983), Frames of Mind, Basic Books

多元的知性 MI理論

- **●言語的知能** 読み書きや話し言葉への感性、言語習得に関する能力。
- **●論理数学的知能** 問題の論理的分析や数字のパターン理解など、科学的思考に関する能力。
- **●音楽的知能** 音楽パターンの理解や演奏、作曲などのスキルに関する能力。
- **●身体運動的知能** 身体的動作能力や、脳神経と身体コントロールの関係を含む能力。
- **●空間的知能** 視覚的感性や物体の認識力、空間のパターン認識に関する能力。
- **●博物的知能** 自然界の動植物への認識や鑑賞、理解に関する能力。
- **●内省的知能** 自分自身の内面を見つめ、精神的状態を察知する能力。
- **●対人的知能** 相手の気持ちを理解してより良い関係を築いたり交流できる能力。
- **●実存的知能** 実存的な問いかけや、超自然的世界の探求、霊的な事柄に関する知識や経験を有する能力。

作成／坂田

II部 3

学びとのつながり

EQ 感情的知能
Emotional Intelligence

坂田 加奈子

ダニエル・ゴールマンの著書 *Emotional Intelligence* は、22ヵ国に翻訳されて世界的ベストセラーになった本であるが、日本でも『EQ〜こころの知能指数』というタイトルで出版されている。すなわち、IQ至上主義の社会に行き詰まりを感じていた幅広い層の人々に受け入れられた。ゴールマンは、ハワード・ガードナーが提唱したMI理論の八つの知能のうち、対人的知能、内省的知能という個人的知能を応用・発展させて、EQという新たな概念を打ち立てた。彼は、神経心理学的な立場から情動の機能と役割を解説し、情動に関する近年の心理学的研究成果と事例を豊富に紹介しながらEQの全容を明らかにし、その現代的意義と必要性を説く。EQの基本定義として、①自分自身の情動に気づく、②感情をコントロールする、③自分を動機づける、④他人の感情を認識する、⑤人間関係をうまく処理する、といった能力が挙げられる。

すなわち、①情動の自己認識力と内省的な自我観察能力によって、揺れ動く感情を中立的に維持する能力、②自制心を失うほどネガティブな感情や不快な精神状態になったときそこから正常な状態に戻っていける情動の運用能力、③夢や目標で自己を動機づけて、情動を自己規制し、問題を解決しながら自分の状態をより次に上げていく能力、④他人の感情や非言語的メッセージを感じ取る共感能力、⑤自分の感情をうまく表現して相手の感情に働きかけ、情動の交流を上手に管理する能力の五つである。

IQが経験や教育の力で変えることのできない知能であるという一般的な見方に対し、EQの諸能力は幼年期の各発達期を基盤に、学習や努力などが脳神経に変化を及ぼす範囲で、生涯を通じて伸ばすことが可能な知能であるといえる。しかし、幼少期のしかるべきときに獲得したEQが基礎になるという点で、子どもの発達段階に合わせた情動教育は特に重要である。

ゴールマンは、「感情」を授業テーマにして、生徒が心の問題などを題材にして話しあう「セルフ・サイエンス」を情動教育の先駆的事例として紹介する。学年ごとに取り上げる題材は異なってくるが、自分たちの抱えている悩みについて皆で議論するプロセスの中で、生徒たちは情動的・社会的能力

II部—3　学びとのつながり

を身につけていく。この情動教育は、人間関係のトラブルや社会的な誘惑（喫煙や麻薬など）といったさまざまな問題を乗り越えていく社会的能力を育むだけでなく、学習にまじめに取り組む態度を育てることで学力も向上させるものであると報告されている。ここでは、この情動能力を高めるためのスキルを体系化した「社会性と情動の学習（SEL）」の図表を紹介しておく。SELとは、社会性と情動の学習によって学習者の間に共通の枠組みが作られ、そこに統合され調和の取れた協同作用が働くことを目的とする教育の試みである。

EQは、これまでの知育偏重教育への対抗概念として、近年教育界でも話題になる。

また、ダナー・ゾーハーは、IQとEQの両方の知能を効果的に機能させるために必要な土台として、SQ（Spiritual Quotient）の必要性を提唱している。SQは、神経学上がることが多い。それは、子どもの情動的に脳の中心から働きかけ、右脳・左脳の両知能をホリスティックに統合するものであるとされる。対人能力にも優れた人間に成長するというEQの示すビジョンが、IQ重視型の近代教育パラダイムを越えて、教育が新たに目指すべき方向を明快に提示しているからである。

心と身体のバランスが安定し、頭とSQの存在については何も述べていないが、EQをうまく運用し、方向づけ、伸ばしていくための新たな能力を検討することは意義のあることだろう。ゴールマンは

■参考資料

イライアス他(1999)『社会性と感情の教育』小泉編訳，北大路書房

ゴールマン(1996)『EQ－こころの知能指数』土屋訳，講談社

ゾーハー(2001)『SQ－魂の知能指数』古賀訳，徳間書店

EQ 情動の知能	SEL「社会性と情動の学習」の重要スキル
自己への気づき	自分の情動を認識する。 自分がその感情を抱いた理由とそれを引き起こした状況の理解。
情動の自己調整	不安、怒り、抑うつの感情をことばにし、それに対処する。 衝動、攻撃行動、および自滅的・反社会的行動の抑制。 自己、学校、家族、および援助的人間関係網の長所を認識し肯定する。
セルフ・モニタリングと遂行行動	身近な課題に注目。 短期および長期の目標を設定する。 フィードバックされた情報を考慮して遂行行動を変える。 積極的動機、希望と楽観気分を高める。 不安と遂行行動の間の逆U時間計を考え、最上の遂行状態に向かう。
共感性と視点取得 (他人の考えや感情を理解する)	いかに共感性と視点取得を増加させ、日常生活でのフィードバック・メカニズムを発達させるか学習する。 よき聞き手になる。 共感と他者の感情への感受性を増加させる。 他者の観点、見解、感情を理解する。
人間関係を扱うための社会的スキル	人間関係における情動をうまく処理し、多様な感情や立場を調整する。 情動を効果的に表現する。 自己主張、リーダーシップ、説得の練習。 チームまたは協同学習グループの一員として活動する。 社会的意思決定と問題解決のスキル訓練。 対人関係の問題に対して、建設的に、問題解決的方法で対応する。

イライアス他『社会性と感情の教育』北大路書房，46頁より引用

心身とのつながり

Body Awareness

ボディ・アウェアネス

II部 4

片桐 ユズル

はじめにトラブルがあった

F・M・アレクサンダーはオーストラリアで若き俳優として有望なスタートをしたが、舞台の上で声がかすれ出なくなったりするハプニングが起こるようになった。医者も手の打ちようがなく、休養をすすめるだけだった。休養中は普通に会話などできるのに、舞台にあがると再発するのだった。ということは舞台でセリフをいうときに何かへんなことを起こしているにちがいない、それを発見しようとして彼は鏡に向かってセリフをしゃべる自分自身を観察しつづけた。何年もかかってわかったことは、発声の瞬間に彼は胸をもちあげ、背中を狭め、頭をうしろに押し下げ、その結果として発声器官

を圧迫していた。
こうした無意識的な習慣をやめることで、発声のみならず、あらゆる動きが楽になることを発見した彼は、ひとに教えはじめた。1904年に彼はロンドンにあらわれ、有名な俳優たちにレッスンをしはじめ、知識人のあいだでも広まった。彼のレッスンにより呼吸が深くなるので「呼吸の人」Breathing Man としても知られた。

エルザ・ギンドラーはベルリンで体操の教師をしていたが1910年頃、肺結核にかかり、空気のよいアルプスなどで療養しないかぎり治らないと医者にいわれた。しかし労働者階級の彼女にそのような金はなかった。彼女は自分で治すことにきめた。当時ヨーロッパでは東洋的な瞑想とか呼吸法へ

の興味がはやりはじめていたので、彼女がそこで思いついたことは、よいほうの肺だけで呼吸し、悪いほうの肺をやすませることだった！
あなたはそれができますか！　空気が呼吸器のどこまで入っていくのを感じますか？　たぶん鼻の穴の左右の流通が異なることは感じますね？　それをコントロールすることも、ある程度できますね。ギンドラーはそれをすすめていって、一年間で肺結核を治した。ある日のこと街を歩いていて、かつて彼女を見放した医者に出会った。医者などで彼女を診察室につれていき、診察の結果「奇跡は起こるもんだ！」とおどろいた。

呼吸は、基本的な生命活動のうちでもっとも広範囲の筋肉活動を含むもの

■アレクサンダー・テクニーク関連サイト情報
　アレクサンダー・アソシエイツ（ATA）　www.alexandertechnique.jp
　アレクサンダー・アライアンス京都　www.alexanderalliancejp.com
　片桐ユズル　www.kyoto-seika.ac.jp/yuzuru

だから、非常に全般的な規模で自分自身の内面のプロセスを自覚することになった。このようにして自分自身を知ることの大切さに彼女は気づき、これはひとびととわかちあわなくてはならないと、これを教えはじめた。

モーシェ・フェルデンクライスはソルボンヌ大学で数学と物理学を学び、ジョリオ・キュリーのもとで研究したり、また嘉納治五郎に柔道を学びヨーロッパでもっとも早い時期にパリで道場を開いた。大学生時代にサッカーで膝を傷め、かばって歩いているうちに、もう一方の膝も動かなくなってしまった。医者にかかったがまったく治らず、ついに自分で治してしまうことになった。そこから身体性の問題に深くはいることになった。

彼はヨーガ、フロイト、パブロフ、グルジェフ、大脳生理学などを深く研究したのみならず、アレクサンダーのレッスンもうけた。これらの研究と彼自身の体験から、彼は手による触診によって、患者の障害の原因を発見し、相手のからだに直接手をあてて「機能的統合」をうながすようになった。このようにして建国当時のイスラエル首相ベン・グリオンの健康回復を助けたことで、一躍イスラエルの国民的英雄になった。

心身統一体

これら自分で自分を治したひとたちに共通なことは、からだの問題から入りながら最終的には、からだとこころをひとつのこととして扱うことになった。たとえばエルザ・ギンドラーの弟子シャーロット・セルバーの仕事は「センサリー・アウェアネス」として知られているが、彼女は「ボディ」ということばを聞くと、ごきげんが悪い。ボディというからには、こころと切り離してボディを思っているにちがいないからだ。アレクサンダー・テクニークの教師たちも自分たちの仕事を「ボディ・ワーク」と呼ばれたくない。「思うこと」と筋肉の緊張のデリケートな関係をしらべているからだ。

アレクサンダーが教えはじめたのは19世紀の終わりから20世紀のはじめで、その頃人間を有機体として、こころとからだを分けない前提でものごとを考えるのは、想像を絶する困難であったろう。アレクサンダーには『自分の使い方』 The Use of the Self という著書がある。声を出なくしたときに彼は、「自分」という心身統一的有機体をうまく使っていなかった、という

F.M.アレクサンダー
撮影／Alma Frank (1940s)
ⓒ The Society of Teachers of Alexander Technique, London.

のだ。「自分」には一生懸命になればなるほど緊張してしまって、生来の能力を発揮させない傾向がひそんでいたりする。早いめ、早いめに、不必要な緊張に気づいて、それをやめていきましょう、というのがアレクサンダーのレッスンである。ぶつけてこわしてしまった自動車のボディを「なおす」のではなくて、ぶつけるような運転のくせをやめて、二度とぶつけないような動かし方を「学習」するのだ。

気づき

これら自分で自分を治したひとたちに共通のもうひとつのことは、自分のなかで何が起こっているかについての「気づき」をもっていた。ギンドラーの仕事は特に名前がなく、たんに「クラス」とか呼ばれていた。あるいはドイツ語でArbeit am Menschen（人間についてのワーク）とかNachentfaltung（あとになって開く）とか呼ばれていた。彼女の弟子のシャーロット・セルバーがアメリカでつづけていた仕事が『センサリー・アウェアネス』(1974)という本で紹介され、その名前におちついた。Sensory（感覚的）とあえてつけ足したのは、たんなる知識として頭でわかっているのではなくて、直接的経験的な気づきであることを強調したいからであった。

フェルデンクライスは「機能的統合」という一対一の治療からはじまったが、自己イメージに気づき、それをもっと自由なものにしていく教育の方法としてAwareness Through Movementを発展させた。動きをとおして気づくということで、ATMと略称されている。アレクサンダー・テクニックについては、彼から直接に教えをうけたフランク・ピアス・ジョーンズのBody Awareness in Action (1976)という名著があり、動きながら体に気づくことがアレクサンダー・テクニックだという。

すべては筋肉の緊張として翻訳される

われわれは自らの自己イメージ通りに行動するから、行動を変えようとしたら、まず自己イメージを変えなくてはならない、とフェルデンクライスはいっている。自己イメージは四つの要素——運動、感覚、感情、思考で構成されているが、これらの要素はたがいに影響しあっているので、どれから出発しても人間の変革にいたることができるが、特に運動系からのアプローチを

いっている。彼女の弟子のシャーロット・セルバーがアメリカでつづけるようますような不必要な緊張をやめるには、まず自分の緊張に気づかなくてはならない。おおよそは無意識にやってしまっている自分の緊張パターンに気づきさえすれば、それは自然に解消される、といわれている。緊張が解消されないのは、気づきが十分ではないからだ、とも。

■フェルデンクライス・メソッド関連サイト情報
　フェルデンクライス研究会　http://plaza4.mbn.or.jp/~feldenclubjapan
■センサリー・アウェアネス関連サイト情報
　人間中心の教育を実現する会（人現会）　http://www5d.biglobe.ne.jp/~jahe

II部―4　心身とのつながり

すすめる理由として、他の要素よりもはっきりと具体的にとらえることができるからである。

たとえば感覚からのアプローチをしようとすれば、たいていのひとは、「過敏症と感受性の区別をせず、高度に発達した感受性を欠陥とみなす」とフェルデンクライスはいっている。「そしてわずらわしい感情を圧し殺し、そのような感情をひきおこしかねない情況を回避する。同じく思考の場合も、それを抑制したり中断したりするひとは多い。自由な思考が公認の行動原理にたいする挑戦とみなされるのは、なにも科学の分野でも変わりがない」。

あらゆる行動は筋肉活動から生まれる。見ること、話すこと、さらに聞くことでさえ、鼓膜の筋肉の動きである。呼吸は筋肉活動である。「すべてのことは、それが生理的であれ、心理的で

あれ、霊的であれ、筋肉の緊張として翻訳される」とアレクサンダーはいった。

したがって、頑張って、苦痛に耐えて、緊張して学ぶことはなにものをももたらしません」。というわけでフェルデンクライスのATMでは生徒は床に横たわり、あまり筋肉を使う必要がないので微妙な違いに気づくことができる。

『センサリー・アウェアネス』の著者チャールズ・ブルックスは、立ち、座り、歩き、横たわる、ことが人間の四つの尊厳だといった。アレクサンダー・テクニークでも、基本的なレッ

努力をへらしたときに識別力がふえる

気づきのレッスンはどのように行われるか？　フェルデンクライス自身がハインリッヒ・ヤコビからピアノをひいてごらん、といわれて、はじめはひけませんと固辞したが、なんか知ってるメロディでもといわれて、ついにピアノとガンガン格闘しながら音をさぐっていた。ヤコビはついに「ピアノをこわすつもりですか？」といった。「ひじょうに大きな音の違いを聴きわけるには、ものすごい違いをつけなくてはなりませんね」。フェルデンクライスは自分の本のなかで書いていたことを思い出させられた。「刺激を弱めたとき、つまり、努力を減らしたときはじめて感受性は高まるのです。…し

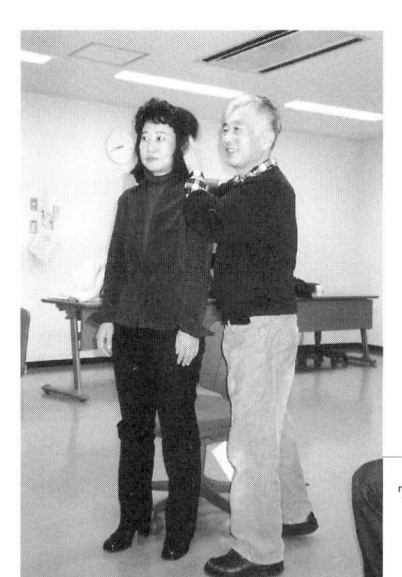

ワークを行う筆者。

だろう。

ほんとうの自分

フェルデンクライスにピアノのレッスンをしたハインリッヒ・ヤコビは1930年頃からエルザ・ギンドラーと一緒にワークすることが多くなった。彼の著書には Jenseits von "Musikalisch" und "Unmusikalisch" などがあり、音楽的才能があるとかないとかを超えて、ひとは生まれだれでも才能があるのだが、それが発揮されていないだけだといっている。つまり生来の自分であることを、自分自身でじゃましている。それに気づきましょうということを、アレクサンダーにもフェルデンクライスにも共通している。

ヤコビが音楽教育における経験からわかったことは、ひとはだれでもそのような生物的能力を持っているから、頭だけの理解では治らないと、ウィルヘルム・ライヒはかんがえた。当時、精神分析では患者のからだにふれること は

スンとしては、イスから立ったり座ったりするチェアー・レッスンと、あおむけにねるライング・ダウンからはじまることが多い。

「感覚的気づき」というと、いわゆる五感で体外からの情報をうけとる訓練かと思われるかもしれないが、これらの再教育で特に注意を向けるのは、ふつう忘れられている第六番目の内感覚 proprioception である。筋肉、腱、関節から伝えられる、からだの位置、緊張、動きについての感覚で「固有感覚」と呼ばれる。外界からの感覚情報がまったくなくなっても、自分はここにいるという感じは残るので、「自己感覚」とも呼ばれる。他の外界感覚が、ふつうには気づかないレベルで、この固有感覚に支えられているとしたら、ジョン・デューイがいったように、教育においてアレクサンダー原理の占める中心的意味は、諸科学のなかで哲学の占める位置にたとえることができる

自分で自分のじゃまをする

自分のもつ生来の能力の発揮を、自分でじゃまをしている、ということになると、それは精神分析のテーマだとおもうひとも多いだろう。おおざっぱにいえば、現在の不合理的な行動の原因を過去にさかのぼって意識化すれば治るとフロイトはかんがえた。しかしその不合理な行動パターンは神経や筋肉には入りこんで、からだそれ自体が「鎧」のようになっているから、からだの

できなかったり失敗することが多くて「才能がない」といわれているのは自分のなかの混乱による。そのため自然の傾向にそぐわない態度/行動がおこる。というわけで教育の役目は適切な態度/行動を回復することだ、とヤコビは言っている。

て、自由に認識し表現することができる環境との意識的で敏感な反応をとおし

■バイオシンセシス関連サイト情報
バイオシンセシス研究センター www.j-b-i.org/biotop.html
日本バランシング協会(JBI) www.j-b-i.org

II部—4　心身とのつながり

筋肉のよろいをほぐすことにより、深層の感情に達する方法はライヒ自身とか心身統一体という立場からいえば、このようにして客観性を維持することは不可能にちがい。フロイトは性を中心的問題と見たが、性をあつかえばそれは家族、社会、文化の問題に大きく連動する。個人の全体的な幸福のために特に青年男女の性を楽にしなければならないと考えたライヒは、当時の共産党などによる社会革命に期待をかけたが、政治の方からいえば、それはふれたくない問題であった。ライヒは精神分析学会からも共産党からも排除され、さらにナチズムを逃れて、アメリカに渡ったが、そこでも彼の著書は1955年に焚書されるなど迫害をうけ、1957年に獄死した。

タブーであった。しかしホリスティックとか心身統一体という立場からいえば、ごく限られた弟子たちにしかできない名人芸のようなところがあったが、アレクサンダー・ローエンがそれを単純化して多くのひとが使えるようになり、Bioenergetics（バイオエナジェティクス）と呼ばれた。深く閉じ込められた感情の「解放」にとどまらず、それを「理解」し、日常生活にどう生かすかという統合的な視点をもちこんだ一派にBiosynthesis（バイオシンセシス）がある。からだからのアプローチをかんがえる場合に、フロイトやライヒを避けて通ることはできない。

■参考資料

伊東博(1999)『身心一如のニュー・カウンセリング』誠信書房

ゲルブ(1999)『ボディ・ラーニング』片桐, 小山訳, 誠信書房

コナブル(1997)『アレクサンダー・テクニークの学び方』片桐, 小山訳, 誠信書房

パーク(1999)『変容の術』片桐, 小山訳, 新水社

フェルデンクライス(1982)『フェルデンクライス身体訓練法』安井訳, 大和書房

ブルックス(1986)『センサリー・アウェアネス』伊東訳, 誠信書房

ローエン(1994)『バイオエナジェティックス』菅, 国永訳, 春秋社

心身との
つながり

Ⅱ部
4

東洋的身体観
Eastern Somatics

――認識論として見る日本人の身体観――

岩崎　正春

ホリスティックな身体観を育てる「共通体験の場」の創造を

この小論は、認識論（人間がどのように知識を扱ってきたかを研究するもの）への導入として「日本人の身体観」をとりあげ、次の二つの視点から捉える。まず、言語（ヨーロッパ語、インド語、中国語、日本語）の特性（表記文字・統語法など）によって「身体を含めた世界」のとらえ方がどのような特徴となるかを論ずる。次に、社会文化的な比較から、身体に対する意識が常識によってどう違っているかを述べ、最後に提言をおこないたい。

認識論としてのとらえ方

「身体観」を考察するとは、「自分を含めた現象世界の見方（世界観）」のなかで「身体」を取り上げることである。そのときに「どの視点から何とくらべているか」を確かにしないと、議論がかみ合わなくなる。

「観」は視覚概念である。「観」という概念は、他の感覚体験や、抽象度の高い概念、内的・直観的な体験の表現に使われることも多い。

身体観の議論には困難なことが一つある。脳の中で「身体感覚」と「言語」は違った場所で処理される。そのため身体感覚は、言葉の思考にのぼりにくい。通常は気がつかない。特別なときにだけ「痛み・苦痛・疲れ」や「快感」として感じられる。にもかかわらず「身体（観）」に注目し、そのことを高め、体系化した

伝統がある。インドの仏教・ヨーガ・アーユルヴェーダ、インドの仙道・武道・中医学、日本の武道・芸道・健康法などである。これらについては、のちほど述べる。

表音文字と表意文字の発想の違い

インド・ヨーロッパ言語は、表音文字を使う。表音文字は、脳の中で、音として側頭葉の聴覚中枢で処理される。表音文字を使う日本語の場合は、「かなやカタカナ」は音として聴覚中枢で処理されるが、漢字は「顔」と同じように、視覚野で処理される。

文章を書く場合には、インド・ヨーロッパ語では、内容にあわせたイメージを想像しながら、それを音としての

文字情報に変えてゆける。日本語で書く場合は、漢字を紙に書く。このとき長所と短所が同時に起こる。眼は一度にたくさんの情報をつかむことができるので、紙上のたくさんの漢字(概念)を認識し、多くの関係に気づくことができる。短所としては、視野はすでに使われているので、内容をイメージすることができない。そのためか、日本人が話す英語には、代名詞や冠詞(a, an, the, he, she, they)や方位語(前置詞)などのまちがいが多い。

ヨーロッパ語でみる身体

ヨーロッパ言語の特徴として、英語を例にとれば、Be動詞をつかった「Aとは何であるか(be)」—One and two are three. (1+2=3)—という等式型(方程式)の文型と、主語+動詞型(主語+動詞+目的語など)の文型がある。人の思考は、言語の統語法とともにあるから、ここには「Aとは何か」という疑問・定義型の思考と、「何がどうする。その結果、どうなる」というアクション型の思考が生じる。それが西洋の対話(ディア・ロゴス=二つの論理)やディベートの伝統を育てた。また科学的仮説証明(検証)の方法論を育て、物質文明を築いてきた。それは確かに、単独の現象の分析や原因結果を時系列的に説明するのには適しているが、それ以外の現象では最適とは言えないこともある。

鈴木大拙によると、日本語では「犬は足が四本ある」「雨です」というが、英語では A dog has four legs. It rains. となる。犬は、手にものを持つように足を持つのではない。の It は、論理的には何も指していない。日本語では「ぼくは、カレーライス」「あなたは、トンカツです」は正しい日本語型(主語+動詞型)である。これを英語に単純に置き換えると、英文にならない。世界の認識方法が異なるのである。

単語が文中の役割で変化する屈折語であるヨーロッパ語には、ジェンダーがある。男性名詞と女性名詞である(英語では消えかけている)。したがって無意識に働く女性原理・男性原理というユングの見方は、受け入れやすい。

表音文字(音による思考=時間がかかる=一方向への展開)	表意文字(視覚処理=多方向へ展開可能)
ヨーロッパ言語:○ABCの表音文字。「Aとは何か(疑問・定義型)」「何が何にどうする。結果、どうなる(作業型)」思考。●身体観:「Body-Mind-Spirit」と概念を分解する。境界をハッキリさせる。●「進化」とは「分化・細密化・複雑化すること」。	中国語:○漢字。○語が孤立した意味をもつ(孤立語=品詞区別なし)。連結により文をつくる。○仏教教典を完全に訳せなかった。●身体観:人間の身体を「自然の土地(丹田)」や「小宇宙」とし、修行をする。●緻密で実用(現世利益)的な技法。
インド語:○表音文字(祖語はサンスクリット。緻密な統語法)。○世界のすべてが「化身」という認識(実際の観察の停止)。○現実的・未解決問題より霊性(来世)至上主義。○宗教・哲学・音楽・医学・食事・健康法がつながっている。●身体観:肉体・微細身・原因身が同心円上の重層構造をなす。	日本語:○漢字(視覚処理)とかな(聴覚処理)。○膠着語=自由な語順、省略多し。言葉以外の要素を重視。対話には不向き。○「思いやり(感謝とおわび)」「議論とは対立の別名」「定義をしない(他との違いを重視しない)」●身体観:形式重視。「変化・消失、単純化=日本化」。●ハラ(胆・丹田)の重視。

作成/岩崎

動物は分類可能であるが、海や空などの無生物や抽象概念への適用には無理がある。しかし、文法の決まりから逃れて考えることは簡単ではない。

ヨーロッパ語では単数形、複数形が区別されていて、代名詞の形が変化し、動詞も変化するが、これらは中国語や日本語にはない。外国の大学などで中国人や日本人の先生が、代名詞やジェンダーや数をまちがえた英語で、内容のある講義をしていることもある。言葉の文法の流れと、内容の展開は同じではないからである。

ヨーロッパの人間観と黙想

「始めに言葉（ロゴス）ありき」で始まる聖書に見られるように、ヨーロッパでは、哲学も宗教的な教義も論理的であること（ロゴス）が尊重されてきた。対極の概念であるエロスは、アダムとイブの楽園追放という聖書の教えによって禁圧されてきた。（禁圧

されたエロスが無意識の力、リビドーとして働いていると、フロイトは説いた）

人間を「Body-Mind-Spirit」（ボディーマインドースピリット）と分解して見ているヨーロッパ的な考え方の中で「進化」とは、思想や技術の分野でも、「分化・細密化・複雑化すること」と同一視されてきた。その枠に捉われたヨーロッパ人に瞑想はできるだろうか？ 敬虔なキリスト者の宗教的生活とは、言葉で祈り、賛美歌を歌い、労働し、黙想することである。黙想は、聖画などを見つめ、黙ってイエスを愛し、言葉で祈り・考え続けることである。ボディは、肉欲の源とみなされているから、身体の一部に意識を集中するような瞑想は避けられる。禅宗のように「考えや意識をなくすること」は「神を想う行為の中断」となる。それでも呼吸に集中することは、受け入れやすい。

「呼吸は身体ではない」と考えている

のだろうか？ ヴィパサナ瞑想や曹洞禅をする人は多い。

ヒンドゥー語圏の身体観

ヒンドゥー語の祖語のサンスクリットは、ヨーロッパ語の仲間である。文法、シンタックス、音韻など極めて論理的なルールがある。文化は、論理的であり実際的でもある。宗教・哲学・音楽・医学・食事・健康法がつながっている。初期仏教は、身体の苦行を外道とし、物事の原因・結果を説いて論理的であったが、その後、大乗仏教になり、密教になり、ヒンドゥー教になるに及んで、身体感覚もセックスも「聖なる宇宙のエネルギーの流れそのもの」という解釈になった。

インドでは、三つの身体を修行の対象とする。死とともに消滅する「肉体」のむなしさに気づき、「微細身」の能力を高め、「原因体」（輪廻転生する）にまで超越していくのが修行である。

ヨーロッパのように、死んだら「消滅」すると考えないで、死んでも別の身体になるとする。

中国語圏の身体観

中国語は漢字をつかった表意文字を使う。一語一語が孤立した意味をもつ孤立語である。名詞も動詞も形容詞も同じ形である。語が連結されて文になり、文中での語の働き（品詞）が生まれる。ジェンダーはない。動詞も時制もない。単数・複数の規則もない。そのような特性のために、完全に訳しきれない教典を中国語には、論理的な仏教かった。しかし、中国の瞑想の技法は実用的で、実に多様である。人間の身体を「自然の土地」や「小宇宙」とみなし、修行する。練丹法には、気海（丹田）を田として、そこを「耕す」という修行法がある。小周天や大周天の修行では、身体を「小宇宙」として、星が天を巡るように「気」を巡らす。動

物の動きをまねた拳法や導引法もある。キリスト教では「人間より下位の動物をまねて健康になる」という発想は生まれにくい。

日本人の身体観

日本語はいわゆる膠着語であり、語順は決まっていない。「私が明日空港まで友人を迎えに行く」という文章は、「て・に・を・は」さえ間違えなければ、どんな順番でもなり立つ。「ぼくは、カレーライス」のように、わかりきっている語はなるべく省略する。最初の言葉は、主語ではなく、その状況で、最も大切な言葉（話題）である。何が重要かは、人によって違う。言葉以外の雰囲気や、声の調子などに注意を払い、表現されなかった内容を推測しなければならない。対話には不向きな言語である。逆に「感謝とおわび」、追求しない表現、逃げる間を与えあう表現（どうも・まあまあ・ぽちぽち、

など）が豊かである。閉鎖社会なので、意見や感情をオープンにしない。一度、出してしまうと修復困難になるから、「見て見ぬふり」という「思いやり」（裏返すと八百長）が求められる。

日本の歴史を見ると、支配者（貴族・武士・役人など）は、合意されたルール（論理）ではなく、力によって支配してきた。裏切り防止に人質を取ってきた。下の者たちは、支配者を怒らさないように、議論の的になることを避けた。支配者階級の武士に影響を与えた禅宗は「不立文字」を唱え、言葉軽視を助長したとも言える。

日本の神道のカミ（神々）は、西洋の全知全能のGodとはちがう。自分よりもカミ（上位）の位置にいるものは区別なく、お上として敬い、祟りを怖れた。日本人は、山や海、島や土地、木や石、動物、先祖、昔の偉い人、外国の神々、支配者、年上の人などを、明確な区別なしに祭ってきた。悪い存

在でも、危害がないように、鎮めるために祭ってきた。「さわらぬ神に祟りなし」のように、日本の神々は「愛しい、親しい神様」とは限らなかった。

日本の仏教にみられる身体観・技法の変化

日本に仏教が伝わり広まるにつれて、日本的な変容が起こった。漢語を理解する人が少なく、まず経を覚え、唱え、写経することが最初で、論理的内容の理解は二の次であった。内容よりも紙と文字に価値をおいた。わからなくても、唱え続けることに意味があるという日本人好みの解釈になった。密教や仙道の身体（複数のチャクラ）に対する集中法や呼吸法もしだいに消失してきた。身体に対する修行が忘れられ、修行は仏像や梵字を観想したり、マントラを唱えることへと変化した。残ったものは、ハラ（胆・丹田）への集中である。柳生宗矩などの武道の

達人たちは、丹田への修行の結果、チャクラ集中によって生じるのと同様の超意識を体験している。相手の心を見抜き、相手の動きも「気」の力で制した。

一つのチャクラ（丹田）だけに集中することにより、相対的に他の部分の機能が下がり、心身のバランスが壊れることもある。このために禅病になった白隠は、京都北白川の仙人から「軟酥の法」（頭から下へと身体全体をイメージする方法）を習った。この方法は、ヴィパサナやヨーガやチベット密教や中国仙道には元々あるもので、全体性をとりもどす技法である。

伝統的庶民の身体観

かつての日本では、少数の支配階級の下に、大多数の庶民（農民・漁民・職人など）がいた。したがって民衆の身体観があったと考えられる。民衆は仕事を通じて自然と深くつながりあった生活をしていた。労働の唄があり、祭りの唄があっ

た。歌と踊りは、日常の中にも祭りの中にもあった。「誰かが歌い、太鼓や三線が聞こえれば、身体が踊り出す」というように、「場」（ゲシュタルト）ができると、歌や踊りが起る。マインドで動いているのではない。

共通の体験の場

シンプルな労働唄や手踊りは、芸術性は低いかもしれない。しかし「共通の体験の場」（ゲシュタルト）の中で、歌や踊りによって「感情の解放」が起こり、労働の感覚や、昔の記憶などが鮮明に蘇ってくる。ここには重層的な内的世界の体験が存在する。これは今も沖縄の離島では健在である。仕事が終われば「宴会」がある。飲み屋がなくても、誰かの家が「あすびの場」となる。そこには全世代がいる。誰かが三線を弾ける（学校で基本を教えている。エイサーの踊りも小学校の運動会でやる）。運動会は村全体の行事であ

ホリスティックな身体観を考える

人間の視覚認知は、単純化され誇張されたものに、本物以上に強く反応してしまう。そのため写真・テレビ・アニメなどを通じてみる身体像のほうに強く影響されるのである。その結果、現代人の身体観は歪んでしまっている。たとえば日本の女性は、異常なほどやせている身体を好ましいと感じているようである。

私たちには20世紀後半の高度成長期に手に入れた快適な生活はあるが、それによって「共通の体験の場」は失われた。自分の帰属する自然豊かな懐かしい場所（家庭・シマ＝故郷＝島・山）をなくしたり、作れなかった人は多い。本来そういう「場」なしに、健全な身体観（世界観）は語れないし、作れないと思われる。

しかし、発想を逆転してみよう。「共通の体験の場」をなくした人や、はじき出された人は幸いである、と。そのような人たちは新しい場所で、意志の力を発揮して「高みある生き方（質的可能性）を実現できるような「共通の体験の場」をつくりだすことができるだろう。あるいは、自分で選んで「共通の体験の場」が残っている所に行き、その一員となることも可能である。

イメージをしてみよう。いろいろな個る。自然豊かな沖縄は、「共通の体験の場」が今も残っている場所である。

性豊かな町がある。クラシックが盛んな町、ロックが盛んな町、フラメンコが好きな人が集まっている町もある。武道の盛んな町、ヨーガの町、カヌーの町など、想像（イメージ）力を生かしてみよう。

善意ある意志の力を育てよう。そして小さな力をつみ重ね、ホリスティックな身体観を育くむ「共通の体験の場」を創造しよう。

■参考資料

デュルクハイム(1990)『肚ー〈はら〉人間の重心』下程監修,落合他訳,広池学園出版部

野口三千三(1996)『原初生命体としての人間』岩波書店

湯浅泰雄(1986)『気・身体・修行』平河出版社

湯浅泰雄(1990)『身体論』講談社学術文庫

湯浅泰雄(1994)『身体の宇宙性』岩波書店

回連絡先
岩崎正春
E-mail
hal4life@joy.ocn.ne.jp

http://www6.ocn.ne.jp/~joy2life

野口整体
Noguchi's Seitai

心身とのつながり

II部 4

本庄 剛

野口整体は、二〇〇二年に再版された『整体入門』（ちくま文庫）がロングセラーとなるに及んで、ようやく広く知られるようになってきたと言えるだろう。その創始者である野口晴哉（1911〜1976）は、生涯にわたって整体指導に携わる一方で、「潜在意識教育法」として、子どもの養育や教育についての実践的な理論を展開している。整体指導というまさに「臨床教育」的な実践のなかで培われた眼を通して、子どもという存在を生き生きとしたものとして捉え、その成長を育む大人たちのかかわり方について、さまざまな新しい視点を切り開いている。ここでは、その基本的な問題意識を取り上げて、ホリスティック教育との関連を浮き彫りにしてみることにしたい。

まず野口晴哉は、「天心」という毀誉褒貶（よほうへん）のない青空のような自由無碍（むげ）なのだと言えるだろう。

それは、彼の著作を読んだり、あるいは彼の生前の講義テープに耳を傾けるときにいつの間にか誘われる、深としながらパアッと明るく開けたような意識の向こうにあるものかもしれない。いずれにしても、さまざまな囚われから解き放たれて、透明な深みと広がりをもった「天心」をもう一度取り戻すことと、子どもたちが生きている「天心」をさまたげないで育てることが、大人あるいは親としての私たちの課題なのである。そして、その課題を成就していくためにはどうしたらいかを模索するなかで、彼は「整体指導」や「潜在意識教育」を展開していったのだと言えるだろう。

野口は「整体指導」という文脈のなかで、「愉気法」と呼ばれる手当て法と、身体の裡（うち）から起こる自然な動きに身を任せる「活元運動（かつげん）」を、自分独り、あるいは家族で日常的に行うことのできる健康法として紹介している。そして、誰かに愉気をする際には、治してあげようとか、気を送ろうとかいったことは考えずに、ただポカーンと「天心」になって手を当てればいいし、「活元運動」をする際にも、何も考えずに「天心」になって自然に動きが湧き起こってくるのを待てばいいと言う。ところが、そうやってポカーンと愉気をしたり活元をしたりしていると、ます

ますポカーンとしてきて、「天心」が深まっていく。もちろん愉気も活元も、病気を治したり苦痛を和らげたりする効果はあるのだが、野口はその効果そのものよりも、「天心」を実現することに目的を置いていたのである。

このように「天心」を実現する基準を臨床活動における基準にするとき、従来の疾病観や治療観は根本的に変わらざるを得なくなってくる。まず疾病観に関しては、病気か否かではなく、病気が「天心」の実現を妨げているか否かに、診断の基準が移しかえられることになる。実際、慢性病や不治の病に苦しみながら、深く澄み切った心を体現するようになる人たちも存在している。そのときには、逆説的に聞こえるだろうが、病気が癒しや成長を促す役割をはたしていると言えるかもしれないのである。そこまで行かない場合でも、「天心」が妨げられているか否かという基準に照らして、治療の仕方や治療関係、

看護のあり方などが問い直されることというのである。具体的には、治療者や看病人が無自覚のうちに自分のニーズに合わせて治療や看病をすると、かえって病人の依存を招き、自らの力で治っていく勢いを殺いでしまう場合がある。「天心」が生かされるように配慮するなら、治療や看病を「すること」だけでなく、「しないこと」も大事な技法になってくるのである。

また、治療観に関しては、「病を治す」という従来の考え方に対して、「病を経過する」という新しい発想が打ち出され、その発想に基づいて具体的な治療技法が再構成されることになる。たとえば、風邪を引いて熱を出したときには、普通なら発熱という症状を除去すべきものとして捉えて、解熱剤を飲んだり氷枕をしたりして、熱を下げようとするだろう。しかし、野口の観察によれば、うまく熱を出しきって風邪を経過すると、風邪を引く以前より

も心身のバランスが整って健康になるというのである。そこで、風邪の症状を無理に食い止めるよりも、風邪の健康法としての効果を最大限に引き出すには、どうやって風邪の症状の経過を助けたらよいだろうかということが、治療を工夫するためのポイントになってくるのである。

以上のような、疾病観や治療観の根本的なパラダイム転換は、子育てや教育の分野にはどのように波及するのだろうか？ そのエッセンスは野口晴哉の著書『叱言以前』に詳しいが、ここ

ではその概略を交えながら簡単な考察にとどめることにしよう。たとえて当たり前の行為が、多くの場合、子どもを叱ったり誉めたりする親としての「天心」の顕現を妨げたり壊したりしている、と野口は指摘する。親や教師は、自分の思いこみや勝手な想像を子どもたちに投影したり、あるいは「かくあるべし」という理想を子どもたちに押しつけたりすることによって、かえって子どもたちを「天心」から遠ざけてしまう。大人の方が子どもより優れているという暗黙の前提に基づいて、知識や技能の伝達や、上意下達的な躾を行なうことだけに子育てや教育の意味を見出そうとするなら、私たちは子どもたちのなかに「天心」を見出すことはできないだろう。逆に、「天心」に関しては、私たち大人の方が子どもたちと接するなかで「天心」を育てようとするなかで、同時に自分の「天心」を再発見し、再養育していく必要があるのだと認識しなおすとき、子どもたちのなかに「天心」を感

じとり、それに寄り添っていくことが初めて可能になるのである。

では、子どもたちの「天心」は、具体的にどのような現われ方をしているのだろうか？ また、具体的にどのようなかかわり方が「天心」のなかで描いてみせることによって彼は、「天心」をどこに探したらいいのかも分からない大人たちに対して理解の道を開いているのである。そして「愉気法」や「活元運動」によって「天心」が顕現するような器を準備しはじめとする大人と子どものあいだの関係性が「天心」によって満たされることを目指したのだと言えるだろう。その詳細について語るのは、本書の範囲を超えているので、実際に野口晴哉の著書（特に、「潜在意識教育法叢書」に収められているもの）を手にして、その語り口に実際に触れていただきたい。

野口晴哉が論じた「潜在意識教育法」は、そうした大人たちのために用意されたものだと考えられる。子どもたちの「天心」が実際に現れている場面や、それが大人たちの心ない対応によって妨げられていく場面を、具体的な事例のなかで描いてみせることによって彼は、「天心」をどこに探したらいいのかも分からない大人たちに対して理解の道を開いているのである。

Ⅱ部—4 心身とのつながり

以上を踏まえて言うと、「整体指導」が臨床の場において「天心」を実現していくための試みであったとするなら、そこで実現された「天心」を世代を超えて共有していくための試みが「潜在意識教育」であったと言えるだろう。野口整体は、心身のみならず、それを根底で支えている「天心」にもアプローチしている点で、ホリスティック教育のひとつの先駆と言えるものである。だが、それにもまして重要なのは、それがホリスティック教育のさまざまな理論や実践を有機的にまとめうる臨床教育的なパラダイムを提示している、という点であろう。

最後に、関連文献をいくつか紹介しておく。永沢哲の『野生の哲学』は、

さまざまな現代思想やチベット密教の思想や実践を引いて、宗教人類学的に野口晴哉の言葉を読み解いていくことを試みたものだが、野口晴哉の思想の深さと全体像を知るのに、現時点では最良の書と言えるだろう。また島薗進他編『癒しを生きた人々』では、主に宗教社会学の立場から、明治後期から昭和初期にかけて生まれた「近代知のオルタナティブ」としての民間医療が概観されているが、そうした時代的な流れの中に野口晴哉の思想と実践が位置づけられており、今後のホリスティック教育のあり方を考える上でも参考になる。最後に、「気功」という文脈から野口整体を取り上げている『気で治る本』（別冊宝島220）も、

ホリスティック医学に多少ともかかわりのある実践家たちの文章が集められていて、身体技法という視点から野口晴哉の業績を展望することができる。

■参考資料

島薗進他編(1999)『癒しを生きた人々』専修大学出版局

永沢哲(2002)『野生の哲学』青土社

野口晴哉(1962)『叱言以前』全生社

野口晴哉(1976)『健康生活の原理－活元運動のすすめ』全生社

野口晴哉(2002)『整体入門』ちくま文庫

野口晴哉(2003)『風邪の効用』ちくま文庫

別冊宝島220(1995)『気で治る本』宝島社

野口晴哉の著作は全生社(03-3707-3227)から刊行されている。

Visualization イメージワーク

心身とのつながり

Ⅱ部 4

手塚 郁恵

イメージワークとは何か

イメージとは心の中で体験する感覚である。私たちは、想像の中で、柔らかい猫の毛並みを感じたり、紅いバラの花を見たり、誰かが自分の名前を呼んでいるのを聞いたりすることができる。想像の中で泳いだり、走ったりすることもできる。イメージには、視覚、聴覚、運動感覚、皮膚感覚、嗅覚、味覚などがある。

イメージの中で私たちは、今目の前にある現実世界とは別に、自分の内的世界の中でさまざまな体験をすることができる。このような体験は、私たちの心と体に大きな影響を与える。たとえば梅干を口の中に入れたと想像するだけで、つばが出てくる。高いところに立っていると想像するだけで、足がすくむ。イメージによって心の安らぎや、いきいきとしたパワーを感じることもできる。体や無意識には、イメージ体験は実体験と同じように感じられるのである。

シュタイナー教育、故河津雄介先生の合流教育、サイコシンセシス教育などでは、イメージワークやメディテーションは非常に重要な一部となっている。

教育の中でイメージワークを使うと、次のような成果が認められている。心と体がリラックスする、心の安らぎや喜びが生まれる、集中力、記憶力、理解力が育つ、内部感覚がめざめる、自分に気づき、意識的に生きることができるようになる、直観力、創造力にするので、イメージは知性と感性の統合も可能にするので、各教科、総合学習などにも大いに活かすことができるだろう。

私たちの環境では、ゆっくりと静かな時間がほとんどなくなってしまい、自分が何を感じ、何を思っているのかにも気づかなくなり、内なる自分、ほんとうの自分とのつながりを失っていることが多い。それを取り戻すためにも、内面とのつながりはなくてはならない。

イメージワークのやり方

まず、あたたかい受容的な雰囲気をつくる。安心して自分でいられる安心感や信頼感がなければ、ゆっくりと内側に向かうことはできないだろう。目

II部—4　心身とのつながり

を閉じ、リラックスして深い呼吸をする。何も考えず、ただ聞こえてくる音に耳を傾けているだけで、心も体もゆったりと落ち着いてくる。それから、教師のインストラクションを聞きながら、自然に浮かんでくるイメージを見ていればよい。最初は何も出てこなくてもよい。無理に何かをイメージしようとしなくてもよい。終わったあとで、みんなでわかちあいをするなら、いろいろなことに気づくことができるだろう。

一人ひとり、みんな違う、自分は自分でいい、という感覚が生まれてくるかもしれない。思ってもいなかったことが出てきて、びっくりするかもしれない。作文や詩、絵、歌などが生まれ

てくるかもしれない。イメージは、人間の新たな可能性を引き出すことができる。教育の中でイメージワークを活かしていけば、学習の質的な変容が起こってくるのではないだろうか。もっと豊かな、もっと創造的な、もっと深い学びが起こってくるに違いない。

■参考資料

アクターバーグ(1991)『自己治癒力』井上訳, 日本教文社

ガワイン(1999)『理想の自分になれる法』宮崎訳, 廣済堂

河津雄介編(1982)『合流教育』学事出版

キング(1998)『癒しのイメージ・トレーニング』小谷訳, 春秋社

クリスタル(1993)『心の執着を超えて』黒木訳, 創元社

グローバーマン(2002)『イメージワーク入門』斎藤訳, 春秋社

手塚郁恵, 高尾威廣(1998)『子どもの感性がすくすく育つイメージワーク』CD付, 学事出版

ホイットモア(1990)『喜びの教育—サイコシンセシス教育入門』手塚訳, 平松解説, 春秋社

ロスマン(1991)『イメージの治癒力』田中, 西澤訳, 日本教文社

心理療法 Psychotherapy

心身とのつながり

主流の心理療法はホリスティック教育と接点が少なかった

矢幡 洋

心理療法の主流をなしてきたものは、精神分析と行動療法（あるいは、より現代的な認知行動療法）だった。

精神分析の創始者フロイトは、人間は本能として性衝動と「死の本能」というエネルギーをもっていると考えた。しかし、多くの性衝動は抑圧され、無意識の欲動となり、人間の行動とりわけ病的な行動はそれによって規定されていると考えた。その後の精神分析は、人間の心の内部構造を想定して、より精緻なモデルを作ろうとしたが、一貫して「専門的心理療法家がクライアントの提供する自由連想や夢などの材料にもとづいて解釈を下さなければならない」とするものであった。

行動主義の流れに立つ心理療法は、「人間の行動は刺激と反応というメカニズムによって形成される」と考えた。いわば、病理的な行動は、ある刺激に対して不適応な行動が結びついてしまうという条件反射によって形成されると考えたのである。行動主義は、その後、人間の心を情報処理システムとして、コンピューター・モデルで考えようとする認知心理学の影響を受け、不適切な行動を引き起こすと考え、そのような認知の図式を修正しようとする認知行動療法へと発展し、アメリカでは最も有力な立場となっている。

心理療法の歴史の主流をなしてきたものは「人間の病理的な部分に注目する」「人間の心の作用にはあるメカニズムにもとづいて因果関係によって規定されているものとみなす」という発想であり、ここから出てくる人間像は、「メカニズムの奴隷」であるにすぎない宿命論的・機械論的なものであり、ホリスティック教育の人間観と共有される点は少ない。

もちろん、このような流れの中にもホリスティック教育と接点のある分派があることも見逃してはならない。たとえば、ユング心理学は人間を、「セルフ」と呼ばれる心理的な全体性に向かって、異質な要素を統合し、成長してゆくものであると考える。そしてそのような統合された心理的全体性は、密教のマンダラなどの宗教的・文

化的シンボルによってのみ動かされているのではなく、自ら目的を目指して能動的に行動するものであることがわかる。性衝動や攻撃性など、人間特有の高次の精神的領域を重視した。

また、アドラー心理学や、ヒューマン・ポテンシャル心理学などにも影響を与えている。性や成長に注目するものである。

教への強い関心などは、ホリスティック教育と関係の深いトランスパーソナル心理学などにも影響を与えている。また、アドラー心理学も、人間の全体性や成長に注目するものである。

人間性心理学の人間像とホリスティック教育

その基本的哲学がホリスティック教育と深く共鳴しうる潮流としては、人間性心理学をその本格的な端緒とすべきであろう。人間性心理学は、マスローを創始者とする。人間性心理学は人間の心理現象を人間という全有機体の中の一現象と考えて、それが人格全体のなかでいかなる意味を持つのか、という関連のなかでとらえなければならないと考えた。人間を部分の寄せ集めとしてではなく、全体としてとらえると、それは、外的刺激や内部のメカニズムら、人間性心理学は人間を、動物的な衝動から高次の精神的欲求まで立体的な階層性を持つものとして考えた。

マスローは、人間の行動を食欲・性欲などの動物的次元の動機に還元して説明しようとする従来の心理学を批判し、価値・美・真理・生きがい・社会性な

注目した現象は、それだけ切り離してしまうと何の意味も持たず、人間の信念・目標・価値観のなかで統合されたときに初めて心的機能として有効に働くのである。このように全体的な人間把握を重視することから、

ヒューマン・ポテンシャル・ムーブメントとホリスティック教育

人間性心理学を理論的なバックボーンとする心理療法は、はっきりとは存在しないが(ロジャーズのクライアン

ト中心主義療法が人間性心理学に含めてとらえられることも多いが）、マスローが最も大きな影響力をもちえた1960年代に始まるヒューマン・ポテンシャル・ムーブメントは、その精神を共有した一つの社会運動であり、ホリスティック教育と深い関係を持つものといえよう。

1962年、カリフォルニアで創立されたエサレン研究所は、世界で初めての「成長センター」と呼ばれた。ここでは、従来の心理療法の個人面接よりも、「ワークショップ」と呼ばれる一種のグループ体験学習が無数に行われた。ワークショップとは、ホリスティック教育においても重要な方法論となるものである。リーダーは、多くはファシリテーター（促進者）と呼ばれ、従来の心理療法の権威的な治療者に比べると、はるかに参加者の地位に近い。ワークショップの主役はあくまで個々の参加者であり、それは参加者

が自ら何かをやってみることによって、その体験から何かを得て、自らの潜在的な可能性を開発しようとする小集団活動である。

エサレン研究所では、センサリー・アウェアネス、ロルフィングなどの各種ボディーワーク、ゲシュタルト療法、トランスパーソナル心理学の技法の一部など、本書の他のセクションで取り上げているホリスティック教育と密接な関係を持つ多くのアプローチが、この研究所で磨きをかけられたり、また、開発されたりした。

未開拓の問題——短期療法とホリスティック教育

従来ホリスティック教育との関係が想定されなかったが、解決志向セラピーをその代表とする短期療法の本質

は、「クライアントの力を徹底的に信頼し、クライアントが自らの力を発揮できるように援助する」という姿勢であり、その背後にある人間観は「人間とは、目標さえ設定されれば、それに向かって自ら歩み始める意欲的な存在である」というものである。短期療法は、その際「目標」は外部から与えられたものではあってはならず、「クライアント自身が実現したいと願っていること」を、心理療法における絶対的な唯一の規範であるとみなす。そのため、クライアント自身が抱いている価値観の世界を無条件に尊重する。ブリーフ・セラピストが行うことは、ただクライアントが自ら目標実現に至るための具体的なステップを明確化するために、対話的な援助を行うことである。

短期療法は、クライアント自らが考え出す解決策が最高の解決策であると考える。このようにクライアントを

II部—4 心身とのつながり

徹底的に信頼する姿勢は、同時にクライアントに対して自ら方向性と具体策を考えさせるという、クライアントに自己責任を求める姿勢でもある。また、解決志向セラピーなどの主要流派は、システム論を基本的な世界観としており、「さざ波効果」によって小さな変化がいずれは次々に変化を呼び起こし、人格全体にまで広がるから、心理療法はその最初の変化を生み出せば十分だと考える。短期療法は、心理療法家とクライアントの関係を「サービス提供者と消費者」と割り切り、クライアントの経済的負担を最小限にすることをよしとして、「人格の成長」であろうと「他者や自然との調和的な関係の実現」であろうと、クライアントが

はっきりと口に出していない目的を心理療法家が治療に持ち込むことを厳格に排除する。解決志向セラピーなどは、その人間観においてホリスティック教育の人間観と多くを共有し、またクライアントの意欲を引き出したり、長所をさらに伸ばす具体的なハウツーを持っているだけに、ホリスティック教育との微妙な相違は、建設的な問題提起につながるものであるといえよう。

■参考資料

アンダーソン(1998)『エスリンとアメリカの覚醒』伊東訳,誠信書房

ディヤング,バーク(1998)『解決のための面接技法』玉置他訳,金剛出版

上田吉一(1988)『人間の完成－マスロー心理学研究』誠信書房

矢幡洋(2002)『立ち直るための心理療法』ちくま新書

■サイト情報

矢幡心理教育研究所
www.yahata-sinri.com

上：California Institute of Integral Studies（サンフランシスコ）www.ciis.edu
心理,宗教,社会,教育など広範囲におよぶホリスティックな研究で世界をリードする大学院.
下：Northern Edge（アルゴンキン,カナダ）www.algonquincanada.com

心身とのつながり

ハコミセラピー
Hakomi Method

II部 4

手塚 郁恵

ハコミセラピーとは何か

ハコミセラピーは、体と心のつながりを重視する心理療法であり、1970年代の終わり頃、アメリカのセラピスト、ロン・クルツによって創りだされた。ハコミとは、ホピ・インディアンの言葉で「あなたはどんな人間なのか」という意味である。

ハコミは、仏教やタオイズムを土台にし、現代のさまざまなボディセラピーから影響を受けている。また、一般システム論からの影響もある。つまり、生きている有機システムとしての人間は、物質とエネルギーをみずから組織化し、その目的やアイデンティティを維持するようなやり方で、自分が必要とするものを環境から選び取る。人間はみずから自己修正し、たえず生成していく存在なのである。

ハコミは次のような五つの基本的原理に立っている。第一に、上に述べたような、有機システムとしての人間という考え方である。これに関連して、個人の中にある無意識の目的やアイデンティティ（これをコアビリーフといっている）が変わると、体験がすべて変わってくる、という仮説がある。

第二に、マインドフルネスである。これは、リラックスして内側に意識を集中し、そこで今起こることに気づいていく意識のあり方である。これによって、意識と無意識とのつながりが出てくる。

第三に、ノンバイオレンスである。これは、その人の癒しのプロセスはその人の中で起こることであり、どのような方向に進むのかも、その人の内部で起こるということである。セラピストはそのプロセスに寄り添っていくのであり、セラピストがよいと思う方向にもっていこうとするのはバイオレンスになる。

第四に、心と体の統合、ホーリズムである。心と体、意識と無意識、そして自分の中のさまざまな部分がつながりとコミュニケーションを取り戻し、統合されていくことによって、全体的な存在になっていく。

第五に、ユニティ、すべての存在とのつながりである。癒しとは、つながりの回復なのである。

ハコミの目的はセルフ・スタディ

「セルフ・スタディ」とは、クルツの定義によれば、「自分自身の心や行動を理解すること。目を閉じて自分の内面に集中すること（マインドフルネス）によって生まれてくる気づき」である。ふつう自分の心や行動は習慣化されていて無意識のうちに働くものであり、したがって、考えることや行動することを一時ストップして初めて見えてくるものである。

たとえば、ある女性が「自分がまわりの人たちにいやな感じを与えることがたまらない。自分はそこにいてはいけないと思う」と言う。その人の中に出てくる言葉を代わりに言ってあげると、何か別のことが起こることが多い。これをテイク・オーバーというが、「人にいやな感じを与えるから、そこにいちゃいけないよ」と私が言ってみると、

彼女は、「グサッと刺されるみたいに胸が痛い。そんな言葉は聞きたくないよ」と言う。そこで、今度はその二つを言ってみる。彼女は、初めのはつらいけれど、あとのほうは、少し気持ちが楽になり、胸がいっぱいになって何かがこみあげてくる、と言う。

そこで彼女は、自分の中に二つの部分があって、一方がもう一方を否定し、とてもつらくさせていることに気づく。ここで初めて、自分の中の構造に気づくのである。これが、セルフ・スタディのはじまりである。

さらに、自分の心の奥底には、自分を肯定したい気持ちがあることに気づく。しかし、どこかでそれに抵抗する部分がある。何のために、そうやって自分を否定しているのだろう？ こうして、セルフ・スタディが深まっていく。

そして、ついには「自分は存在してはいけない」というコア・ビリーフに到達するかもしれない。そして、それ

がどのようにして作られてきたかもわかっていく。自分の感じ方、思い方、行動すべてを組織化していたコア・ビリーフの存在に気づき、それが変容することによって、もっと自由に、もっと自分らしく生きていけるようになる。

セルフ・スタディを可能にするもの

コア・ビリーフの形成には、誰からも理解されることもなく、受け入れられることもなかった子どもの頃の体験

がかかわっていることが多い。自分でも見るのがつらくて見ないようにしてきた部分に光をあてていくためには、ほんとうに安心でき、信頼できる関係がなくてはならない。

その関係づくりのためには、まずセラピストが相手の人にあるよいものを感じ、セラピスト自身が勇気づけられ、その人のことを心から共感し肯定できるようになることが大切である。これを「ラビング・プレゼンス」といっている。そこから、あたたかさと深い共感にあふれた関係が生まれていく。

そして、子どもが成長するために必要だったにもかかわらず得られなかった体験が、その場で満たされていく。

たとえば、その体験とは、ほんとうに聴いてもらえること、わかってもらえること、共感してもらえること、などである。

たとえば、人に話しても「あなたがいけないのだ」と言われてきたのに、「あなたなりにせいいっぱいやってきたんだね」という言葉をかけられると、ポロポロ涙が出てくることもある。それは、ずっと長い間聞きたかった言葉なのだろう。はじめてわかってもらえた安堵感や喜びが出てくるかもしれない。これもまた、新たな自分への気づきなのである。

ハコミ・セッションのプロセス

ハコミ・セッションのプロセスは、ほぼ次のようなものになる。

1 つながりをつくる…ラビング・プレゼンス、ともにいる雰囲気をつくる。

2 今ここでの体験に気づき、言葉にする…話の内容だけでなく、姿勢、身ぶり、顔の表情、話し方のパターンなどに注意を払う。その人が言語的、非言語的に語っているのは何なのか、わかろうとする。この段階で重要なのはトラッキングである。コンタクトとトラッキングとは、相手の今の体験の流れとともにいようとすることである。コンタクトとは、その人の今の体験を受け止める言葉（たとえば「悲しみが出てきたのね」）であり、トラッキングとは、相手の体験の流れとともにいようとすることである。

3 マインドフルネスの中で小さな実験をする…こんな言葉をかけたら相手の中で何が起こるだろうかと考え、実際にやってみる（プロー

II部—4 心身とのつながり

■参考資料

クルツ(1996)『ハコミセラピー』高尾,岡,高野訳,星和書店

手塚郁恵(2000)『ホリスティックワーク入門』学事出版

ブ)。相手の中に出てくる言葉や動作を代わりに言ってあげたり、やってあげたりする(テイクオーバー)。

4 意味さがし…相手の中に起こってきたものの意味が現れていくようにする。

5 得られなかった体験、起こりたがっている体験を提供する…言ってほしい言葉をかけてあげる、など。

6 統合と終了…今まで自分でも認めていなかった自分の部分を認め、言葉をかけてあげる。自分の中で何かが変容していくのを感じる。もう解放感や喜びがわいてくる。これでいいというときがくる。

ハコミ・メソッドは、話しあいや考え方のレベルのカウンセリングよりも、はるかにパワフルで効果的である。そして、自分が変えようとしないでも、気がつくと、自分が変わっていることに気づくという体験になる。根源からの自己変容が生まれるのである。さらに、自分の中で限りなく新たな気づきや変化が生まれていく。それは、生きるというプロセスそのものであろう。そして、深いところからの自分や他人に対する愛やいとおしさが生まれ、すべてのいのちとのつながりに目覚めていくだろう。ハコミは、これまでどうにもならなかったさまざまな問題に、ひとつの道を開く可能性をもっていると、私は感じている。

ホリスティック医学

Holistic Medicine

心身とのつながり

II部 4

黒丸 尊治

ホリスティック医学とは

ホリスティック（holistic）という言葉は、もともとギリシャ語のholos（全体）を語源としており、whole（全体の）、heal（癒す）、holy（神聖な）、health（健康）といった言葉もそこから派生している。すなわちホリスティック医学とは、簡単に言うならば全体的な視点に立脚した医学という意味である。なおホリスティック医学協会では、ホリスティック医学を次のように定義している。

1 **ホリスティック（全的）な健康観に立脚する。**
人間を「体・心・気・霊性」などの有機的統合体ととらえ、社会・自然・宇宙との調和にもとづく包括的、全体的な健康観に立脚する。

2 **自然治癒力を癒しの原点におく。**
生命が本来自らのものとしてもっている「自然治癒力」を癒しの原点におき、この自然治癒力を高め、増強することを治療の基本とする。

3 **患者が自ら癒し、治療者は援助する。**
病気を癒す中心は患者であり、治療者はあくまで援助者である。治療よりも養生が、他者療法よりも自己療法が基本であり、ライフスタイルを改善して患者自身が「自ら癒す」姿勢が治療の基本となる。

4 **さまざまな治療法を選択・統合し、最も適切な治療を行う。**
西洋医学やインド医学などの各国の伝統医学、心理療法、自然療法、栄養療法、手技療法、運動療法などの各種代替療法を統合的、体系的に選択・統合し、最も適切な治療を行う。

5 **病の深い意味に気づき自己実現を目指す。**
病気や障害、老い、死といったものを単にその深い意味に気づき、生と死のプロセスの中でより深い充足感のある自己実現をたえず目指していく。

「つながり」「癒し」「気づき」の医学

この定義からもわかるように、ホリスティック医学では「つながり」をとても重要視している。心と体のつながりはもちろんのこと、家族、社会における人と人とのつながりや、治療関係における治療者と患者のつながりなど、常につながりを視野に入れながら、その人の病や健康を考えていこうというわけである。そしてその「つながり」の中から「癒し」が生まれてくるのである。もちろん癒しの形は人それぞれ異なる。ある人は家族の中に癒しを見出し、またある人は代替医療の中に癒しを見出す。ただいずれの場合でも、そこにはこころが深くかかわっていることを忘れてはならない。こころの存在を抜きにしては「癒し」を語ることはできない。つながりの中で生じることころの変化が、「癒し」をもたらす原動力となっているのである。

またホリスティック医学の場合、必ずしも疾患の治癒だけを追い求めているわけではない。病気には難治性の疾患もあれば、死に至る病もある。それらを治癒させることは通常困難である。このような疾患に対してはどのようにして病を治すかではなく、どうしたら病と共存していけるのかという視点が必要となってくる。そして、そのような観点から病というものを見つめ直すことができたならば、こころに大きな変化をもたらすような「気づき」が生まれてくる。もしも自分が病気になったことの意味や、自分のはたすべき役割といったものに気づくことができたならば、そこには新たなる「癒し」が生まれることになる。あくまで全体的視点を持ちながら、必要に応じて部分も見るというのがホリスティック医学の視点である。ホリスティック医学に、このような視点からのアプローチも含まれていることは、重要なポイントのひとつである。

ホリスティック医学と西洋医学

ホリスティック医学はしばしば西洋医学と対比される。前者が全体的、有機的視点を持っているのに対して、後者は分析的、機械的であるとよく言われる。そのためかホリスティック医学を反西洋医学であると認識している人がときどきいるが、これは大きな誤りである。

確かにホリスティック医学は全体性や「つながり」を大切にしているが、だからといって部分を見ないわけではない。あくまで全体的視点を持ちながら、必要に応じて部分も見るというのがホリスティック医学の視点で

表1　ホリスティック医学の定義

1　ホリスティック（全的）な健康観に立脚する。
2　自然治癒力を癒しの原点におく。
3　患者自ら癒し、治療者は援助する。
4　さまざまな治療法を選択・統合し、最も適切な治療を行う。
5　病の深い意味に気づき自己実現を目指す。

ある。たとえば高血圧症や糖尿病といった生活習慣病の患者は、身体的にも心理的にもさまざまな問題を抱えている場合が多い。そのような患者に対しては、その背景にあるストレスや心理社会的問題に目を向けつつ、まずは治療者と患者の関係を良好に保つことにエネルギーを注ぐ。そのうえで血圧や血糖といった「部分」にも注目し、必要に応じて薬物療法などの西洋医学的治療も行っていく。また代替医療も最大限に活用しながら食事、運動、喫煙といった生活習慣を改善するようなアプローチも積極的に行っていく。これがホリスティック医学である。決して反西洋医学ではないし、代替医療のみで病気を治そうとするものでもない。

もっとも最近は統合医療という考え方も出てきている。これは近代西洋医学と代替医療を統合しようというものである。ここでは従来的な西洋医学では十分に対処できないような疾患(慢性疾患など)に対しては積極的に代替医療を取り入れている。たとえば頭痛に対して、鎮痛薬の処方だけでは十分な治療ができない場合には、鍼灸やカイロプラクティックといった治療法も積極的に取り入れるわけである。それによりさまざまな疾患や症状に対してより有効な対処ができる。ただし現在の統合医療は、さまざまな治療法を統合するということに重点が置かれており、こころの問題やその影響が軽視されがちであるのは、少々気がかりなところである。

こころと代替医療

患者のこころがどのような状態にあるかによって、身体に及ぼす影響は大きく異なってくる。一般的に安心感やイキイキとしたこころの状態は身体機能を活発にし、症状の改善を促す。逆にうつ状態や感情の抑圧は身体機能を

II部—4　心身とのつながり

低下させ、症状の悪化をもたらす。

また、患者のこころの状態は、さまざまな要因の影響を受ける。たとえば患者と治療者間におけるつながりの中で生まれる信頼感や安心感、期待感、反対に不信感や不安感といった要因も治療効果に大きな影響を与えるもののひとつである。そのため、どのような治療的アプローチがなされたとしても（西洋医学的治療であれ代替医療であれ）、患者のこころの状態によい意味でも悪い意味でも影響を与えることになる。それは当然、患者の症状にも影響を与えることになる。

よって、ある治療法の直接的な効果を考える場合、その治療法の効果はもちろんのこと、その治療法を施す治療が行われるのが、本来的な意味でのホリスティック医学である。

このような点にも十分な認識を持った上で治療に治療をするという"行為"そのものも治療効果を左右する大きな要因となるのである。そのため、かかわりによって生じる患者のこころの状態にも十分な配慮が必要となってくるわけである。

者との間に生じる快不快の感情や、その治療法に対する患者の期待感や不安感といった要因が身体機能にもたらす影響も見逃すことはできない。要するに治療をするという"行為"そのものあり、治療法だけを切り離して、その有効性だけに注目して治療を行うというのは本当の意味でのホリスティック医学ではないということも、肝に銘じておく必要がある。

■参考資料

上野圭一(2003)『補完代替医療入門』岩波アクティブ新書

ボリセンコ(1990)『からだに聞いて こころを調える』伊東訳, 誠信書房

ワイル(1984)『人はなぜ治るのか』上野訳, 日本教文社

ワイル(1995)『癒す心、治る力』上野訳, 角川文庫

◨サイト情報

日本ホリスティック医学協会
www.holistic-medicine.or.jp

創造性とのつながり

芸術教育

Art Education

II部 5

金田 卓也

われわれの歓びは、自分自身がこのようにして世界に結ばれているのだと感じるところにある。芸術においてわれわれは、この世界が人間的な意味をもつものとして実感される、あの一体感(ユニティ)の歓びを表現するのである。

—ラビンドラナート・タゴール

芸術を通しての教育

美術や音楽がなぜ私たちの心を動かし、自ら絵を描き、歌を唄うとき、なぜ私たちの心が解き放たれ、満足感を味わうことができるのだろうか。その理由は、芸術というものが私たちの身体の感覚器官に直接働きかけるとともに、心の深いところ、魂のレベルにまで響く不思議な力をもっているからにほかならない。それは芸術のもつ癒しの力といい換えることができる。古代ギリシアのプラトンは、芸術に現れる調和・リズム・美というものが人間の魂のもっとも奥深いところにかかわることに着目し、芸術を教育の基礎とすべきだと考えた。芸術というものが人間存在と深くかかわるように、人間の根源への洞察から芸術教育と大きく重ティックな教育も芸術教育と大きく重なっている。

現代において、調和を理想としたプラトンの世界観にもとづき、「芸術による教育」(education through art) という独自の芸術教育論を展開したのは、英国の詩人で思想家のハーバート・リードである。かれは第一次世界大戦に兵士として参加し、戦争という過酷な現実を体験し、人間の憎悪と暴力への絶望感から、芸術教育による理想的な社会の実現に最後の希望を託した。「芸術による教育」という考えは、芸術について教えることではなく、芸術を通しての全人的な教育を目指すものである。

感性と知性の統合

Artという言葉は本来、〈技術〉を意味する言葉であるが、美術や音楽などにおいては、身体を通して内なる心の世界と外的世界をつなぐ技術だということもできる。造形芸術を例にとると、心 (Heart) で感じたものを、頭 (Head) で構想し、実際に手 (Hand) を使って形あるものにしていく技術 (Art) なのである。音楽では唄うこと

や楽器を操る技術が必要になり、舞踊においては身体全体を使った表現となる。それは、心と頭と身体のつながりに対応する。このように美術・音楽・文学・演劇といったジャンルの違いにかかわらず、視覚・聴覚・触覚などの感覚世界を通して身体と精神のつながりのなかに生まれる芸術教育というものは、まさにホリスティックなものだといえよう。

一般に芸術教育というと、従来の知識中心の教育に相対するものとして捉えられ、知育偏重の学校教育を補完するものとしての情操教育あるいは感性教育といった言葉で語られることが多い。しかし、知性的なものと感性的なものというのは決して対立するものではない。幼児が絵を描くとき、それは感性的に芸術的表現をしているのではなく、世界を認識しようとするひとつの知的な行為でもある。本来、芸術というものは科学や知識と対立するものであったわけではなく、ルネッサンスの代表的人物レオナルド・ダ・ヴィンチは、すばらしい芸術家であると同時に偉大な科学者でもあった。科学的認識であるとともに美的認識でもある芸術的活動を通して、ものごとの本質的理解に近づくことができる。知性と感性を統合させる芸術教育というものは、知性と感性とを対立したものとして捉えないホリスティックな智へのアプローチだといえる。

自由な教育における芸術教育の重視

オルタナティヴ・スクールの源流にあるシュタイナー学校に代表されるような学校では、教科の枠を越えて、美術・音楽・舞踊・演劇・詩といった芸術的表現活動が大変大切にされている。芸術的表現の基底にある無意識のイメージや想像力や身体感覚といったものには、子どもたちの芸術的表現というものには同じものがひとつとして存在しない。教育において芸術的表現に目を向けることは、近代学校教育における芸術的表現そのもののあり方を問い直すことでもある。シュタイナー学校におけるオイリュトミーやフォルメンの授業はその最も代表的な実践例である。子どもたちの顔が一人ひとり違うように、子どもたちの芸術的表現というものには同じものがひとつとして存在しない。教育において芸術的表現に目を向けることは、近代学校教育における芸術的表現の重視ということは、近代教育における知的合理主義にもとづく近代学校教育においては、あまり重要視されてきたわけではなかった。教育における芸術的表現の重視ということは、近代

上：チョウのイメージ（小学生）
下：チョウのイメージ（大学生）
提供／金田

向けるということは、子どもたち一人ひとりの個性を尊重し、それぞれの自由を希求することでもある。
芸術教育にかかわるとき、教師自身が創造的な自由な精神をもっていなければならないことはいうまでもない。
そのためには、教師自身が表現の喜びを味わい、創造的でみずみずしい感性を保ち続けることが必要となる。教育における芸術の重要性を主張したシュタイナーは、芸術教育ではなく、「教育芸術」という独自の考え方を展開した。つまり、教育という営みそれ自体を、芸術と同じように創造的なものとして捉えようとしたのである。

芸術教育の広がり

学校における芸術教育を考えるとき、図工や音楽といった教科の枠組みに囚われるのではなく、子どもたちのイマジネーションや表現を教科全体に通底するものとして考えたい。それは

総合的な学習への取り組みにおいても生かされるはずである。
そのヒエラルキーは技術至上主義につながり、上手下手を意識することによって、表現することの自由さと、その広がりを少なくしてしまう結果となる。
芸術教育の場は学校に限定されるわけではない。陶芸教室やコーラス・サークルなど、生涯教育の一環として開かれているさまざまな芸術とかかわる機会は、ホリスティックな教育の場としても大きな可能性をもっている。ホリスティックな視点から芸術教育を捉え直すとき、「芸術」という言葉に囚われないことも必要である。「芸術」というと、一般的には展覧会の美術やクラシック音楽といった、西洋中心の教養主義的な旧来のジャンルに囚われてしまいがちである。美術館に展示される絵画や彫刻の方が、あるいは民謡やブルースより西洋クラシック音楽の方がすばらしいといった、西洋芸術を頂点とする「芸術」のもつヒエラルキーに囚われてしまうと、ものを作ったり、表現したりする世界を狭いものにしてしまうことになる。そして、

近代的芸術概念の狭い枠組みに囚われるのではなく、人間の生の全体の中で、歌うこと、踊ること、絵を描くこと、そして花の栽培や料理といったものでも含めた、表現や創造的活動とホリスティックな教育とを交錯させることによって「芸術教育」は豊かな広がりを獲得することができる。

精神世界の探求としての芸術教育

II部—5　創造性とのつながり

ホリスティックな教育は魂への教育であり、スピリチュアルな次元もその中に含まれる。タゴールやオーロビンドやクリシュナムルティがスピリチュアルな教育を目指して開いた実験的な学校では、歌や踊り、美術工芸など芸術的活動は大変盛んである。芸術における美的感性と創造性というものがスピリチュアルな世界への探究と深く結びついているからである。オーロビンドは、芸術というものは外面的な形を超えて、無窮の真実を示すことができると述べている。古代から現代に至るまで世界各地域の芸術の歴史を見てみると、詩も音楽も絵画も、スピリチュアルな世界への探求方法として存在していたことがわかる。阿弥陀如来像やグレゴリオ聖歌はいうまでもなく、ネイティヴ・アメリカンの砂絵や、ベンガルの吟遊詩人バウルの歌も、みな聖なる存在へ近づくための方法として生まれたものであった。

近代において伝統的な宗教が力を喪失し始めるのと、自律した「芸術」という概念が登場するのはほぼ同時期である。近代とは、神を失った代わりに芸術が宗教の肩代わりをするようになった時代でもあり、芸術は宗教の目指したスピリチュアルな道の探求を別な形で示している。その意味において、芸術教育はかつての宗教教育と同じように大きな意味をもっている。ただし、宗教が容易に形式化していったように、芸術もまたそのスピリットを離れ、「芸術」という名に囚われるならば、スピリチュアルな探求とはまったく反対の方向を向いてしまう可能性があることを、心に留めておく必要があろう。

リードは「芸術による教育とは平和のための教育である」ことを強調した。平和（peace）とは、サンスクリット語のシャンティーと同様に、世界の平和も心の平安も意味している。ホリスティック教育の求めるものは、心の平和であり、世界の平和でもある。スピリチュアルなものを求めるということは、究極のシャンティーを得ることにほかならない。

■参考資料

ガードナー（1991）『芸術・精神そして頭脳』仲瀬, 森島訳, 黎明書房

北川民次（1952）『絵を描く子供たち』岩波新書

シュタイナー（1989）『教育芸術１』高橋訳, 筑摩書房

シラー（1972）『人間の美的教育について』小栗訳, 法政大学出版局

末永蒼生（1997）『チャイルド・スピリット―色を通して内なる子どもに出会う』河出書房新社

タゴール（1996）『人間の宗教』森本訳, 第三文明社

ユーネマン, ヴァイトマン（1988）『シュタイナー学校の芸術教育』鈴木訳, 晩成書房

リード（2001）『芸術による教育』宮脇, 岩崎, 直江訳, フィルムアート社

Ⅱ部 5

創造性とのつながり

芸道
The Way of Art

上野 浩道

芸術と芸道

芸術と芸道の違いはどこにあるのだろうか。一般に、芸道は古い概念で精神的側面が強いと見られがちである。また、それは日本独特のものであるとも捉えられる。芸術という概念がありながら、わざわざ芸道という概念がなり立ち、それを支持する層が存在しているのは、どのような理由からだろうか。芸術に携わる者は芸術活動を行う行為と同時に、芸術の価値を問い、自己の人間形成に励むものである。この行為と形成の関係のなかに、その理由を解き明かすヒントが潜んでいるように思われる。

芸術が生活や技術と結びついていた時代に比べて、現在、その分野はます ます細分化している。文芸、音楽、美術、演劇、舞踊、映画、映像文化などというジャンルに別れ、それぞれの分野からさらに細分化された領域が生まれてきている。このような表現方法や素材などの違いによる芸術の細分化によって、芸術が、本来、分かちがたく基盤としていた生活や人間といったものから遊離することになっていった。組み立てるとか工夫するといった生活技術を意味していた「アルス」はその実用性の面が削られ、その結果、狭められた造形的アートという分野が成立して勢力を拡大させていったのである。

このような分化と狭隘化の結果、どのような問題が生じてきたのだろうか。人間の問題に絞って考えると、そ れは、造形芸術に携わる人間の能力の発揮とその人格の形成とは別だという考え方が現れたことである。モダンアートなどのわかり難い芸術に代表される先鋭化した芸術活動では、人間の能力や能力の特化が評価されて、表現のための作品や能力が評価されている。先端的な芸術の特化が行われている。先端的なとっての芸術、生活や実用にとっての芸術という概念の劣化であり、芸術による人間形成という機能の喪失であった。

この芸術分野の特化と概念の劣化は芸道の蘇生とかかわってくる。芸術の細分化がはかられてきた歴史がある。芸道の方は一部の家元などの古

芸道とは何か

芸道とは、広い概念をもつ芸能に「一意専心して道の厳しさに徹しようとする強い宗教的精神性」をもつ「道」の思想が付加されたものと定義されている（阿部1997）。そして、これが付加された伝統的芸術分野として、わが国では茶道、華道、能、歌舞伎、和歌、俳諧、絵画、書道、音楽などがあげられている。

技芸や遊芸、芸事など大衆的演芸の側面をもっていた芸能がこのような宗教的精神性を帯びるようになるのは、歴史的経緯からみると仏教の影響が大きかった。よく知られているのは、和歌が歌道として成立したときや、能楽や茶道が成立したときに、それがはたした影響のことである。平安時代の歌人・藤原俊成は、和歌を楽しみ技量を磨く従来の歌作りに対し、自らの心の内面性を表現する作歌活動を行い、その際、仏道修行と同じような厳しい鍛錬を求める歌道に和歌の本質をみたのである。この鍛錬には、当然、技術修練のための厳しいけいこがともなっていた。同じように、世阿弥の能楽にもけいこ習通論が貫かれていたし、侘び寂びの心の世界を展開した茶道にも禅の思想が反映していた（竹内1974）。

その後、仏教という宗教性が薄れても、行為の中に精神性を込めることを求める態度は、長く日本の芸術活動にみられるものであった。一般に「道」と呼ばれる活動と思想がそれである。

い制度のなかに閉じこめられてきた。そのなかで行われてきたことは技術と伝統文化の継承が主で、その精神的な影響は閉じられた系のなかでのみ作用するものであった。しかし、芸術活動のやせ細り現象という事態を迎えて、芸道が本質的にもつ精神的人格的形成力について検討する必要が生じてきたといえよう。

これは、芸術やスポーツ、学問といった技術と能力が支配する専門領域に対し、茶道、華道、書道、画道、柔道、剣道、香道といった芸道の領域、さらに一球入魂と呼ばれる精神性を求める野球道まで、そして学問と人間形成の両立をはかる学道という形をとって綿々と続いてきた思想である。

芸道は仏教と結びついて成立してきたものであったが、芸術活動に厳しい精神性を求め求道的に作家活動を行った者は洋の東西を問わず存在する。彼らに共通していることは、芸術は単に芸術では終わらないということであった。芸道がある層を支持基盤にして連綿と続いてきた理由はここにある。

芸道と人間形成

鍛錬やけいこを伴う「道」の思想と行為では、無為自然の道を説く老子の道の思想と違って、「型」の形成といわれ、それぞれの分野と流派での型の習得から始められる。型とは形を表すわざの習得とか個人におけるわざの基となるところで、原理をもち、法則をもち、普遍性をもつものである。その普遍的な部分を習得することによって初めて自分の型すなわち個性が生みだされるという考え方である。

哲学者の久松真一は、著書『絶対主体道』のなかの「藝道」の章で、芸道を四通りに分けて説明し、その本質にあたる理念を次のように述べている。

「藝道といふことが、唯個々の藝の技術とか、個々の藝に携はる人の実践すべき法則とかを意味せずして、個々の藝が個々の藝に止まらず、個々の藝を超えて、およそ人間たるものの履践すべき法則とか、天地宇宙の間に行はるる根本法則とかを意味するやうになった場合である」。そして、「藝道が、人倫的、形而上学的、宗教的な意味を持ち、最も本質的な意味において道とい

う原理が共通していた。芸道といわれるのはこの意味においてである」としている。つまり、芸道とは単なるわざの習得とか個人におけるわざの術の法則にとどまらない概念なのである。

芸道に励むための鍛錬やけいこは決して外側から強制的に訓練されて行われるものではない。これに関する思想家ハーバート・リード（1963）の考察は興味深い。彼は、「訓練というものは、手段ではない。訓練は目的とみられなくてはならぬ」としたうえで、「多くの人々によって行われる儀式」、すなわちプラトンの「犠牲」と呼んだところの「集団の訓練」や「社会的な訓練」には、「行為の型」と「行為の芸術的価値」があることを見出している。そして、「このような訓練の価値は、その訓練によって人々がち得る自由の中にある。インスピレーションを生みだすものはメカニズムだけではない。作家や画家ならだれでも知って

いるように、つかまれたインスピレーションが快よい通路を流れていくのを保証するものは訓練である。人間の心はレディネスとか経済とか正確さとかをもったはたらきである」と述べている。そこで、彼は、形（フォーム）が体育や芸術、倫理において共通し、訓練によって身体の形と倫理の形との間につながりをつくり、そのつながりによって物と心にまたがる芸術が実現されると考えていた。

久松とリードの考えは、芸は型から入って個人にとどまるものではなく、個人を超えて人倫につながるものであるという点で共通している。リードの考えの基盤には、ニーチェの『善悪の彼岸』からの「人間は本能的に芸術の法則に従う」という思想があり、一方、久松には、「形無きものが形あるものを表はすことが美ではなくして、形あるものが形無きものを表はすことが美である」という哲学があった。この東西の芸術の捉え方は、芸術は芸術として終わるものではなく、芸術には人間形成の原理と本質が存在していることを見出していた。道のつく思想は道学者的で古い思想とみられがちである。

しかし、芸道は、芸術が存在する限り、そして人間が芸術を創造する限り、人間形成の道として存在し続けるものといえよう。

■参考資料

阿部崇慶（1997）『芸道の教育』ナカニシヤ出版

倉沢行洋（1993）『藝道の哲学』東方出版

竹内敏雄編（1974）『美学事典 増補版』弘文堂

久松真一（1948）『絶対主体道』弘文堂書房

久松真一（1995）『増補 久松真一著作集 第五巻 禅と芸術』法藏館

源了圓（1989）『型』創文社

リード（1963）『平和のための教育』周郷訳，岩波書店

創造性とのつながり

茶道
The Way of Tea

II部 5

黒川　五郎

現在、茶道というと、若い女性に礼儀作法を教えるためのおけいこ事か、あるいは、熟年女性の社交の場のようなものとして受けとめられることが多いが、このような有様は、16世紀に男性のための武家茶道として、千利休によって大成された本来の侘茶の主旨からすれば、むしろ変則的な状況と言わざるを得ないだろう。

もともと中国では禅院の茶礼として、茶は座禅を組む僧侶の覚醒を促すための眠気覚ましとして、修行の前に頻繁に用いられていたとも言うが、岡倉天心も「菩提達磨の像の前に集まって、深遠な聖餐の形式で一箇の碗から茶を飲んだ禅僧たちの始めた儀式である」と、その『茶の本』の中に書いている。

今日飲用として用いられている茶を宋代の中国からもたらしたのは、臨済宗の栄西禅士であった。以後、茶はわが国において薬用として貴族や僧侶の間で用いられていたが、南北朝時代になると武家社会の婆娑羅(バサラ)大名などの間で闘茶(茶の銘柄を当てる一種の賭け事)の流行を見るに至る。

その後、徐々に一般民衆に普及するようになるとともに、足利義政の頃、奈良・称名寺の僧の村田珠光によって様式化され、後、武野紹鴎(じょうおう)を経て、さらに彼の弟子の利休により、今に至る作法が築かれた。

以来四百年余り、国際化が叫ばれ、また、IT革命が進行する現在の情勢下においても、茶道には人の心を捉え静を図ることから、心理療法に近いもる一種独特の魅力があって、これから

も決して衰えることはないだろう。

むしろ、茶道には、この現代社会の複雑な状況下で今日のホリスティック教育が目指しているテーマでもある Transformation(自己変容)を、古来からの生活文化の中に具現化しようとしてきた試みであると解釈できる面もある。

では、そのような興味深い側面を持つ茶道とは、そもそも何であるのか。

まず茶道とは、限られた茶室の空間と時間の中で、茶人の収集した道具の取り合わせにより、茶会のテーマを表現し、客は自らの感性でそれを読み取ろうとする五感を使った一種の総合芸術であると考えることができる。また、そもそも、茶の本質である禅は心の鎮

のであるとも言える。そこで、私は、従来の茶道の英訳である Tea ceremony よりも、むしろ Tea therapy の方がその本質を穿つ訳であると考え、茶道のセラピーとしての側面の研究を進めているのである。

もともと茶会は、連歌会から発展したものともいわれている。*1 それは千利休が、連歌師でもあった武野紹鴎の弟子であることからも窺われる。連歌会の面白さは、多彩な参加者の想像力の交わりによって繰り広げられる微妙な句と句の関係にある。このような自己と他者との想像力が交差することによって一座の出会いの物語が生れてくるありさまを、私はかねがね「有翼交差」(winged crossing) とも名づけているのであるが、茶会においてはこの句と句との関係、つまり言葉同士の関係が、さまざまな意匠をこらされた道具と道具の関係に転化する。すなわち茶人は自らが収集した種々の茶道具の

選択と組み合わせによって、その茶会のテーマにそった形で、胸中をよぎるモティーフを表現し(それを茶道では「見立て」ともいうが)、客に対しての物語的なメッセージを構築するのである。そして、招かれた客は、自らの"感性"(あるいは、レヴィ・ストロースのいう「野生の思考」)のみをよりどころとして、その諸道具の組み合わせの指し示すところ、すなわち、その茶会として催されたドラマの"意味"を解こうと努める。

もちろんこのような試みは、深いかげりを帯びた茶室という特別に凝縮、アレンジされた空間で、静寂な中にも一種劇的に展開され、道具類の距離や配置も、風水(易)の原則にもとづいて、いわば数学的な正確さでなされるのである。

ところで、これまでこの侘の茶道について最もオーソドックスな哲学的思索を試みたのは、西田幾多郎門下の哲学者、久松真一ではないだろうか。彼には、『茶道の哲学』という臨済禅の影響を受けた著作があるが、その中で大略彼は、茶道とは無を形に現すものであり、禅のインカーネーション(受肉)であると言っている。それは、より正確に言うなら、無相の自覚の形象化であるとも言えよう。

では、禅とは一体何かということになるが、久松によると、それは文化の否定であり、さらに、人間の否定でも

図1 宇宙の哲学的本質の表現としての円相の掛け軸

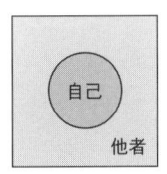

宇宙
宇宙の哲学的構造の図式的表現
(宇宙＝自己＋他者)

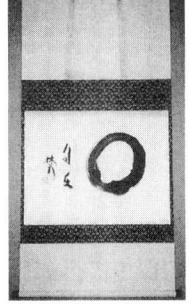

茶室の床の間によく飾られる円相の掛け軸(右上)。これは左図に表現された宇宙における自己と他者の関係の禅的表現であるとも言える。

作成/黒川

*1 戸田勝久(2001)『武野紹鴎研究』中央公論美術出版

あって、この人間を否定したところに、本当の人間が現われるということになる。禅では古来、仏を外に求めるな、ということを強調し、仏とは自覚であり、しかもその自覚とは形なき自覚であると説く。

この自己の本性、すなわち、まったく形のない「無」の自己を自覚し、それになりきったときのことを仏教では三昧ともいうが、それがいわゆる悟りを体現しつつあることにもなる（見性成仏）。そして、この無相の自覚が形に現われたものが茶道文化（無相の自己のインカーネーション）であり、したがって、茶道とは無相の自己形成、言いかえれば、自己創造の場であるともいえよう。まさにこれを体現することこそが茶道にもとづく人間形成の原理なのである。

無を形に現すということ。何もないものをあるかのように表現すること。雪を描く水墨画のように、背景の墨の縁取りだけで他には何も書かない。逆に描かないことによって、描く。無は、そんなふうにしてしか示唆することができないのだ。しかし、御点前に没頭し、我を忘れて茶をたて、黒楽茶碗に満たされた緑の抹茶が客によって飲み干された後に、何か手応えが残るのも事実である。あるいはいつか、45度の角度に鏡柄杓を保ち気持を鎮めている亭主の心の鏡に、円な満月にもたとえられる無相の自覚が形もくるかもしれない。無が自らを表現するという茶道。そこでは本来の自性の自覚が、私の言葉でいうならば真の自己の創造、すなわち、トランスフォーメーションへと自然につながっていくのではないだろうか。

ここで、歴史の中にそのような事例を求めることもできる。

激しい下克上の世相の下で信長・秀吉を始めとする安土・桃山時代の武将は、身近に心を許せる相手が見出せず、

利休の茶室で一時の心の安らぎと癒しを得ていたのであると、まず思い当たる。

また、幕末の大老井伊直弼が、有名な『茶の湯一会集』の中で"独座観念"という"一期一会"について、その概念を用いて、いわば実存的な自己探求をはたす場としての茶の湯に言及していることも知られている。

そのような前例にならい、私は茶室とは、われわれが生かされているこの宇宙の凝縮された一つのモデルではないかとも考えている。では、宇宙とは何か。思うに、それは端的に言って、言葉の真の意味での"すべて"である。まさに「すべてのもの（要素、対象…object）の集まり」にほかならないといえよう。

さて、この宇宙は、哲学的にはたった二つの部分（カテゴリー）だけから成り立っている。それは自己と、それ以外の部分としての他者である。した

がって、この宇宙を構成するあらゆる存在（構成要素）は、原理上、自己か他者のどちらかのカテゴリーに収まることになる。

茶室における亭主と客との関係も、結局は宇宙のこの本質的構造が反映されたものとなる。この場合茶室における亭主が宇宙における自己、茶室の客が宇宙の他者、そして宇宙という名を冠された（全集合を示す）四角い枠が、やはり同様の四角い壁で囲われた茶室そのものに相当するのだ（図1参照）。

したがって、茶室は宇宙を表現する三次元の視覚的モデルになっているとも考えられる。たとえば、利休によって作られた現存する唯一の茶室として有名な山崎の待庵は、二畳席であり、

侘びの極致とも言われているが、よけいなものは一切廃して主客が対座するそのシンプルな空間構成が、逆に上述した宇宙＝自己＋他者という宇宙の哲学的本質を、はからずも浮かび上がらせる範型になるのである。そして、そのような空間で茶を喫することで、われわれは本来宇宙の一部分であり、その大いなる生命の流れ（宇宙の自己創造力）の中で生かされていることを体感し、気づかされるのではないだろうか。

そのとき、私たちは、万物が生成してゆく、つまり、自らが常に新たなる自己を創造してゆく時空としての、この宇宙と一体であるという自覚をもち、それによって個々人も真の自己を

創造してゆくことが可能になるだろう。まさに茶道とは、侘びという名の日本の美意識がそのような自覚（気づき）を促す、他に類を見ない癒しの営みであるといえよう。

■参考資料

黒川五郎（2002）『ティー・セラピーとしての茶道』川島書店

久松真一（1987）『茶道の哲学』講談社学術文庫

回連絡先

ティー・セラピー・オフィス
〒186-0004 東京都国立市中2-2-9 明星ビル㈱
204（サロン）205（茶室）
TEL/FAX 042-577-7571
E-mail tea-therapy.gorou@nifty.ne.jp
http://member.nifty.ne.jp/tea-therapy

提供／黒川

創造性とのつながり

Art Therapy

アートセラピー

Ⅱ部 5

斉藤 典子

日本でもアートセラピーに対する関心が高まってきている。アートセラピーを芸術療法と訳した場合、それは音楽、美術、舞踏、演劇など、さまざまな芸術活動を通した療法を包括した意味を持つが、ここではミュージックセラピーやダンスセラピーからは区別される、絵画や彫塑など美術を媒介としたセラピー（一般に英語圏でアートセラピーと呼ばれる）について、私がアートセラピストとして関係した欧米の状況について紹介したい。

アートセラピーが生まれた背景と発展の過程

ヨーロッパでは19世紀末から精神科医が患者の描いた絵に関心を寄せ始め、ドイツでは1920年代に、美術史家でもある医師ハンス・プリンツホルンが、ハイデルベルク大学付属精神病院で、ヨーロッパ各地の医師や病院を通じて患者が制作した絵画や立体作品のコレクションを手がけ、後に6000点に及ぶコレクションを築いた。彼は作り手の精神病理よりも、その制作過程と表現形式に興味を持ち、人間の基本的衝動は、自己表現とコミュニケーションであり、かつそれを目に見える形にすることであると信じた。そして、このアートを作り出す創造の過程は、精神病であるなしにかかわらず、すべての人間の基本であり、心理的統合と健康を得るための自然な方法であるとした。彼のコレクションは今日「アウトサイダーアート」と呼ばれる分野の基礎をなすものである。

同じ頃、ルドルフ・シュタイナーが独自の精神科学にもとづいて、色彩や絵画、音楽などを治療として医学に取り入れた研究結果や指示を残していて、彼の精神を受け継いだ医師や治療教育者、芸術家によって始められた人智学的な医療機関では、治療としての芸術が早い時期から実践され、今日まで続いている。

人智学とは別個に、1930年代には欧米でアートセラピーが始められた。アメリカでは、カンザスのメニンガー精神病院が芸術家を雇用し、アートセラピーを導入、診断や意味づけのための分析よりも、患者が感情的な問題やトラウマを解き放すためにアートを使う助けとした。この病院は、50年代、60年代を通してアメリカのアート

セラピー運動のリーダー的役割を担った。また、マーガレット・ナウムブルクが40年代に、エディス・クレーマーが50年代にパイオニア的な仕事をしている。60年代になると、アートセラピーは広く認められる分野となり、1969年にはアメリカ・アートセラピー協会（AATA）が設立された。

イギリスでは、40年代に結核療養所での自らの美術制作を通し、その治療的効果に目覚めた画家エイドリアン・ヒルが肉体および精神を治療するためのアートセラピーを展開した。同時期、画家エドワード・アダムソンも病院内のアトリエを、患者が絵を描き自らを癒す場として提供し、この頃主流であった分析よりも、芸術表現はそれ自体が語るとし、その過程の治癒的本質を信じた。英国アートセラピー協会（BAAT）は1964年に設立されている。

その後、70年代にはアートセラピーが心理療法に近づく傾向を見せ、表現芸術療法など、アートを中心としたセラピーに発展したり、個々のセラピストが独自の方法を開発するなど、バラエティに富んだものとなって現在に至っている。

アートセラピーとは何か？

アートセラピーとは、造形活動を通して人間の自己治癒力を育て高めてゆくプロセスである。今日、さまざまな解釈や定義がなされているアートセラピーだが、人智学的なアートセラピー以外はおおよそ次の二つのうちどちらかに分けることができる。

一つは、表現と体験にもとづく方法で、芸術とその過程そのものに本来備わっている治癒力を根底に、創作や自己表現が感情の埋めあわせや変換、自己実現や成長を促すという考え方であり、もう一つは、分析法と深層心理学にもとづき、創出されたものに注目し、アートをコミュニケーションの手段として治療に使う方法である。

実際には、アートセラピストが各自の方針で、何を目的としたセラピーなのか、患者が何を必要としているのかを考慮し、二つの方法を併用することも多い。

分析については、ロールシャハテストなどの絵を使った心理テストや性格判断が一般によく知られているため、アートセラピストも絵の解釈をするものだと思われがちだが、ほとんどのアートセラピストは患者本人の考えや説明に耳を傾け

ドイツ・ベルリンでの、尊厳死協会による、患者の家族のためのアートセラピー・ワークショップの様子。提供／斉藤

ることに、より興味を持ち、患者が自己への気づきを深め、自らを癒してゆくのを見守り、手助けするものである。

ここで、はじめにふれた人智学的なアートセラピーについて少し補足すると、ルドルフ・シュタイナーの精神科学を背景とした人智学にもとづく医学では、人間は体と魂と霊からなり立っていることを前提とし、病状を理解し治療するに際し、自然と人間と芸術の本質的な関係を念頭に置いている。そのため絵画、彫塑、音楽、オイリュトミー（シュタイナーが創始した新しい運動芸術）が治療として非常に重要な役割をはたしている。アートセラピストの指示で、まずは色彩と形を個人の情動に影響されることなく客観的に描くことから始め、患者が健康な思考と感情を育て、内的世界と外的世界、主観と客観を調和できるように導く。その上で、自己表現の制作へと移ってゆく。絵画の場合、おもに水彩、線描では木炭、パステル、クレヨンが、立体造形では粘土と木が使われる。人智学系の病院ではすべての患者が芸術治療を受けるため、常任のアートセラピストが医師や他のセラピストとチームを組んで治療に当たっている。

どうしてアートなのか？

芸術活動は創造性とカタルシスを促すので、描かれたものが何を意味しているかが問題なのではなく、描くという行為自体がホリスティックな体験となるのである。

心の悩みや感情を表現することができない子どもたちや苦手な大人にとって、絵を描いたり立体を造り出すという造形活動は治療的行為になる。逆に本心をコントロールしたり感情的になるのを避けるために言葉が使われる場合、この壁を破るためにも有効である。作品の出来、不出来や、造られたものが芸術作品かどうかということには関係がなく、魂からの表現と、その過程で患者の内面に起きた変化、およびセラピストとの関係の中で新たに生まれて来るものも、ある意味でアートと呼べよう。

どんな所で行なわれているか？

アートセラピーが行なわれているのは、病院内では精神科、心療内科、小児科、婦人科などであり、また病気を抱える老人や、エイズ、癌などの患者に対しても行なわれる。学校や大学、高齢者施設、難民保護施設、女性のた

イギリス・ウースターシャーにある人智学系の病院、パーク・アットウッド・クリニックのアートセラピーの部屋の様子。提供／斉藤

めの保護シェルター、コミュニティ・プログラムなどで医療チームやソーシャルワーカー、カウンセラーとともにアートセラピストが働いている。また個人で開業し、心身の悩みや問題を抱えたクライアントを対象に、個人、家族、グループのセラピーを行なっているアートセラピストも多い。もちろん誰でもアートセラピストなしに造形活動はできるが、安全と感じられる場所で自分の表現を受け入れ見守る人がいることが大きな意味を持つのである。

アートセラピストになるには？

アメリカでは、認可された大学の修士課程でアートセラピーを専攻することができ、アメリカアートセラピー協会の基準に沿ったカリキュラムが組まれている。イギリスでは、美術大学を終了したのち、大学院で心理学、精神医学、心理療法の理論を学び、加えてアートセラピーの実習と学生自身の美術制作の進展が求められる。その上で英国アートセラピスト協会公認の資格を得ることができる。ドイツでは、人智学系の芸術大学と国立大学の大学院にコースがあり、国立大学ではアメリカやイギリスに近いカリキュラムが組まれているが、人智学系の場合フルタイムで3〜4年間、美術の実技を中心に人智学一般や医学、心理学、美学、教育学などの理論を学ぶ。

個々の教育機関については、左記に挙げるアートセラピー協会に問い合わせることをお薦めする。日本でも需要や関心が高まってきているアートセラピーだが、大学などでアートセラピストを養成する動きが、いまひとつ立ち遅れているように思われる。今後、日本の医学や教育にホリスティックな考え方が浸透し、生命の質を高めるという価値観のもとに、アートセラピーが広まっていくことを期待したい。

■参考資料

ロジャーズ(2000)『表現アートセラピー』小野、坂田訳、誠信書房

■サイト情報

アメリカアートセラピー協会（AATA）
www.arttherapy.org

英国アートセラピスト協会（BAAT）
www.baat.org

人智学的芸術療法協会（BVAKT）
www.anthroposophische-kunsttherapie.de

カナダ・トロントで個人開業しているアートセラピストのオフィス（イスにすわっているのはアートセラピスト）。提供／斉藤

創造性との
つながり

Drama Education

Ⅱ部 5

ドラマ教育 —ともに生きていることを教える—

浅野　恵美子

全人間的成長を目指す学校のドラマ教育

日本ではドラマ教育はまだ市民権を得ていないと言われるが、部活や学習発表会などのさまざまな形で学校の中に常に存在してきたし、存在している。また、日本演劇教育連盟は、戦前から研究活動を始めており、1954年からは機関誌を発行している。

ドラマは祭りに近い性格をもつものであり、今日のシステム社会の不平等な人間関係から解放される表現の機会を与え、ともに生きていることを感じさせ、抑圧されていた生のエネルギーをあふれ出させ、生きる元気を与える営みである。しかし、日本の学校の管理的体質とドラマとはまだ馴染みにくいものがあるようである。

竹内敏晴（1989）は、「日本においてほぼ1960年代から、近代的思考の基幹たる身心二元論への本格的批判と『こころ』と『からだ』の統一視点の回復の動きが興り、つづいて古代からの演劇的思考の復権が主張されるに至って、全人間的成長を目指す教育と演劇の関係がようやく見直されつつある」と書いている。

今日では、学級崩壊が生じうる学校状況の中、教師にはカウンセラー的資質も求められており、生徒に主体的学習の機会を与えようと総合科目が設定され、その中で演劇を取り入れる可能性も開かれている。生徒たちがドラマによって、非日常の祝祭的な対等平等の遊び的時空を体験し、生きた言葉や、言葉を越えたコミュニケーションを知り、「からだの知」に目覚め、エンパワーメントされていくことが期待される。

心理劇—いろいろな役割を体験してともに考える

J・L・モレノの創始した心理劇(サイコドラマ)は、即興の役割演技をおもな方法として、生きることを学ぶための特別な劇場である。そこでは、そのときどきのプロセスや状況を自然に、自発的に生きて、参加者一人ひとりが新しく生まれ変われるように導かれる。

心理劇では、①監督、②補助自我（監督や演者の動きやすさを助ける人）、③演者、④観客、⑤舞台という五つの役割機能が、グループのプロセスにおいて効果的に働くことが重要である。

補助自我は、いきいきと演技してみせて演技へと誘っていく役である。

日本での心理劇は、お茶の水女子大学の児童臨床研究室で松村康平らによって始められ、日本文化を反映してグループ中心の教育心理劇として発展した。心理劇法は、演劇の枠を越えて、集団心理療法、人間関係の訓練法、社会的葛藤を探究するソシオドラマ、教育技法などとして、さまざまな分野で活用されている。

心理劇は、意識的なごっこ遊び、ロールプレイングが中心であり、誰でもできるものであるが、集団のよい雰囲気や、参加者が安心できる集団状況が育っていないと難しい。心理劇の指導は通常、①集団の生き生きした雰囲気を高めるためのウォーミングアップ（ゲーム的な楽しい技法を活用する）、②目的に応じた即興劇、③結果を共にふり返っての感想（フィードバック）やシェアリング（感情的な共有）とい

う一連のプロセスを経る。

臨床教育的な心理劇

日本での心理劇は、臨床教育的な分野、特に矯正教育において継続的に実践されている。ある少年鑑別所で職員を含め15人くらいのグループで行なった筆者の心理劇の実践例を紹介する。ウォーミングアップの後、空きイスの技法から劇へと入っていった。空きイスの技法は、心の中にイスを想像し、そこに誰かを座らせて対話をしてみる技法である。そのとき、Y男は「彼女」と対話した。それを劇にしてみようと提案して劇となった。喫茶店で彼女と会う場面が設定され、補助自我が彼女役になって座った。誰も少年と彼女の関係や彼女の特徴について知らなかった。コーヒーが運ばれ、会話が始まると、Y男は「また男と遊んでいるだろう」と彼女に向かって叫んだ。周りに爆笑がおこり、会話が続いていく。「あ

んたが少年院へいくからよ」と弁解する彼女役。「男と遊ぶな」と怒るY男。「映画に行ったただけだ」と反論する彼女。「映画に行くだけでも駄目」と主張するY男。笑いながら照れながらの短い劇であったが、見ていた参加者は、少年に共感し、いとおしく思った。そこには「非行少年」はいなかった。劇をした後、Y男は、「彼女といると安心する」と言った。劇をしたり見たりすることで、参加者一人ひとりがそれぞれのドラマを生きているかけがえのない存在であることが感じとられた。それは、社会地位的な役割関係を越えた新鮮な出会いの機会であった。

カナダのドラマ教育の指導法

ドラマ教育を学校の科目として、戦前から行なっているカナダでは、ドラマの持つ教育力に対する認識が広がり、あらゆる教科でドラマ法を活用することが奨励されている。ドラマは、言葉を越えたコミュニケーションに気づかせ、実感を与え、からだに届く知識の習得を可能にし、人間関係を教え育てている。

歴史の科目では、歴史的な事実をドラマとして準備し演じていくと、歴史がぐっと身近に生徒の頭と心に入ってくる。昔話や民間伝承を演じると、昔の人々の思いや考えに実感を持ってふれることができる。ひとつの絵本から、算数や理科や作文や推理や、対市交渉の仕方まで関連させて広げて教えていくことも行なわれている。カナダのドラマ教育でよく活用される技法は、次のようなものである。

①新聞や物語に出てくる人物を教室に登場させて、つまり誰かがその役割を演じて、インタビュー劇などをするロールプレイング（ホット・シートの技法）、②先生がある役割になって登場し、生徒に問題を投げかけて考えさせる方法（ティーチャー・イン・ロール）、③静止画になって場面状況（集団状況）を皆でつくり感じ取る方法（タブローの技法）、④生徒に物語などのある役割を与えて作文をさせる方法（ライティング・イン・ロール）など。

カナダのドラマ教育を発展させたデイヴィッド・ブース（トロント大学）によると、ドラマの教師はサイドコーチ的存在であるが、必要に応じて、①ナレーターになったり、②リーダー役で登場して場面を揺さぶったり、③伝達人となって場面に必要な情報を提供したり、④目立たない影の役割になって登場するなどして、場面を揺さぶることで指導することができる。

絵本から即興ドラマへ

絵本は、ドラマ教育のよい教材である。絵本を演じていくと、読んでもらっただけでは得られない世界が開かれる。演じることで物語がそれぞれの心に深くふれてくるからである。

筆者は、シェル・シルバスタインの『おおきな木』（篠崎書林）という絵本を大学の授業で何度か取りあげている。大きな木と少年はとても仲良しであった。木は少年が大好きで、少年の要求に応じて自分の持てるものなら何でも、切り株になるまで与えていく。物語には、少年を甘やかしているだけに見える母親のような木と、自分本位でわがままなように見える少年がいる。しかし、参加者とともに演じていくと違う見え方が育っていった。

指導のプロセスはおおむね次の通り。①絵を見せないで絵本を読んで聞

かせる、②参加者全員が印象に残る登場人物になって立つ（タブロウ）、③教師がそのタブロウにふれると、ふれられた学生は自分がいつ頃のどんな存在か、何を感じているかを語る、④木のイメージをそれぞれに絵にし、それを見せながらグループの中の感じていることを発表する、⑤お話の中の印象的な場面をヒントにグループでドラマを考えて演じる、⑥「木は幸せだったか」でディベート、⑦最後に絵本を見せる、など。

ディベートでは、大多数の学生たちは、「木は幸せであった」と主張する側であった。木は少年が来てくれただけで、一緒にいられただけで幸せだったと言う。与えているだけに見えたのも、少年から何かを与えられていたのである。教師は、「木は幸せでなかった」とする少数派を支えてディベートをゆさぶった。全体を通して学生たちは、愛すること、生きることの難しさ方法として優れているが、指導が難しい面があり、その効果は実践内容に応じて発揮されるものである。ドラマは、人間存在の不思議や永遠を思う心を育てるホリスティックな教育に通じている。

以上見てきたように、ドラマは、感じあいふれあって全面的・統合的に学ぶ方法であり、生徒と先生の関係を変え、対等に学びあう機会を与える。ドラマ教育は、生徒が授業の主人公になることを可能にする。ドラマは、教育方法として優れているが、指導が難しい面があり、その効果は実践内容に応じて発揮されるものである。ドラマは、人間存在の不思議や永遠を思う心を育てるホリスティックな教育に通じている。

■参考資料

浅野恵美子(2001)「カナダのドラマ教育」日本心理劇学会誌 心理劇 第6巻第1号

浅野恵美子(2001)『人間探求の心理劇』三恵社

クリステン(2003)『ドラマ・スキル』吉田訳,新評論

竹内敏晴(1988)『ことばが劈かれるとき』ちくま文庫

竹内敏晴(1989)『からだ・演劇・教育』岩波新書

日本演劇教育連盟(1989)『からだとことば―その豊かさをもとめて 日本演劇教育50年のあゆみ』

フォックス(2000)『エッセンシャル・モレノ』磯田監訳,横山,磯田訳,金剛出版

ボアール(1984)『被抑圧者の演劇』里美,佐伯,三橋訳,晶文社

D. Booth (1994), Story Drama, Pembroke

いのちとのつながり

ケアリング Caring

II部 6

中川 吉晴

ケアリングは、ホリスティック教育にとって、つながりの回復やスピリチュアリティなどと並んで、もっとも基本的な視点の一つである。アメリカの教育学者ネル・ノディングスは、ケアリング（いたわり、世話、気づかい）という観点から教育のあり方を根底的にとらえ直し、教育をケアリングの実践として再編するようにと提案している。

ケアリングは人間の基本的な欲求であるにもかかわらず、今日の学校教育のなかでその意義はほとんど顧みられることなく、人間の健全な発育が損われ、ひいてはそれがさまざまな教育病理的現象を引き起こす要因にもなっていると考えられる。ノディングスによれば「学校の第一の仕事は、子どもたちをケアすることである。これはアメリカの例を引くまでもなく、日本の学校教育が直面している問題でもある。

学校は、なによりもまずケアリングのための場所でなくてはならず、学校教育は教科中心の体制から、ケアリングを中心とした癒しと成長の場へと転換されなくてはならない。もちろんこれは家庭や地域におけるケアリング力が弱まり、子どもたちが十分なケアをされていないという社会的現実に対応しようとしたものである。ここでノディングスは、家庭や地域にケアリング力が回復することを待つだけでなく、学校自体もケアリングの場としてつくり直されなくてはならないと主張している。さもなければ、子どもが学習活動を行なえる基盤すら整わず、結局は学校が機能不全に陥ってしまうからである。

ノディングスの考えで重要なのは、教育のなかの一領域としてケアリングが位置づけられるのではなく、むしろ反対にケアリングの一様式として教育が位置づけられる、という点である。ケアリングは、教育をふくめた医療や福祉など、あらゆる対人援助領域の根底にあり、ケアリングがそれらを包括しているのである。したがって教師は、教える人であるまえに、ケアする人である。

ところで、ネル・ノディングスは、高校の数学教師をへて、その後スタンフォード大学で博士号を取得後は、シカゴ大学、スタンフォード大学、コロ

ンビア大学で教え、現在アメリカを代表する教育学者の一人となっている。とくに彼女は、女性の立場からケアリングの教育を提唱したことで知られている。ケアリングに関する著書には『ケアリング』や、『学校におけるケアへの挑戦』があるが、それ以外にも彼女のテーマは、直観、数学教育、教育哲学、宗教教育、道徳教育、教師研究などと多岐におよんでいる。

ノディングスはホリスティック教育にも大きな関心を示しており、1997年にトロント大学オンタリオ教育研究所で開かれた第1回ホリスティック・ラーニング会議や、1999年にイギリスのブロックウッドパーク・クリシュナムルティ学校で開かれた学校創立30周年を祝うホリスティック教育会議でも基調講演をしている。

ノディングスが『ケアリング』のなかで試みているのは、女性の立場から「ケアリングの倫理」を構築し、それにもとづく道徳教育のあり方を検討することである。従来の倫理学では形式的な原理ばかりが優先され、道徳教育も理性的な道徳的推論の発達を中心になかに見る。それは、とりわけ母親が子どもにいだく思いやりや、愛情を意味している。ここから彼女は、ケアリングにとって不可欠な構成要因を見いだしていく。

ケアする側の特徴としては「専心」と「動機づけの転移」があげられる。

「専心」とは、ケアされる人に全面的に注意を向け、相手の身になって、相手と同じように感じとることである。「動機づけの転移」とは、ケアする人が自分の関心事から離れて、相手の問題解決や課題の実現を

係性、すなわち「ケアリング関係」である。ノディングスはその原型を、親子のあいだの「自然なケアリング」のなかに見る。それは、とりわけ母親が子どもにいだく思いやりや、愛情を意味している。ここから彼女は、ケアリングにとって不可欠な構成要因を見いだしていく。

ケアする側の特徴としては「専心」と「動機づけの転移」があげられる。

「専心」とは、ケアされる人に全面的に注意を向け、相手の身になって、相手と同じように感じとることである。「動機づけの転移」とは、ケアする人が自分の関心事から離れて、相手の問題解決や課題の実現を

ブロックウッドパークで講演するノディングス。
撮影／中川

手助けすることを意味している。さらにケアリングが成立するためには、ケアされる人のなかでそれが受けとめられなくてはならない。ケアされる人は、なんらかの反応を返して、それに応えなくてはならない。この意味で、ケアリングはケアされる人によって完成される。

それでは、ケアリングにもとづく学校教育はどのようなものになるのだろうか。ノディングスは、教科中心のカリキュラムを解体再編し、学校教育の核としてケアリングの活動をとり入れることを提唱する。『学校におけるケアへの挑戦』のなかでは独自のカリキュラム案が展開されている。それは以下のケアの領域を軸とするものである。つまり自己へのケア、身近な人へのケア、見知らぬ他者・遠方の他者へのケア、動物・植物・地球へのケア、モノや道具へのケア、そして学芸へのケアである。

「自己へのケア」には、身体へのケア、スピリチュアルな生へのケア、職業生活へのケア、余暇の生活がふくまれている。「身近な人へのケア」には、対等な人間関係（伴侶、恋人、友人、同僚、隣人など）におけるケアと、対等ではない関係（親子、師弟、治療的関係など）におけるケアがとりあげられている。

「見知らぬ他者や遠方の他者へのケア」というのは、遠方の地にいる他民族、地理的には身近にいるマイノリティ、ジェンダー、世代、障害者などへの差異・差別化されてきたさまざまな困難がともなうとしても、一つには自己理解（自己の属する集団や社会についての理解）の重要性を指摘する。そのうえで、異質な他者とのつながりをもつように努めるべきだという。

「動物・植物・地球へのケア」では、動物や植物に直接ふれたり、それらをめぐる現代の問題をとりあげたりして、生き物や地球環境へのケアをうながす。

「モノや道具へのケア」は、人間と道具との関係、道具の使用、モノや道具への修理などをふくみ、モノや道具へのケアをとおして現代の物質文明や消費社会のあり方をふり返る。

最後に「学芸へのケア」ということで、ノディングスは数学や芸術の学習をとりあげるが、ここでも力点は、授業の結果ではなくケアリングの学習、生徒が学芸に興味をもってふれ、ケアリング力を高めることが求められる。

ケアリング中心の教育では、ケアの軸のまわりにさまざまな学習活動が編

成される。ノディングスはそのための指針として、生徒が帰属感をもてるような学校づくりをあげ、いろいろな連続性をつくりださなくてはならないという。「目的の連続性」として、学校がケアリングのための場所であることを目的化すること、「場所の連続性」として、生徒たちが少なくとも数年間は同じ教育環境（校舎）ですごすこと、「人の連続性」として、同じ教師が同じ生徒を数年間は受け持つようにすることなどをあげている。

しかしながら、ケアリング中心の教育をいますぐ実行に移すには困難が予想されるので、実現可能な代案としてノディングスが提案しているのは、学校のカリキュラムを二つの部分に分けて、一方を従来どおりの教科学習にあて、もう一方をケアリング中心のコースにするというものである。1日に8コマ分の授業があれば、そのうちの4コマは教科学習にまわし、残りの4コマをケアリング中心の活動にふりあてるようにする。そのうちの1コマはランチタイムの会話にあて、残りの3コマがケアリングの学習活動になる。たとえばここでは、健康、性、子育て、家事、交通、栄養、薬、環境問題、老人問題、スピリチュアリティ、道徳、義務、抑圧、戦争と平和など、現代生活のなかでもちあがるトピックをとりあげることができる。

以上のようなノディングスのケアリング教育論は、わが国の今後の教育を模索してゆくうえでも、とても大きな問題提起をしていると思われる。

■参考資料

ノディングズ(1997)『ケアリング－倫理と道徳の教育，女性の観点から』立山他訳, 晃洋書房

Nel Noddings (1992), *The Challenge to Care in Schools: An Alternative Approach to Education*, Teachers College Press（邦訳，ゆみる出版から刊行予定）

ケアリングの教育

- 自己へのケア
- 身近な人へのケア
- 見知らぬ他者 遠方の他者へのケア
- モノや道具へのケア
- 動物・植物・地球へのケア
- 学芸へのケア

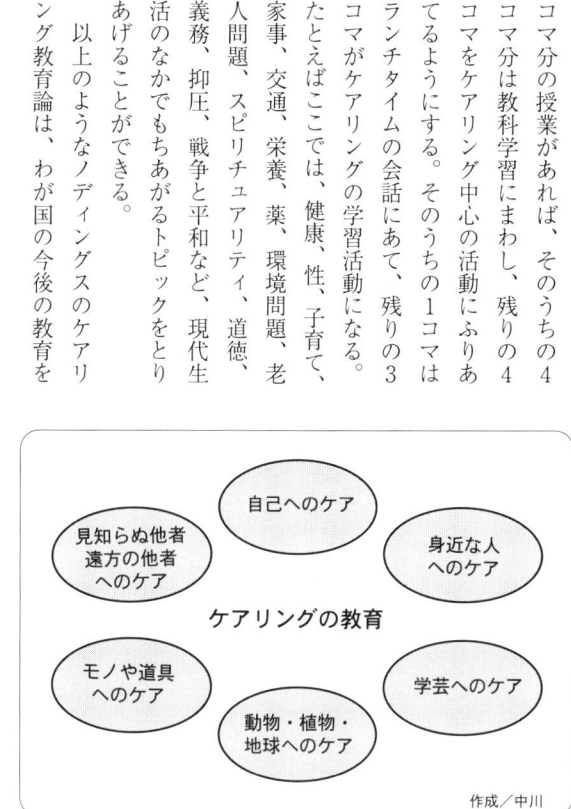

作成／中川

いのちとの
つながり

Curative Education 治療教育

II部
6

自閉症と現代

川手 鷹彦

　翻訳語というものは、ともすると大変誤った印象を、その言語圏全体に植えつけかねない。ゆえに翻訳にあたっては、言葉の選択に相当気を遣わなければいけないが、その一方で、言葉に捕らわれ過ぎてしまうこともまた問題である。たとえば「精神」という言葉に捕らわれ、「精神」的になっていないというのでは何の意味もない。「精神」という言葉を使うならば、そこに精神的なことを求め、裡なる精神を磨いている自分がいなければ意味がない。そしてもしそれができたならば、その言葉自体はその人にとってどうでもよいものにさえなる。綿密に研究し、自由になる。それが

正しいあり方ではないだろうか。なぜなら、自分が持っていた知識修行においては、厳格なけいこの必要をその子どもに当てはめようとするなら、まちがいを冒すことになるからだ。それが後の大成、大輪、大きな自由につながってゆく。役者も舞踊家も、自らの身体を熟知するための厳しい鍛錬を経た後に、初めて自らの身体という楽器を、自由に弾きこなすことができる。芸術活動だけではなく、子どもの教育や「心の保護を求める子どもたち」の治療教育についても同様で、まずは子どものことを熟知することが大切であって、しかしその後学んだことを一切忘れ、まっさらで自由な気持ちにならなければならない。

「自閉症」が何であるかを知らなければならない。しかし「自閉症」の子どもの前に立ったときには、その一切を忘れて向き合わなければならな

い。なぜなら、自分が持っていた知識をその子どもに当てはめようとするなら、まちがいを冒すことになるからだ。なぜなら、人間は一人ひとりまったく違う存在だからである。

　このような意味で、物事は絶えず普遍と特殊のあいだを行き来する。芭蕉の「不易流行」に学び、「自閉症」についても考えてみよう。

　「自閉症」の原語は、ドイツ語ではAutismusで、忠実に訳すと「自分主義」や「自分流」になる。「自閉症」とレッテル付けされている人々は、実は優れて「自分流」な人々なのである。通常、人と人のあいだで会話が成立するのは、私たちが「自分流」ではなく他人流だからである。私たちは、親や学校や社会から、いかなるときにいか

なる礼儀作法が必要かということを、正しいことと教えられて育っている。私たちはみな「他人主義」者である。

私たちが「自分主義」であることは、非常に少ない。もしも人が完全に「自分主義」ならば、他人と共通の概念を持つことさえないので、会話自体が成立しないであろう。「自閉症」と呼ばれる人たちは、行動も「自分流」、知覚や感覚も「自分流」なので、他人と意志を伝達しあうことが大変難しい場合が多い。

「自分流」であることは、生きてゆく上で絶え間なく障壁にぶつかることを意味する。すなわち外に自分の手本になるようなものが何もないと想定していただきたい。──これこそ「自閉症」の普遍性であり特殊性である。すなわち、「自分流」、正しく「自分流」である普遍性を持ちながら、「正しく「自分流」であるために個々の「自閉症」の子どもたちは一人ひとり特殊なのである。「自閉症」という新時代の「人種」は、その前者は言葉の意味を聞き、後者は言葉の響きを聞くことになる。ここが私たちと「自閉症」の違いである。私たちは「他人主義」である私たちは、約束ごとの世界にだけ住んでいるから、それでいい。

「自閉症」の子どもは、物ごとを意味内容で捕らえてしまう。「他人主義」である私たちは、約束ごとの世界にだけ住んでいるから、それでいい。

「自閉症」の子どもは、初めてその言葉を聞くかのように、二回目であれ、三回目であれ、百回目であれ、躍動する響きとリズムを体験する。

「自閉症」の子どもたちと私たちの違いは何か。たとえば、あなたが「ありがとう」と言われるのと、あなたの知らない言葉で「Matur Suksma」（バリ家ドナ・ウィリアムス（Donna

症」と言われるときの違いは何か。一人ひとりで「二民族」ほどの違いを持つ。

だから言葉には気をつけなければいけない。なぜなら「自閉症」と聞いたら、「自分に閉じこもっている人間のこと」と思うからである。よく耳にするのは「私、小学生のとき自閉症でした」という人。それは「自閉症」ではなく、「ひきこもり」である。「自閉症」は先天的なものであって、「ひきこもり」は後天的なもので、「ひきこもり」はなくなることがある。「自閉症」の文字面だけ取って考えると、大変まちがったことになる。だから翻訳には気をつけなくてはいけない。

「自閉症」の子どもたちと私たちの違いは何か。たとえば、あなたが「ありがとう」と言われるのと、あなたの知らない言葉で「Matur Suksma」（バリ家ドナ・ウィリアムス（Donna

リ島の丁寧語で「ありがとうございます」）と言われるときの違いは何か。

法務省保護局の依頼により、筆者が演出した『オイディプス王』。
劇中コロス　撮影／半田広徳

Williams）は、以上のことを二つのシステムとして考えた。「感覚するシステム」と「解釈するシステム」である。「他人主義」である私たちは、生まれたときには「感覚するシステム」を使っていたかもしれない。それがいつの頃からか「解釈するシステム」に取って代わられてしまった。「自閉症」の人たちは、生涯「感覚するシステム」を使える人たちである。

「感覚するシステム」と「解釈するシステム」は、どちらが優れているか。普通であれば「解釈するシステム」と言いたいところだが、今日の閉塞した状況を突破するためには、既成の「他人主義」を見直すことはとても大切なことになる。たとえば、言葉をその意味内容でしか捉えない「解釈するシステム」によって私たちは、言葉の響きやリズムという感覚的な本質を見落としてきたのである。

「自閉症」の子どもたちは1940年代に際立った形で現れた。現代の物質文明と解釈文明がその極みに達し始めようとしたときである。「解釈するシステム」を使った世界のなかでも、特に中部ヨーロッパとアメリカで、「自閉症」の子どもたちが初めて報告されたのだ。一方、私たちは「他人流」の「解釈するシステム」を学んでいて、その内容に閉ざされている。第二にその体験の仕方は、純粋に「感覚するシステム」に依っている。一方、私たちは「他人流」の「解釈するシステム」を学んでいて、その内容に閉ざされている。第三に「自閉症」の人たちは、そういう社会の閉塞状況を打開しようとしてくれているのであって、決して彼らは犠牲者や障害者ではない。私たちが彼らを治す立場ではなく、彼らが私たちを教えてくれているということをしっかり認識しないと、彼らへの接し方を誤ることになる。

「障害をもつ子どもたち」と言ってしまった瞬間に、私たちはその子どもを治してあげよう、何か教えてあげようなどと考えがちだが、「自閉症」の問題はまったくそうでない。「自閉症」の人たちは閉じているのではなく、社会の人たちは閉じているのであって、むしろ彼らは閉じている社会を「感覚するシステム」の再生によって開くために存在しているのである。

ここで「自閉症」について私たちが共有すべき三つの点をまとめてみよう。第一

『オイディプス王』より
撮影／半田広徳

II部—6　いのちとのつながり

多くの関連諸施設の大人たちが、「自閉症」の子どもたちを、社会の「解釈システム」に合わせようと訓練している。たとえば、「自閉症」の子どもは目を合わせないから、毎日、目を向けさせるように練習する。その度ごとに「自閉症」の子どもは、心の中に土足で踏み込まれたように感じる。人の目を見ることがよいことだという「解釈システム」があって、それに「自閉症」の子どもを無理矢理合わせようとしているのが現状である。

ところで先に掲げた三つの点は、「自閉症」だけに限ったことだろうか。この三つの点は、「自閉症」だけではなく、「心の保護を求める子どもたち」いずれの場合にもあてはまる。私たち

は彼らを治そうとしてしまい、こちらの流儀に合わせさせてしまう。彼らなりのあり方ではなくて、今の社会のシステムに合わせようとしてしまう。

さらに私たちは、健常と呼ばれる子どもたちに対しても、今の社会システムに合わせようと訓練する。あるいは子どもだけでなく、自分の家族、友人、恋人、隣人に対しても、たえず「解釈システム」を押しつけている。

「自閉症と現代」というテーマが意味を持つのは、それが現代に対する本質的な問いかけに他ならないからである。感覚器官を再び開くことこそ、「自閉症」の世界が教えてくれるものであり、「自閉症」の子どもたちは、「解釈システム」からの脱却にきっかけを与

えてくれる。だから「自閉症」の子どもたちとのつき合いには未来がある。それは大変に楽しいことでもある。彼らは時代の水先案内人である。私たちを未知の島々へと連れて行ってくれるのである。—そしてそれはすべての「心の保護を求める子どもたち」とのつき合いにおいても同様である。

これより「自閉症」、LD、ADHDの子どもたちの存在は、ますます重要になるであろう。どういう形であれ、多くの人々がその子どもたちと関わり、そのことによって、社会の再生と心の発見が起こることを願っている。

■参考資料

川手鷹彦(1999)『隠された子どもの叡知』誠信書房

川手鷹彦(2001)『子どものこころが潤う生活』誠信書房

川手鷹彦(2003)『イルカとライオン—自閉症、ADHD、不登校など八つの事例』誠信書房

中村雄二郎・川手鷹彦(2000)『心の傷を担う子どもたち』誠信書房

D. Williams (1998), *Autism and Sensing*, Jessica Kingsley Publishers（この貴重な人間研究書『自閉症と感覚』は川手訳で誠信書房から、2003年刊行予定）

R. Steiner (1924), *Heilpädagogischer Kurs*, Rudolf Steiner Nachlassverwaltung

W. Holtzapfel (1978), *Seelenpflege-bedürftige Kinder I, II*, Philosophisch-Anthro-posophischer Verlag am Goetheanum

回連絡先

藝術・言語テラピー研究所「青い丘」
〒150-0001 東京都渋谷区神宮前4-14-5

治療教育研究所「うーじぬふぁー」
〒901-1301 沖縄県島尻郡与那原町字板良敷610-8

Ⅱ部 6

Holistic Nursing

ホリスティックな看護

いのちとのつながり

守屋 治代

生命力を最大限発揮できるように生活過程をととのえる看護

19世紀に活躍したフローレンス・ナイチンゲールの看護思想は、時代を超えて現代看護に影響を与え続けている。ナイチンゲールの生命観、看護観は、人間の生命への深い洞察と信頼にもとづいている。ナイチンゲールが見いだした看護に関する普遍的原理は次のようなものである。まず健康とは、「単に元気であることだけでなく、自分が使うべくもっているどの力をも充分に使いうる状態、もてる力を充分に活用できている状態」をさす。また病気とは、「健康を妨げている条件を除去しようとする自然の働き」であり、「癒そうとする自然の試み」である。つまり、病気という現象は「回復過程」として捉えることができるというのだ。従って、そこから導き出される看護は、「自然が病気や傷害を予防したり癒したりするのに最も望ましい条件に生命をおくこと」であり、「患者の生命力の消耗を最小にするように生活過程を整えること」である。

ナイチンゲール看護論は、人間とそれを取り巻く全体的な環境との相互作用への視点をもっている。それは、生命に対する外部からの操作的介入ではなく、人間が本来もっている生命力、自然治癒力、回復力といったものに注目し、それをいかにして最大限発揮できる状況を創り出せるかという点を示していて、看護の創造性を拓いている（図1）。日本においては、薄井坦子がナイチンゲール看護論を弁証法的に掘り起こし継承発展させており、看護実践の方法論と多くの看護実践を報告している。

ホメオダイナミックな統一体としての人間にかかわる看護

ナイチンゲールが注目した人間の生命力や、人間―環境の相互作用の全体的把握といった観点に、その後M・E・ロジャーズによって、19世紀から20世紀にかけて発表された自然科学界の新しい認識方法が注入された。ロジャーズは、たびたび「人間は、独自の統合性を有し、部分の総和以上の、その総和とは異なる特性を示す統一体

である」という言葉を引用し、看護の対象としての人間を「ユニタリー・ヒューマン・ビーイングス」(unitary human beings) すなわち「統一された全体としての人間」と表現している。

ロジャーズの概念モデルでは、人間は、環境の場であり、創造的進化の過程にあるということが基本的前提とされている。このことから、全体性、開放性、パターンとオーガニゼーション (組織化) といった、諸科学からもたらされた人間の生命過程の諸特徴が看護の理論の中に組み入れられる。人間が病気や障害をはじめとする困難に直面し、懊悩（おうのう）、受容、超越していくプロセス、および、それに寄り添いながら行う看護のプロセスは、患者─看護者両者の全体としての相互作用過程である。

ロジャーズの看護論の二つ目の特質は、この相互作用過程のなかに、共鳴

性、らせん運動性、補完性といった原理を見いだしたことである。これらの原理は、次に紹介するM・A・ニューマンによって、よりホリスティックな宇宙観、生命観を基盤としたダイナミックなケアリング過程として描きだされている。

「拡張する意識としての健康」のプロセスに寄り添う看護

ニューマンは、ロジャーズ看護論を継承し、時間、空間、運動、意識の関係を生命過程と結びつけ、対立的な概念をのりこえたホリスティックな健康観を提唱している。その背景には、ベントフやヤングの意識進化の理論、ボームの「隠された秩序 (内在秩序)」に関する理論、プリゴジンの散逸構造論など、ホログラフィックな世界を描こうとする理論家たちの影響が色濃かいま見られる。

ニューマンは、「意識」とは「システムの情報能力、すなわちシステムがその環境と相互作用をもつ能力」であるとする。このようなシステムとしての人間は、固有の環境との相互行為の〈パターン〉をもっており、健康とは、その〈パターン〉が現れ出たものだとみなされる。つまり、いのちというより大きな全体の反映として、「開示された秩序 (外在秩序)」である疾病・非疾病を含んだ健康現象がある。疾病によって引きおこされる混乱や、予測できない不確かさは、人生における新

図1　看護は生命力を最大限発揮できるようととのえること

生命を脅かす力

生命力

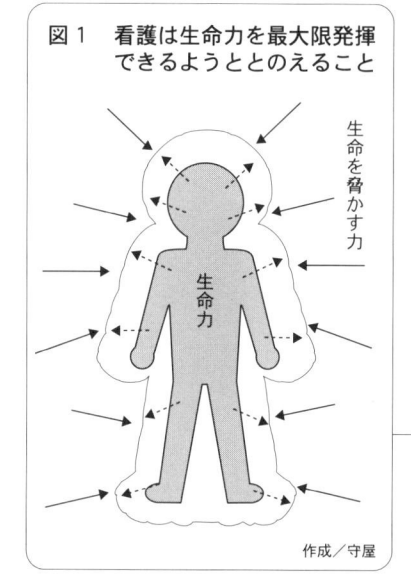

作成／守屋

しい〈パターン〉の形成へ向かって、その人を進化させる。

生命システムは、その内部に起きた〈ゆらぎ〉が一定の限界以上に達したときに、新たなパターンと構造を形成し進化していく。このプロセスは、それまでの自己の維持（恒常性）ではなく、自己変容あるいは自己超越と呼ぶのにふさわしいものである。〈ゆらぎ〉をとおした自己超越については、プリゴジンの理論を幅広く展開したヤンツの自己組織化論がある。

この〈ゆらぎ〉が限界に達したときに通過する分岐点を、ニューマンは人がそれまでのパターンに気づき、より高いレベルの意識に向かって進化するための〈ターニング・ポイント〉として位置づけている。つまり、健康の過程としての「意識の進化」とは、人生において病をえた人が自分の人生全体に対する〈パターン認識〉をもつことで、その体験に意味を見いだす洞察を得て、人間として進化・成長していくこと、すなわち意識が拡張することを意味する（図2）。

日本においては、遠藤恵美子らが、看護者が患者と相互依存的パートナーの関係を形成し、対話を続けるなかで、患者自身の〈パターン認識〉を援助し、患者の〈意識の拡張〉がはかられたという実践報告を重ねている。

トランスパーソナルなヒューマンケアをも射程に入れる看護

ニューマンが〈パターン認識〉を援助するケアリング過程とした患者―看護者関係は、ジーン・ワトソンにおい

図2　病の体験と意識の進化

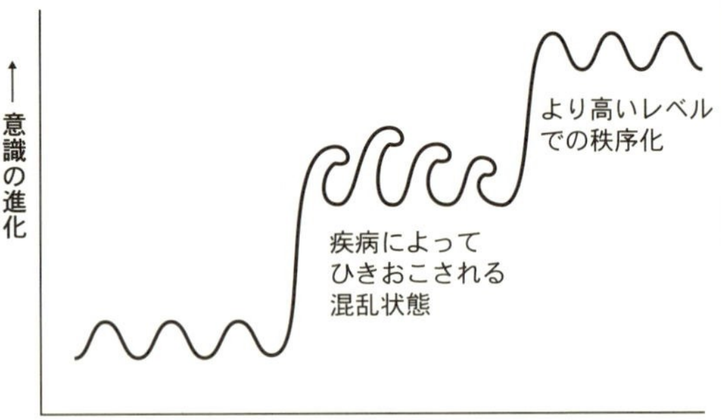

（意識の進化のグラフ：疾病によってひきおこされる混乱状態を経て、より高いレベルでの秩序化へ）

図3　2人の人間の時空間をともにするかかわり

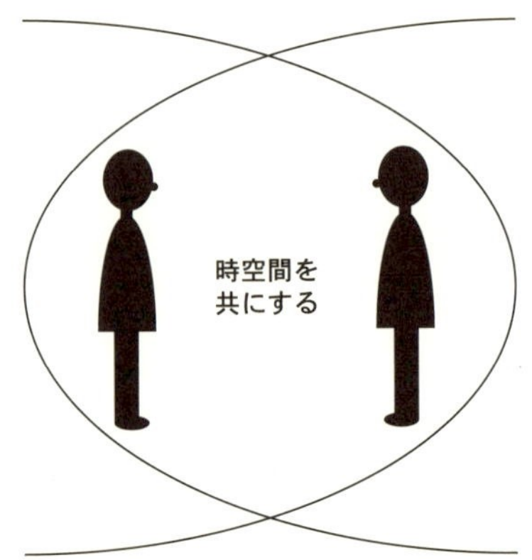

（2人の人物が時空間を共にする図）

図2・3ともに作成／守屋

ては、より一層「トランスパーソナル（個を超える）」な関係として描かれている。それによれば、看護者は相手である患者の生きている世界に入り込み、精神的、霊的なものもふくめた相手の全体をわかろうとし、それを自分の内側で受け止めて表現する。その表現を受け取った患者は、ながらく表に出したいと願っていた感情や考え方の表出を自ら経験する。患者は、心・身体・魂の何らかの不調和の解放を上手にできるようになり、溜め込まれたエネルギーを自由に統合し、自然治癒のプロセスに向けられるようになる。

このヒューマンケアをめぐってやりとりする二人の人間は、感情を共有し、互いの魂にふれ、二人で一つの〈出来事〉を生きている、と捉えることもできる。このとき、この体験がより深いレベルで生起するほど、個人を越えたプロセスが展開していくことになり、ここにトランスパーソナルな看護が立ちあらわれてくる（図3）。

■参考資料

薄井坦子編 (1988～1994)『ナイチンゲール看護論の科学的実践(1)～(5)』現代社

遠藤恵美子 (2002)『希望としてのがん看護』医学書院

湯槇ます監修 (1974～)『ナイチンゲール著作集 第1～3巻』薄井他編訳, 現代社

タルボット (1994)『ホログラフィック・ユニヴァース』川瀬訳, 春秋社

ニューマン (1995)『マーガレット・ニューマン看護論－拡張する意識としての健康』手島訳, 医学書院

ロジャーズ (1979)『ロジャーズ看護論』樋口, 中西訳, 医学書院

ワトソン (1992)『ワトソン看護論－人間科学とヒューマンケア』稲岡, 稲岡訳, 医学書院

II部 6

いのちとのつながり

誕生の教育
Birth Education

コンシャス・バースを求めて

川野 裕子

誕生や誕生前後のプロセスは、人間にとってあらゆる意味で、人生を歩んでいくうえでの基礎となる体験であるだろう。それは、たんなる生物的・生理的な出来事ではなく、心や感情や精神のはたらきをふくむデリケートなものであり、その人の原体験や原風景として、心身の成長の全体とつながっている。「誕生の心理学」や「周産期心理学」は、そのような側面を研究するもので、しだいに日本でも注目されるようになってきた。

ローラ・ハクスレーは、誕生を、人間の潜在的可能性の実現にとって大きな鍵を握るものとして位置づけている。しかし実際には、誕生はそのほとんどが医療のなかで扱われることもあって、一般にそうした意識や関心が向けられることは少ない。それは出産する女性においても同じ状況だと言えるだろう。

ローラ・ハクスレーは、誕生前後が重要な時期であるということを社会に伝えていくために、可能性をひらく人間を育むための非営利組織「私たちの究極の投資」を1977年に創設した。ローラ・ハクスレーは、ホリスティックな生き方を説きつづけたオルダス・ハクスレーの2番目の妻として彼の晩年をともにした、感性豊かな心理療法家である。彼女は、オルダス・ハクスレーの意志をついだこの取り組みについて、「新しく生まれてくる子どものために、誕生以前から、知性と愛情をもって意識的に子どもの誕生にそなえなくてはならない」と言っている。

この団体の活動の一つとして「少年少女たちと幼児たちの交流プログラム」がある。ここでは、少年少女たちが幼児の世話をすることで、親になるとはどういうことかを知る機会を設け、誕生の準備教育をしている。また老人と赤ちゃんとを結びつける「抱擁の会」もあり、そこでは老人たちが子どもにやさしくふれることで、その孤独を癒し、与える喜びを感じるととも

ローラ・ハクスレー
撮影／中川

に、子どもたちは十分に抱かれ、愛される ことを体験する。

「私たちの究極の投資」では、受胎以前、受胎、妊娠、出産（誕生）、幼児期の各段階で、私たちが意識的に子どもを迎えられるような取り組みを展開している。ハクスレーとフェルッチの『未来のママとパパへ』は、各段階に応じたイメージワークや生活の処方箋を紹介し、子どもの誕生に意識的にかかわれるようなガイドラインを示している。この本の副題には、「意識的な出産『コンシャス・バース』の勧め」とある。

私たち助産師は、「コンシャス・バース」を目指し、ハクスレーのガイドラインを参考にしながら、「誕生の教育」に取り組み始めている。これはホリスティック教育の一環のものである。私たちがかかわる子どもたち、次にまず学校教育における三つのグループがある。現時点では三つのグループがある。まず学校教育における子どもたち、次に出産を控えたカップル、そして誕生前後の子どもたちである。以下では、その三つの「誕生の教育」の実践について報告してみたい。

学校における「誕生の教育」

「誕生の教育」は、学校教育の具体的なプログラムとして位置づけられてはいない。しかし、HIV感染の蔓延や、性情報の氾濫、少年犯罪の増加など、昨今の社会情勢から、「いのち」に関する学習の必要性が生じてきた。この流れを受けて、いのちのかけがえのなさを子どもたちに伝えるために、「性教育」の一つとして、出産の感動について話してほしいと、助産師へ依頼が来るようになった。各地で助産師の、学校教育への参加が始まっている。

私はそれを実施するにあたって、学校側との十分な話しあいや、継続的な交流を大切にしたいと考えている。ゲストとして学校から提供される時間を担当する方法もあるが、授業の立案の時点から参加できるなら、より効果的だと考えている。そうすることにより、担当教員と助産師が事前の打合せを重ねるなかで、互いの「子ども観」を融合させることができ、クラスや子どもの個性を踏まえて学習の方法を模索し、組み立てていくことができるからだ。このようなプロセスは、教員と助産師の関係を深め、互いにとって学びの機会となるだけでなく、学校と地域との連携を深めていくことにもなるだろう。

学校現場で「誕生の教育」が社会や

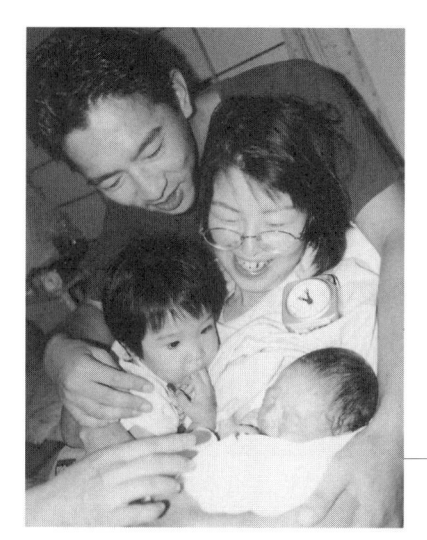

家族でお産（助産院にて）。
生まれてすぐに母親の胸（素肌）の上に抱かれる赤ちゃん。上子は1歳8ヵ月。提供／川野

未来につながるものと理解されれば、それはより明確に学校教育の中に位置づけられるであろう。私は今後、もっと継続した「誕生の教育」のプログラムの立案にむけて、学校と連携を深め、意見交換をしていきたいと思っている。そして将来、子どもたちが成長し、親となる段階で、パートナーとの関係や、出産場所や出産方法の選択に「誕生の教育」が活かされることを願っている。

出産にむけての「誕生の教育」

次に、出産を控えたカップルに対しては、「出産準備教室」のなかで、わが子の誕生を自分たち家族の出来事として、より意識的に迎えられるような工夫をしている。一般的なクラスでは、妊娠・出産の医学的経過と、起こりうる異常の説明が中心となる。しかしそれだけでは、妊婦は出産への不安を多く抱え、どのようにすれば痛みが少なく、楽に産めるかに関心を集中させることになる。そこで私たちの産院では、まず出産への不安を少しでも和らげるために、誕生の場面の喜びやうれしさ、生まれたばかりの子どもの美しさを写真によって紹介している。これは、痛みや恐怖を伴うものといった出産のネガティブなイメージからの転換をはかるためである。また教室や健診に来たカップルに、入院中の、生まれて数日の赤ちゃんを抱いてもらう。その感触や喜びをとおして、自分たちの出産への具体的なイメージがさらに膨らむ。

出産や誕生を前向きにとらえ、わが子をどう迎えるのかを、そのカップル自身が深めていくことが大切なプロセスとなる。そして、最終的には出産する姿勢や、誰に立ち会ってもらいたいかなどを具体的に記した「バースプラン」を立案してもらっている。プランの立案によって、誕生を"楽しみ"として待てる気持ちが育まれていく。この一連のプロセスは、妊娠初期からの助産師との継続的な関係のなかで、より強いものになる。

今日、妊娠や出産は、ほとんどが医療関係者の管理下にあり、その指示や判断に従うべきものとして、子どもを産む人たちの思いや生活から切り離されている。しかし妊娠や出産は、日常生活の延長線上に位置づけられる出来事である。また妊娠・出産・育児のなかで、自らの誕生体験や子ども時代にうけた傷が呼び起こされる人もいる。親となる人の誕生や生きてきたプロセスのすべてが、子どもの出産や誕生とつながりをもつと言える。そしてその出産や誕生のあり方は、その子どもの成長過程や生き方に影響していく。ハクスレーはコンシャス・バースの取り組みのなかで、妊婦や母親向けのイメージワークを紹介しているが、それは、親となる人にも、過去に受けた傷

誕生前後の子どもたちへの「誕生の教育」

最後に、助産師独自の「誕生の教育」として、誕生前後の子どもたちへのかかわり方について紹介したい。子どもたちの生まれるようとする力、生きようとする力は、大人の想像以上に可能性を秘めたものである。その力が十分に発揮されるように、子どもへの尊敬と信頼の念をもち、愛情と癒しを忘れない態度が必要だと思われる。チェンバレンは、子どもには胎児期や誕生時の記憶があると報告している。しかしながら、ほとんどの人は、生まれたばかりの子どもたちの、まなざしの美しさや、まばゆさを目にしな

がらも、「まだ何も見えていないでしょ？」と尋ねる。私たちの産院では「きっと見えていると思います」と答えている。生物的には未発達であっても、子どもは、からだ全体であらゆることを感じている。

『暴力なき出産』の著者、ルボワイエは、誕生直後の子どもたちを傷つけないようにするために、私たちがどのように接すればいいのかを明確に記している。たとえば、へその緒を切るタイミングは急がず、子どもの呼吸のリズムが落ち着くまで待つようにと指摘している。また、誕生後しばらくのあいだ、母親と子どもはじっくりふれあうことが必要であり、産湯は子どもを癒すうえでとても有効であるとも言う。

私たちがこれらのことを意識しながら実践するのも、それが子どもに対する「誕生の教育」の最初の一歩になると考えているからである。

以上、私たちが取り組んでいる「誕生の教育」について述べてみた。よりよい出産や誕生の体験は、世代をこえて伝えられるものだと思われる。コンシャス・バースの考えは、いのち、教育、社会へとつながるものである。

上：誕生後約30分，へその緒を切ったばかりの赤ちゃん。提供／川野
下：木のたらいで産湯。

■参考資料

オダン(1995)『プライマル・ヘルス』大野訳，メディカ出版

グロフ，ベネット(1994)『深層からの回帰』菅，吉田訳，青土社

チェンバレン(1991)『誕生を記憶する子どもたち』片山訳，春秋社

ハクスレー，フェルッチ(1995)『未来のパパとママへ』中川訳，VOICE

ピアス(1984)『マジカルチャイルド育児法』吉福監訳，高橋，菅訳，日本教文社

三木成夫(1983)『胎児の世界』中公新書

三木成夫(1982)『内臓のはたらきと子どものこころ』築地書館

リードロフ(1984)『野生への旅』山下訳，新曜社

ルボワイエ(1991)『暴力なき出産』中川訳，アニマ2001(星雲社)

◨サイト情報

Children: Our Ultimate Investment
www.children-ourinvestment.org

いのちとのつながり

死の教育
Death Education

II部 6

鈴木 康明

Death Education—「死」からの学び

Death Education（以下、デス・エデュケーションと記す）とは、「死」と「生」に関するさまざまな事柄を学ぶことから、「生きていく」ことについての肯定的な価値観と具体的な態度の形成を目指すものであり、現象の正確な理解とあわせて、事柄と課題についての情緒的な気づきをもたらすものである。その中で取り上げられる題材には、たとえば、①死にゆく人の心の軌跡、②自死、③尊厳ある死、④ホスピスと緩和ケア、⑤生命倫理、⑥死生観や死の歴史、⑦死と葬儀、⑧遺された人へのかかわりなどがある。

権利としての学び

生きていくことに関する教育的なアプローチは、本来、家庭におけるものが中心であり、それを補完する形で学校や社会における教育活動が展開することが望ましい。なぜなら、この主題は根本において、家庭における大人が日常生活のさまざまなやりとりを通して、自分の子どもたちや身近な子どもたちに教え伝えるべき性格のものだからである。しかし、親自身の問題を含め、家庭のあり方そのものが危ぶまれたり、地域の教育力の低下が指摘されるなかでは、必然的に学校が子どもたちに対するこうした教育活動の主導権をとり、家庭と地域に働きかけ、それらが本来持っている教育力を活性化するように機能せざるを得ない。

だが、わが国では今のところ、このような教育を学校において経験できる子どもたちは限定されていると思われ、これは、教育の公正さという観点からだけでなく、大きな問題であると考えられる。なぜなら、次世代を担うすべての子どもたちがいのちや生きることについて考えることは、人として当然のことであり、また伝統や文化の先行者としての大人がそのような機会と場を提供することも当たり前のことだからである。

教育の特質

デス・エデュケーションは、基盤となる理論体系や方法論、具体的技術などが未整備である。たとえば、従来か

ら子どもたちに対する発達支援教育としての活動を展開している「道徳教育」、そして近年その必要性が叫ばれている「健康教育」との関連や相違点についても、さらにはデス・エデュケーションの教育としての独自性についても、まだ明確にはなっていない。

これまでのところ、①道徳教育における人間の尊厳に対する理解と感性の育成といった人権教育的視点を、よりいっそう生と死、いのち、生きるということに重点を置いて展開していくこと、②子どもたちに生と死、いのち、生きることについての認知的理解を促すと同時に、それらを情緒的にも理解するよう働きかけること、③いのちと生きることについて肯定的な価値観を形成することを目指すこと、④死別や喪失への対処など、事柄によっては具体的行動の修得を目指す場合があること、などが重要なポイントとして明らかにされているが、今後とも、これらのことに関しては慎重な吟味が必要である。

や、性や身体の事柄に重点を置いた「性教育」、そして近年その必要性が叫ばれている「健康教育」との関連や相違

価値観

これまで述べたように、デス・エデュケーションの根底には、生きることに対する肯定的な価値観の形成という命題が横たわっており、そのことが、価値観の世代間のズレがもたらす葛藤や、価値観の統制に対する危惧の念など、さまざまな論議を呼び起こしている。

特に後者については、このような教育は子どもたちを操作、統制するものであり、人間の基本的人権を侵害するのではないかと指摘するむきもある。たしかにわが国の過去の教育、特に戦前のものが率先して価値観の統制に寄与してきた経緯を振り返ると、そのような危険性は十分に考えておかなければならないであろう。しかし、たとえば自分のいのちも他者のいのちも傷つけてはならないこと、また、いのちは何ものによっても傷つけられては

ならないことなどは、世代を超えて人として了解すべき事柄であり、それを、「他人に迷惑をかけていないから何をしてもいいじゃないか」と考え行動する子どもたちに伝え、話しあい、理解してもらい、われわれとの共有をはかることは、むしろ当然のことであると考えられる。

教える側の戸惑い

さらにデス・エデュケーションについては、生と死やいのちなどの事柄は教えなければならないのか（必要性）、果たしてそれらは教えることができるのか（懐疑）という意見もある。

この教育の必要性に関しては、今いのちに関して起きている現象を考えれば一目瞭然であろう。われわれは、子どもたちが自らを、さらには他者のいのちを傷つけたり、生きることを阻害するような行動を放置するだけでなく、将来にわたり、そうしたことが起こることのないようにかかわることが必要である。つまり対処療法的な介入はもちろんのこと、どちらかといえば予防・開発的な介入こそが大切であり、それには教育によるアプローチが妥当である、ということは言うまでもない。

さて問題は、実際の展開についての疑義であるが、このことを考えるにあたっては、あらかじめ理解しておくべきことがある。それは、デス・エデュケーションと、いわゆる教科教育の方法と技術を切り離して考えた方がよい、ということである。教科教育においては、たしかに教える側の教師は少なくとも子どもたちよりその内容を理解していることが必要であり、それは教師が子どもたちに接するときの基本的姿勢の一つである。また、教師の側にとっても、自分がわからない、知らない、自信が持てないものを、子どもたちに教えなければならないということは苦痛であり、ややもすると教師としての自尊心を損なう恐れすらある。そこで多くの教師は研鑽を積み、確信を得てから授業を行おうと考えるが、デス・エデュケーションの場合には、内容の多様さ、ならびに解答の曖昧さという困難が常につきまとい、真剣に取り組もうとすればするほど、この教育の実施に慎重な態度をとらざるを得ない。しかし、このような教師の心情は実はとても尊いものである。なぜなら、デス・エデュケーションは直接いのちの問題にふれることが多く、歪んだり偏ったりした情報を提示すると、子どもたちを惑わし、場合によってはいのちを危険にさらす可能性があるからである。

戸惑いの共有

それではいったいどうしたらよいのだろうか。筆者は、決して見切り発車を奨励しているのではないということ

を断った上で、次のことを提案したい。それは、デス・エデュケーションを行うためには、教師が発想を転換することが必要であるということである。具体的には、事柄についての基本的知識や情報を伝達すること以上に、教師や子どもたちが一緒になって、生と死、いのち、生きることについて探索し、考える努力をするということである。

もちろん、教科教育の展開においても、「子どもたちとともに」という視点は存在するが、いのちとは、人間とは、生とは、死とは、などの難問に立ち向かい、そこから個人としての価値観を形成してもらうためには、教師が子どもたちに、自分もわからない、知らない、自信がないという本音を開示し、彼らと困難さを共有することで、はじめてその一緒につくことができるのではないか、と考えられる。

デス・エデュケーションは、教師から子どもへ、大人から子どもへ、一方的に知識や技術を伝達するだけの教育ではない。時間と、場所と、さらには戸惑いをも共有することから、子どもたちの価値観の形成を目指す教育である。教師が、このような姿勢は子どもたちに迎合、妥協することであり、それでは教師としての威厳が保てないと考えている限り、この教育を展開することは相当に難しいのではないだろうか。

■参考資料

新井邦二郎編(1995)『教室の動機づけの理論と実践』金子書房

デーケン(2001)『生と死の教育』岩波書店

甲斐規雄,朝倉征夫(1997)『人間教育の探求』酒井書店,育英堂

鈴木康明(1999)『生と死から学ぶデス・スタディーズ入門』北大路書房

鈴木康明(2000)『生と死から学ぶいのちの教育』現代のエスプリ394,至文堂

鈴木康明監(2001)『いのちについて考えよう』『生と死について考えよう』学習研究社

武安宥編(1996)『教育のアルケーとテロス』福村出版

西平直(1993)『エリクソンの人間学』東京大学出版会

日本道徳性心理学研究会編(1992)『道徳性心理学』北大路書房

無藤隆(1994)『体験が生きる教室』金子書房

A. Gordon, & D. Klass, (1979) They Need to Know: How to Teach Childeren about Death, Prentice-Hall

■サイト情報

死への準備教育研究会(東京・生と死を考える会内)
www.deeken.medical-bank.org

グリーフケア研究会(わせだ心理臨床研修会内)
homepage3.nifty.com/waseken

いのちとの
つながり

内観法 *Naikan*

II部 6

西山 知洋

ホリスティック教育との出会い

私が「ホリスティック教育」ということばを初めて知ったのは、フリースクールを始めてまもなくの90年前後のことである。そして94年春、京都であったジョン・ミラー氏の講演会で氏の話を聴いたとき、一瞬のうちに私の中でスパークするものがあった。それは、ミラー氏が、まずあなた自身のほんとうの自分に気づき、「世界に自分自身をいっぱい開いて、今を生きてください」と呼びかけ、そのための方法として瞑想が非常に大切であると訴えていたからである。

すでに私は「内観」という一種の瞑想法によって自己変革を体験し、内観法を教育実践に取り入れて一定の成果を得ていた。私は自分を全開して、子どもたちに彼らの子ども時代を精いっぱい充実して生きてほしいと願っていた。だからミラー氏のことばを聞いたとき、私は心の奥深くから強く共鳴共感するものを覚えたのである。

内観法とは

内観とは文字通り「内心を観察」することであるが、その方法はいたって簡単である。まず部屋の片隅、畳半帖ほどの広さに屏風を立て、その中に楽な姿勢で座る（図参照）。そして身近な人びと（最初は母親、次に父親、配偶者など）とのあいだで、①自分がしていただいたこと、②自分がして返したこと、③自分が迷惑をかけたこと、

という内観三項目の観点にそって、具体的な事実を過去から現在まで年齢順に調べていく。

これには二つの形態がある。ひとつは研修所に原則として一週間泊まり込みでやる集中内観であり、もうひとつは自宅などで毎日短時間ずつやる日常内観である。

内観は新しい自己（真実の自己）を発見し、人生をリフレッシュする自己啓発の方法である。さらに非行、人間関係の葛藤、うつ病、アルコール依存など心身の不調和に対する心理療法としても有効性が高い（『やすら樹』自己発見の会機関誌を参照）。

この内観のルーツは、浄土真宗の一派に伝わる「身調べ」という、悟りを開くための厳しい修行法だと言われて

いる。この求道法で無上の法悦を味わった吉本伊信師（1916〜1988）は「この喜び、この感激を世界中の人々に伝えたい」と決心し、誰もができる今のやり方に改良し、名称も「内観」と変えた。

私の内観体験

私が集中内観を初めて体験したのは、76年1月である。その頃公立中学校の教員だった私は人間としての壁にぶつかり、教員生活に行詰まりを感じていた。その壁の最大のものは、子どもたちに差別を見ぬき、差別をしない、させない人間になろうと教えながら、自分自身の内にある差別意識とどう闘ったらいいのかわからないことだった。私はしだいに子どもたちの前に立つことが苦痛になっていった。心身がボロボロになっていく自分を見て、99パーセント教員を辞める決心をした。そんな折、ある人から"内観法"とい

うものの存在を教えてもらった。当時の私は"内観"ということばに何やら抹香臭いものを感じて抵抗があったが、せっぱ詰まっていたので思い切って内観研修所の門をたたいた。

一週間の実習中、大小たくさんの気づきがあったが、終わったとき、私は自分が生まれたての赤ん坊のようになっているのを感じた。それは、誕生以来38年間に積もり積もってこびりついていた心のアカやサビが、内観によってあふれ出る熱い涙によって少しずつ洗い流された結果だった。それは私にとって再生にも等しいできごとであり、宗教または霊性（スピリチュアリティ）というものへの目覚めでもあった。私は内観によって初めてほんとうの自分を知ることができた。その真実の自己とは次のようなものであった。

1　自分は、己れの欲望のためならそ、偽りで塗り固め、どろぼうでも人殺しでもやってしまう、どう

しようもない大バカものであった。

2　にもかかわらず、そのような人非人・極悪人の私でも、父母をはじめ周りの人びとからあふれるばかりのたくさんの愛情をいただいて、生かされてきた。

このことに気づいたとき、私は腹の底から生きるエネルギーがふつふつと湧いてくるのを感じた。よし、なんとしてでもこのお返しをしよう。謝罪と感謝の気持ちに満ちて、あふれるような喜びと幸せをかみしめながら、すが

図　内観中の風景

イラスト／守安あゆみ

内観を教育実践に活かす

内観を体験してみて、私は、自己内省の方法として、このようなすばらしいものが日本にあったことに驚嘆した。私は早速この方法を、その年の4月から受け持った中学1年のクラス全員に内観日記を書いてもらうというやり方で導入した。

学年始めにまず全員に小さなノートを渡した。生徒は家でまず母に対しての自分を、小学1年から一年区切りで調べる。調べたことを内観三項目にそって各項目1～2行程度にまとめて書く。翌朝私に提出。私も1～2行のコメントをつけてその日のうちに返す。これを始めて一月ほどすると、授業中騒がしかった教室が、自然と集中して熱心に取り組む姿に変わった。その頃になると、家庭の方からも「何も言わない

のに家の手伝いをするようになった」とか、「自分から机に向かうようになった」という声が聞こえてきた。

内観日記が土台となって、内観に特に熱心な数名の者たちがクラスをまとめ、思いやりのある、明るくて活発な集団に育てていった。

また当時、校内暴力などの非行に走った20余名の生徒たちのうち、半数以上の者たちが内観をきっかけとして立ち直っていった。

私は公立学校を辞めて、1988年にフリースクール（6～17歳対象）を開設した。基本方針には「ニイルの思想と内観法」を据えた。ここでの13年間には、内観法のさまざまなバリエーションを取り入れた。その試みのいくつかを記してみよう。

自らが親から虐待を受けて育ち、わが子を虐待して育てた母親が、まさに心身の崩壊寸前に、まず私との電話内観に踏み切り、やがて集中内観をくり返してそのトラウマから見事に解放された。

父親と二人の子どもたちも次々に内観して、今はそれぞれの生き方を積極的に追及し、楽しんでいる一家もある。

スクールが集団として内観を取り入れた方法として、毎日のミーティングの前に3～5分間「内観の時間」を設けたことがある。これは「昨日一日をふりかえって、お母さんにしてもらったことと、してあげたこと」を思い出

すがすがしい気持ちで研修所をあとにした。

なって出てきたその子は以前よりも明るくなり、自分の思いや気持ちも出せるようになった。そして他の女の子と仲よくなり、よく遊ぶようになった。これは親が内観しただけで、子どもに大きな変容のあった事例である（日本内観学会にて発表）。

観して、今はそれぞれの生き方を積極観に踏み切り、やがて集中内観をくり返してそのトラウマから見事に解放された。

私は公立学校を辞めて、1988年にフリースクール（6～17歳対象）を開設した。基本方針には「ニイルの思想と内観法」を据えた。ここでの13年間には、内観法のさまざまなバリエーションを取り入れた。その試みのいくつかを記してみよう。

人との交流を避けて、私の飼っていた犬猫としか接触しない小学5年の女の子がいた。母親が春休みにある研修所で集中内観を実習した。新学年に

してもらい、2～3人に発表してもらった。これで騒がしかったミーティングが静かな雰囲気の中で行なわれるようになった。

このやり方の変形として、一日の終りに「ふりかえりタイム」を設けた時期もある。これは全員が一室に集まって車座になり、軽く目を閉じて「今日一日をふりかえって」、①ありがとうのこと、②ごめんさいのこと」の二つのできごとを思い出す。そして小さな紙片に1～2行簡潔に書いて提出する。翌日のふりかえりタイムの冒頭に、発表OKの人のものを読んでから、その日のふりかえりに入るというやり方だった。騒々しいスクールの一日の流れの中で、たとえ3分間でも全員が沈黙の時間を共有することの意義は大きかった。

内観法の未来

日本文化の中から生まれたユニークな内観法は、今、少年院や刑務所、そして学校教育、精神医療、産業界、宗教界など多様な分野で注目され、少しずつ広まっている。さらに内観国際会議も組織され、欧米をはじめ東アジアなど海外にも広がりつつある。

内観は、自己啓発あるいは心理療法として抜群の効果を発揮しうるものであるが、決して万能薬ではない。しかし21世紀がホリスティック・パラダイムの方向に向かうとき、この日本生まれの自己探求法はもっと注目され、活用されてもよいであろう。

■参考資料

草野亮編(1989)『日本内観学会第12回大会発表論文集』日本内観学会事務局

竹元隆洋(1979)『内観と医学』内観研修所

吉本伊信(1965)『内観法』春秋社, 初版『内観四十年』改題

「やすら樹」(隔月刊)自己発見の会事務局

回連絡先

内観センター(吉本正信)
http://www006.upp.so-net.ne.jp/naikanc
TEL 0743-54-9432
FAX 0743-55-4755

静寂(面接中の故吉本伊信師)。
提供／内観センター

スピリチュアリティとのつながり

II部 7

瞑想
Meditation

中川吉晴・金田卓也

瞑想は、ホリスティック教育において、イメージワークやボディワークと並んで一つの主要な方法とみなされている。古来より瞑想は霊性修行の中核をなすものだったが、今日ではトランスパーソナルな心理療法やホリスティックな健康プログラムなどのなかで用いられており、スピリチュアルな面ばかりでなく心理面や健康面の効果も認められてきている。ホリスティック教育の分野でも、ジョン・ミラー（トロント大学）やリチャード・ブラウン（ナローパ大学）は、瞑想を教師教育のプログラムのなかにとり入れている。

現代社会における瞑想の普及には、霊性修行のさまざまな伝統——ヒンドゥーの伝統、禅、チベット仏教、上座部仏教などの仏教、スーフィズム、先住民の文化（シャーマニズム）など——が関係している。これらは現代人のスピリチュアルな探求にさまざまな瞑想の道を提供している。そして、そのそれぞれの道のなかにも多様な技法がふくまれている。呼吸法、沈黙、祈り、献身、マントラ、観想、気づき、運動、身体道や芸道、奉仕・援助活動をその見事な一例としてあげておく。身体による道には、さまざまな東洋的身体道や芸道がある。なお感情による瞑想には、ホリスティック教育でも用いられる「慈しみの瞑想」がある。身体による瞑想的特徴をもった各種の身体技法（センサリー・アウェアネスや、フェルデンクライス・メソッドなど）もふくまれる。

ナ・マハリシが説いた教えが参考になる。感情による瞑想については、スーフィやわが国の妙好人が多くの実例を与えてくれる。行為による瞑想としては、ラム・ダス（一九九四）が行なった奉仕・援助活動をその見事な一例としてあげておく。身体による道には、さまざまな東洋的身体道や芸道がある。なお感情による瞑想には、ホリスティック教育でも用いられる「慈しみの瞑想」がある。身体による瞑想には、瞑想的特徴をもった各種の身体技法（センサリー・アウェアネスや、フェルデンクライス・メソッドなど）もふくまれる。

ルシャンのまとめでは、瞑想には「知性による道」「感情による道」「行為による道」「身体による道」がある。瞑想は知性や感情や身体や行為を通路として、人間の意識の全体的な変容をもたらすものである。参考までにあげておくと、知性による瞑想については、禅の師やクリシュナムルティやラマ

瞑想を始めようと思う人は、どれか一つの方法を選んで、一定期間試してみることをおすすめする。そしていく

つか試し、その効果のほどを見定めて、自分のいまの状態にいちばんふさわしい方法を行なうとよいだろう。

念のために言っておくと、瞑想は何か特別なことを行なうものではない。そのような気持ちから瞑想をはじめるときには、その背後に自己の不全感を補い、自分を特別な存在として認めたいといったナルシシズム的欲求がひそんでいることが多い。また瞑想を過度に方法と同一視することも問題である。クリシュナムルティが言うように、瞑想は方法ではなく、さまざまな条件づけから解放された意識の状態である。

霊性修行としての瞑想は、最終的には悟りの境地を開くとされているが、さしあたりは自己のあるがままの姿を知るところからはじまる。そして自己を縛っているさまざまな条件づけに気づき、それらが解消されていくにつれ、自分の深い面に気づくようになり、霊性の開花が起こってくる。瞑想の初心者は、いきなり悟りを求めるのではなく、瞑想がもたらす変化をじっくり味わうのがいいだろう。

ところで、多くの瞑想法のなかで共通して重視されるのは、気づき（アウェアネス）である。気づきに焦点をあてたものに「マインドフルネス瞑想」があり、心理療法や健康プログラムやホリスティック教育のなかで用いられているのも、その方法である。マインドフルネス瞑想は、上座部仏教のヴィパッサナ瞑想を北米にもちこんだゴールドシュタインやコーンフィールドによって、またベトナム生まれの禅僧ティク・ナット・ハンなどによって普及されたものである。

マインドフルネスとは気づきの意味であり、自分の内部（感覚、感情、思考）や外部で起こっていることに、あるがままに気づくことである。それはじつに単純で、いまこの瞬間に起こっていることに、ただ気づくということである。気づきとは、空を流れていく雲を眺めているときのように、意識に立ち現れてくるどんなものからも距離を置き、その推移をただ観察することである。

マインドフルネスにあたるサンスクリットの言葉 スムリティは、覚えておくことを意味している。マインドフルネスとは、現在の瞬間にもどってくることを覚えている、ということである。マインドフルネスにあたる漢字「念」は、心を今にとどめるという意味である。初期仏教時代に成立した『念

処経』は、マインドフルネスの中心となる四つの柱をたて、身体、感情、精神、精神の対象のそれぞれについて具体的な指示を与えている。一例までに見ておくと、身体のところでは「修行者が歩くとき、その人は『歩いている』ということに気づいている。立っているとき、『立っている』ということに気づいている。座っているとき、『座っている』ということに気づいている。…どんな姿勢をとっていても、その人は自分のからだの姿勢に気づいている」とある。このような調子で、身体の各部位、快苦などの感情、欲、嫌悪、無知、緊張、落ち着きといった精神の状態に気づくことが説かれている。

瞑想の初歩段階では、たとえば自分の呼吸や、からだの特定の部位や動きに焦点をあて、そこに起こっていることを観察する。あるいは日常生活のあらゆる局面や所作が気づきのレッスンの場となる。たとえばお茶を飲むときも、歩くときも、食器を洗うときも、それをとおして、あらゆるものに対する気づきのレベルが高まってくる。

瞑想をしているとき障害となるのは、いろいろな思考がつぎつぎとあらわれて、注意をそらすことである。たとえば呼吸に気づいているつもりが、知らない間に何か別の考えが入ってきて、意識がその考えでいっぱいになっていることがある。そういうときには思考の内容に引っ張られることなく、ただその思考の流れに左右されることなく、ふたたび呼吸に気づくとよい。このように瞑想をつづけていると、しだいに思考の流れに気づき、思考を手放して流してやるように呼吸に気づくことができるようになる。瞑想がある程度すすんでくると、いまの瞬間へと中心が定まり、落ち着きが増し、心が静かになり、明晰さが増し、広がりや深みの感じが増し、存在感が増すといった変化が起こってくる。マインドフルネス瞑想は、最初は技法として学ばれるものだが、それをとおして、あらゆるものに対する気づきのレベルが高まってくる。

ホリスティック教育では、瞑想は教師教育以外にもさまざまな場面で活用できると思われる。そのさい瞑想は、他の方法とも組み合わせて用いられると、さらに効果的になる。たしかに瞑想はホリスティックな変容にとって不可欠なものだが、今日このような方向や芸術表現や社会活動などと組み合わされることで、豊かな実りをもたらすことができる。今日このような方向は「統合的実践」（インテグラル・プラクティス）というかたちで、ウィルバーやマーフィによって提唱されているが、これは今後ホリスティック教育がすすんでいく方向とも一致していると思われる。

シュリ・シュリ・ラビシャンカールの瞑想

インドでは古代から精神世界の探究の上で瞑想は大変重要視され、より深い瞑想に入るために、呼吸に意識を向けるさまざまな呼吸法が工夫されてきた。南インドのバンガロール生まれのシュリ・シュリ・ラビシャンカール（1956〜）は現代の学問とともに古代から伝わるヴェーダを学び、独自に開発したスダルシャン・クリヤと呼ばれる呼吸法やサハジ・サマディ瞑想を世界中の数多くの人々に指導している。スダルシャン・クリヤはストレスを解消し、健康に役立つばかりではなく、身体・感情・思考のつながりに気づくことができ、スピリチュアルな世界へ導いてくれる。現在、南インドのバンガロール郊外とカナダとドイツにもアシュラムが開かれ、アート・オブ・リビングというNGO団体の下に広範囲にわたる教育・慈善活動が行われている。アート・オブ・リビングでは、世界136ヵ国で呼吸法と瞑想の入門ワークショップを実施しているが、その特徴は、古代インドの叡智をストレスに悩む現代社会に適応させ、わかりやすい形で提示している点である。

シュリ・シュリ・ラビシャンカールは、「正しい教育とは、一人ひとりの中に世界全体とつながる一体感というものを創り出すことである」と述べ、子ども向けのアートエクセル ART Excel（All Round Training in Excellence）および青少年向けの独自の教育プログラムも開発している。通常6日間のワークショップで行われ、基本的な呼吸法のテクニックを用いながら、身体と心そしてスピリチュアルなレベルでのバランスのとれた成長を目指すものである。

■参考資料

オズボーン編（1996）『ラマナ・マハルシの言葉』柳田訳,東方出版

カバットジン（1993）『瞑想健康法』春木訳,実務教育出版

クリシュナムルティ（1995）『瞑想』中川訳,UNIO（星雲社）

シュリ・シュリ・ラビ・シャンカール（2002）『ゴッド・ラブズ・ファン』出帆新社

タート（2001）『覚醒のメカニズム』大野監訳,吉田訳,コスモス・ライブラリー（星雲社）

ティク・ナット・ハン（1995）『微笑みを生きる』池田訳,春秋社

ミンデル（1997）『自分さがしの瞑想法』手塚,高尾訳,地湧社

ラジニーシ（1993）『新瞑想法入門』マジュヌ訳,めるくまーる

ラム・ダス（1980）『覚醒への旅』萩原訳,平河出版社

ラム・ダス他（1994）『ハウ・キャナイ・ヘルプ』吾妻訳,平河出版社

ルシャン（1994）『瞑想入門』大窪訳,図書出版社

ワイスマン,スミス（2003）『やさしいヴィパッサナー瞑想入門』井上訳,春秋社

◨サイト情報

www.artofliving.org
www.srisrischools.org

アート・オブ・リビング・ジャパン
ArtLiving@aol.com

シュリ・シュリ・ラビシャンカール
提供／アート・オブ・リビング財団

教師教育 *Teacher Education*

スピリチュアリティとのつながり

中川 吉晴

ホリスティックな観点から見た教師教育は、教師のあり方と自己変容を重視するものであり、そのために教師の内面にかかわる観想的アプローチをとる。このような試みは、ミラー、ブラウン、パーマーのような人たちによってすでに実践されている。またシュタイナー教育の教師教育においても、教師の自己教育がその中核をなしている。

わが国では、故河津雄介氏（百芳教育研究所）が「教師の生き方の自己改革」にとり組んでいた。河津氏は合気道を日本に伝え、その後シュタイナー教師養成コースで学び、日本のホリスティック教育の草創期には多大な貢献をしてくださった方である。氏が主催していた百芳教育研修講座では、教師が授業を生き生きとしたものにする力量を高めることと、人間として生き生きといきていくことを結びつけ、その基本に「自己のたがやし」を置いている。河津氏はさまざまな技法を組み合わせて、教師教育のプログラムをつくっている。

反省的アプローチと観想的アプローチ

このようにホリスティックな教師教育はすでに着実に実践されているのだが、それは教師教育の動向のなかでも注目に値する。簡単に述べておくと、最近の教師教育論では、ドナルド・ショーンの分類にしたがって、教師（および対人援助の専門家）を「反省的実践家」としてとらえる見方が主流になっている。反省的実践家としての教師は、日々の教育実践のなかで試行錯誤しながら、みずからの体験をたえずふり返り、それによって個人的な実践知を身につけ、教師としての成長をとげる。

最近の教師研究は、個々の教師の実践知を主要な研究内容としている（自伝的研究、ライフヒストリーなど）。また教師教育（とりわけ現職教育）においても、教師がその人生を語り、自己理解を深め、自己成長をとげることに重点が置かれている（ナラティブ法）。ここでは、このようなとり組みを教師教育における「反省的アプローチ」と呼んでおくが、それは教師の個人としてのあり方や、教師の人生そのものに注目している点で、すでにホリスティックな方向にむかっているとい

これに対して、ホリスティックな教師教育のなかで試みられている「観想的アプローチ」は、反省的アプローチからさらに一歩ふみ込んだものである。ミラーは、反省的実践家に「観想的実践家」を対置して、それをホリスティックな教師の特徴とみなしている。反省的アプローチは実践知を言語化して明るみにだすものだが、それはいまだ断片的なままである。観想的アプローチでは、教師をより全体的なものとしてとらえ、その存在の深層（実践知のさらに根底にあるもの）にまでふれようとする。

観想的アプローチの実際

観想的アプローチは、各種の瞑想やイメージワークをとり入れている点に特徴がある。トロント大学のジョン・ミラーや、ナローパ大学のリチャード・ブラウンは、瞑想を教師教育のプログラムのなかにとり入れている。また、トロント大学のデイヴィッド・ハントは、燃え尽きた専門家のエネルギーを回復するための方法として、イメージワークを活用している。さきにあげた河津雄介氏のアプローチでも、イメージワークは重要な働きをする。

私自身も参加したことのあるミラー教授の講義の様子を伝えておくと、講義に参加していた学生たちは、すでに中年にさしかかって教師としても熟練している人が多かったが、彼らは自分自身のあり方や生き方に強い関心をもっているように見受けられた。講義のなかでは、イメージワークや瞑想が紹介され、それらを専門にしている講師が招かれることも多く、体験的な実習が行なわれた。また瞑想は日課として自宅でも行なうことになっていて、その体験のプロセスは日記に書いて提出することになっていた。これは講義

全体のなかで重要な課題として位置づけられている。

教師の再教育をたんに新しい知識や技能の習得に終わらせることなく、自己探究に結びつけようという試みは重要なことである。学生のなかには毎日の瞑想をつづけることで深い気づきや洞察を体験する人がいる。ミラーのクラスでは、瞑想やイメージワークのような内面的活動に対する抵抗はほとんど見られず、むしろそこから何かを汲みとろうとする姿勢のほうが目立っていた。講義をとおして人生を見つめ直す機会を得たという感想を述べている人が、クラスの大半を占めていた。ちなみにミラーのクラスは、大学院のコースのなかでも、もっとも人気

ナローパ大学（ボールダー, コロラド）
www.naropa.edu

のあるものの一つである。

ミラーは、瞑想の技法を教師教育にとり入れる理由として以下の4点をあげている。まずそれは、みずからの体験をとおして学ぶものであり、それによって自分の直観を信頼できるようになる。第二に瞑想は、ストレスをはじめ多くの健康問題に対処するのに有効な方法である。第三に、それは個人の分離感を解消していく助けになる。役割と同一化していると分離感はつのるが、瞑想は役割から脱同一化し、生徒と共感的につながることを助けてくれる。そして最後に、教師が自己にもとづいて教えられるようになると、教育活動は深くみたされる体験になる。

教育は、教育者の存在をとおして起こるものであり、そうした存在への気づかいが教師教育のなかにも位置づけられなくてはならない。現在のわが国のように、教師自身が危機的な状況にあるとき、それに取り組むことなくしてどうして教育の危機をのりこえられるというのだろうか。教育改革は、制度やカリキュラムの改革と並んで、教師の自己変容のためのプログラムをもたなくてはならない。

ナローパ大学（ボールダー）は、チベット仏教を欧米に広めたチョギャム・トゥルンパが創設した小さなスピリチュアリティだが、最近では「教育におけるスピリチュアリティ」と題する一連の会議を開いている。ナローパ大学で教師養成プログラムを指揮しているブラウン教授は「観想的教育」（観想的教師教育）を試みている。たとえば観想的教育では、教師が体験する否定的感情にもアプローチする。ブラウンによれば、チベット仏教の瞑想は、人間の否定的感情を観察することでその変容をもたらすものであり、実際にとても実用的なものだという。

教師に、生徒や同僚のことで否定的感情がわき起こったら、ふつうはそれを表に出さないように隠すか、感情のままに行動化してしまうか、別の何かにあたったりするだろう。それに対して瞑想の観点では、感情を一つのエネルギー体験としてとらえ、そのエネルギーの動きをただ観察する。この気づきと共感をとおして否定的感情が変容し、よりよく共感的なものになっていくという。観想的教育とは、教師が瞑想によって自分の内的経験に気づき、それを受け入れることで、結果的に生徒の内面をもっとよく受け入れられるようになる、というものである。

教師のリトリート・プログラム

パーカー・パーマーの『教える勇気』は、教師の内的変容に焦点をあてたものとして、よく知られている（邦訳名は『大学教師の自己改善』となっているが、あらゆるレベルの教師に向けて書かれている）。パーマーによると、

教育は教師の内なる生から起こるものであり、大切なのは教師が自分の内面をよく知ることである。

1994年には、フェッツァー研究所の支援を受け、パーマーの考えにもとづく「教える勇気」プログラムが発足し、1998年には「教師形成センター」がつくられ、このセンター主催で教師のためのリトリート・プログラムが全米各地で行なわれている。そこでは年に4回リトリートがもたれ、2年間をとおして同じメンバーが一つのプログラムに参加する。

季節ごとに開かれるこのプログラムは、「四季」とも呼ばれるこのプログラムは、秋に始まり〈人生の秋に対応〉、冬の死と、春の再生をへて、夏の豊かさへと向かい、教師の甦りを助ける。とくに公立学校の教師を対象に、教師一人ひとりを援助するものである。プログラムでは、一人ひとりの語りや、話しあいがあり、また書きものや散歩をしたりして、独りですごす時間も大切にされる。このリトリートの期間、参加者はたがいに関心を払いながら、各自が集中的に、自分自身と教師の仕事を見つめる作業をするのである。

観想としての仕事

いくつかの例をあげながら、観想的アプローチを用いるホリスティックな教師教育について見てきたが、さらにこの延長線上には、個々の教育活動そのものが一種の観想になるような場面になる。

教師教育は個別になされるのではなく、一つに重なり合って考えられる。もはや仕事と観想は別々に述べているように、私たちは人を助けるために、観想をつうじて自己変容をはかる必要があるのだが、その一方で自己変容をはかるために、援助活動を一種の観想として行なうことができる。このように観想と仕事はたがいに循環しあいながら、しだいにその距離を縮めていき、最後には一つになる。

■参考資料

河津雄介(1997)『教師の生き方革命』明治図書

河津雄介(2000)『授業を生き生きとしたものにする教師の力量を高める』ほんの森出版

ショーン(2001)『専門家の知恵』佐藤、秋田訳、ゆみる出版

パーマー(2000)『大学教師の自己改善』吉永訳、玉川大学出版部

ミラー(1997)『ホリスティックな教師たち』中川、吉田、桜井訳、学研

ラム・ダス他(1994)『ハウ・キャナイ・ヘルプ』吾妻訳、平河出版社

D. Hunt (1992), *The Renewal of Personal Energy*, Toronto: OISE Press

J. Miller (1994), *The Contemplative Practitioner*, Toronto: OISE Press

■サイト情報

教師形成センター
www.teacherformation.org

フェッツァー研究所（ミシガン）
www.fetzer.org

II部 7

Life Education

人生科教育

スピリチュアリティとのつながり

松田 高志

「人生科」教育は、在野の教育思想家であり、実践者である和田重正氏（1907〜1993）が提唱したものである。「人生科」という名称は、比較的最近になって言われるようになったが、そう呼ばれる教育は、和田氏が50年近く私塾の形で行ってきたものである。それがどのような内容のものであるかは、その著作『あしかび全集』全5巻（柏樹社）や、「人生科」シリーズとして出版されている『自分を生きる』、『おとなになる』、『よく見、よく聞く』（いずれも、くだかけ社）を見て頂くとよいであろう。

和田重正氏の著作の愛読者グループが母体となり、「人生科」教育を実践し、普及する民間教育団体「くだかけ会」が1977年に発足し、2002年に25周年を迎えた。また、「人生科」教育に賛同する教育関係者が中心となり（筆者も世話人の一人として参加）、「人生科教育研究会」が1984年から研究と推進の活動を行っている。

「人生科」教育とは何かを述べるにあたって、まずその概要を記したい。人生科教育研究会のアピール文として書かれたものが、比較的まとまっているので、少し長いがその全文をここに引用することにしたい。

「人生科」を教育の中心に
─「人生科」教育の趣旨─

「人生科」教育は、親、教師、子どもも共々、真実の自己に目覚めること、つまり真の自覚を得ることをめざしています。このことは、人間にとって最も大事なことであり、教育の中心にならねばならないと考えます。これは、まさしく一生の問題であり、家庭、学校その他いかなる所においても為されるべきことですが、私たちは、特に学校教育において実現されることを願ってその研究や推進活動を行っています。

今日の学校教育では、生きる為の知識や技能を教えはしますが、しかし、何の為に生きるのか、いかに生きるべきか、そもそも人間（自己）とは何かなど、人生の根本問題に取り組むことは、全くといってよいほどありません。確かにこのようなことに関し、特定の思想、信条を絶対化して教え込むことは、決してあってはなりませんが、しかし、だから

といってまともに取り組むことを回避するのも同じほど問題であると言わなばなりません。それは、結果として人生の根本問題を無視、ないし軽視することにつながり、無意識のうちに何ものかに流されることになるからです。実際、このことが、今日の混迷や行き詰まりの最大の原因になっているとも考えられます。

現在、小、中学校において、道徳の時間が設けられていますが、これは、生きることの意味にふれられない限り、結局「べし・べからず」といった型や枠を教えるだけに終わり、ほとんど意味がないばかりか、かえって道徳に対する反発や蔑視をまねくことになりかねません。「人生科」は、このような道徳の授業にかわり、真実の自己への目覚めを通して人間の徳性を育てていこうとしています。

「人生科」として、人生の先輩である教師が、その自覚と体験の事実をもとに、生徒と共に語り、考え合う時間が設けられるならば、それは大変望ましいことです。しかし、どの教科も、あるいは教科以外のどのような場も「人生科」の機会になりうると考えます。

「人生科」においては、言うまでもありませんが、まず教師自身が常に自覚を深めていくように生きていかねばなりません。教師が上から一方的に「べし・べからず」を説く修身や道徳教育と違って、「人生科」は、教師も生徒も共に、それぞれが真実の自己の自覚を深めるよう助け合ってゆくものです。

このような「人生科」が、教育の中心になる時、教育は、私たちに充実と安らぎをもたらし、ほんとうの知恵を生み出すもととなるでしょう。

以上の趣旨が、学校の先生方のみならず、広くすべての人々に理解されてゆくことを私たちは願うものです。

（一九八八年一月）

変望ましいことです。しかし、どの教科も、あるいは教科以外のどのような場も「人生科」の機会になりうるということを芯とした、いわば『人生科』とも言うべきことを始めました。始めのうちは毎日曜日にその時間を特設していましたが、その後、事情が変って随時機会をみて行なうようになり、現在では一心寮（合宿所、註＝筆者）をおもな場所としています。

「人生科」は、「人間は、いかに生きるべきか」ということを道徳的要請（外なる基準）とし

提唱者 和田重正氏の著書。
提供／くだかけ会

提唱者の和田重正氏は、次のように述べている。「私の塾では、道徳教育

て考えるのではなく、「自分はどう生きるのがよいか」ということを、もっと根本的に「人間（自分）とは何であるか」を問い求める中で、考え、語りあうのである。ここが、「人生科」の眼目である。それは、一つの決まったゴール（外なる基準）に導くのではなく、「人間（自分）は何であるか」という決まった答えのない問題を問うことによって、それぞれが独自に「自分はどう生きるのか」を考え、語りあう自覚を深めるのである。

では、このように自分の人間観、人生観（価値観）、生き方について、それがいかに素朴なものであれ、他人と語り合うというのは、どういうことだろうか。それは、いわゆる「話しあい」のように「合意」（妥協になりやすい）を目指すのでもなく、また「議論」のようにどちらが正しいか決着をつけようとする（それぞれの意見が硬化しやすい）のでもない。それは、相互に信

頼しあう中で、自分を率直に語り、また相手の語ることを虚心に聞き、互いに心から応じあうのである。その際、同じ意見であっても、違うものであっても、心から応じあうならば、相互の関係が深まるとともに、それぞれの自覚も深まるのである。これは、「対話」と言ってよいであろう。

普通、自分にとって絶対的な信念や信仰は、他人と語りあってその自覚を深めるという必要は感じられないであろう。また逆に、相対的な「好み」や「ライフ・スタイル」として人生観（価値観）が持たれている場合も、他人と語りあってそれを深めるという必要性はないであろう。しかし、もしも他者と「対話」がなり立っているならば、信念や信仰であれ、「好み」や「ライフ・スタイル」としての価値観であれ、その自覚は深まりうるのである。
しかしこのような「対話」による「人生科」は、はたして学校教育の中でな

り立つのだろうか。それは、確かに難しいことであるが、しかし本来生徒は、教師が率直に自己を語り、また自分たちの言うことを教師が真摯に受けとめてくれることを望んでいる。生徒は、このような「対話」を心から求めているのである。教師が語ってくれる、苦しい人生の中での経験、自分の人生観、価値観を変えたような出来事、真実なものに出会った感動、解決できずに持ち続けている人生の問題など、いずれも生徒にとって決して他人事ではない。もしも教師が生徒を信頼し、勇気を持って語るならば、それは生徒を揺さぶり、その自覚を促すであろう。そしてそこに生徒自身の経験や自覚からの応答も起こる。それは、また教師自身の自覚を深めるのである。
ここでは、教師も生徒も、人生の真実を追求する「途上者」である。そしていわば「同行」の間柄である。「師弟同行」という言葉もあるが、自覚と

しては、「親鸞は弟子一人ももたず、何事を教へて弟子といふべきぞや、み如来の御弟子なれば共に同行なり」(覚如撰述『口伝鈔』第6段)と言われるときの「同行」の方がふさわしい。ただし教師は、人生の先輩、先達としてそれだけ豊かな経験や深い自覚を持っている。しかしその底には人生の奥深さ、高みへの自覚があり、そこから来る謙虚さと向上への真摯さ、生徒たちに対する「同行」としての同志愛が、「人生科」の「対話」をなり立たせるのである。

■参考資料

松田高志(2001)『「人生科」教育の立場－提唱者和田重正氏の人間観に学ぶ』くだかけ社

和田重正(1982)『人間のための教育(増補版)』柏樹社

和田重正(1984)『もう一つの人間観』地湧社

和田重正(2000)『宗教談話集－極楽ちえのせかい』くだかけ社

回連絡先

くだかけ会事務局
〒250-0105 南足柄市関本529
TEL/FAX 0465-74-4770

人生科教育研究会事務局
〒630-8002 奈良市二条町3-4-5 吉村文男方
TEL 0742-34-5766

上：「人生科」を実践する和田重正氏。
提供／くだかけ会

II部 7 スピリチュアリティとのつながり

サイコシンセシス
Psychosynthesis

平松 園枝

サイコシンセシス（以下PS）は、アメリカ・ホリスティック医学協会が設立時に拠り所とした、ホリスティックな人間観とその実践の体系であり、「トランスパーソナル心理学の最初で、最も包括的、実践的枠組み」「愛、魂、意志を取り戻した心理学」「宗教と科学の接点」「実践的哲学、理論」「生きることの科学とアート」などと評されるものである。

イタリアの精神科医、R・アサジオリが1910年に発表し、以後、彼自身や後継者たちにより発展してきたもの。アサジオリは、人間の病理を扱った精神分析を取り入れた上で、人間の健全性、潜在的可能性、実存的意味も含めて、ホリスティックな人間観を探究し、教義でなく科学的仮説、実践のためのの地図（とらえ方）と道具（技法）の体系として、求めのある方に役立つならという立場で、それを提供した。

ここでは、ホリスティック教育を志す方々の根本的な問い、今後の方向性にヒントになればと願いつつ、潜在的な可能性、ホリスティックなありようを現実に結びつけていく上で役立ちそうなPSの一部を紹介したい。

サイコシンセシスの人間観

PSにはその基本的地図として「卵形図形」とよばれるものがある。それは自己の全体を、意識／無意識、自分／他者、真の自分／現実の自分（性善説と現実）などの視点からとらえたものである。

トランスパーソナルセルフ（真の自己、以下Tセルフ）：半分が個の外、半分が中にあるのが特色。他者、根源とつながると同時に、唯一無二の自分という、普遍性と独自性を内在させ統合しうることを示す。このTセルフの特性を潜在させているのが上位無意識。

下位無意識：現実の自分はこれに振

図1　卵形図形

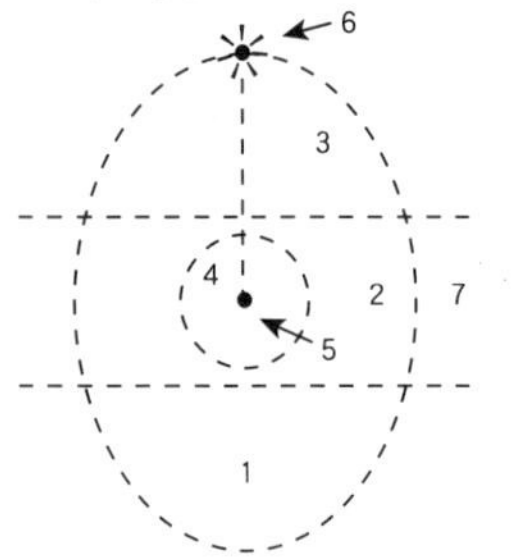

1：下位無意識
　精神分析で扱った領域。
2：中位無意識
　無意識でも、今すぐに思い出せる領域。
3：上位無意識・トランスパーソナル領域
　人生の意味・感動など真の自己実現に関係。
4：意識野・気づきの領域
　衝動、感情、感覚、思考、イメージ、直感など心理の機能が次々表れ、変化する。
5：パーソナルセルフ（Pセルフ）
　気づき、意志の主体。
6：トランスパーソナルセルフ（Tセルフ）
　真の自己、ハイアーセルフetc。いのちの根源、神性、仏性が個に現れたもの。

II部—7　スピリチュアリティとのつながり

り回されたり、制約されたりする。これから自由になるためにセラピーなど癒しの過程が必要。自我もここに関係。

人間は、無意識を意識化する（気づく）ことができるが、その意識の中心にパーソナルセルフ（以後Pセルフ）という体験的、現実的概念を持ってきたのもPSの特徴。これは点線でつがっているTセルフの現実への投影である。セルフは二つあるのでなく、二つの次元で体験される。これがPSのプロセスの要である。

サイコシンセシスのプロセス

この他にもいろいろな地図がある。地図は静的なものでなく、現実のわれわれは変化していく。PSでは、人間を花の種のように、いのちのつながりと独自の可能性を内在させて、「真の自己」実現、ホリスティックな方向に成長し続けるものととらえる。この成長は、自然にもおこるが、しばしばブロックされ、セラピー、癒し的段階もときに必要となる。この癒しから自己実現への成長は、セラピーや教育、気づく主体Pセルフに体験的に気づくというプロセスで、PSでは必須であり、あるいは自分自身で、適切なアプローチにより促進することができる。PSは、それに役立つように、多彩な地図や技法を体系的に使うのである。

PSのプロセスは、①気づきを増す、②気づく主体としてのPセルフに気づく、③意志する主体としてのPセルフに気づき、意志で諸要素を統合していくパーソナル・サイコシンセシス（PPS）と、さらに、Tセルフを中心につながって、再統合していくトランスパーソナル・サイコシンセシス（TPS）の段階がある。PSでは、個（パーソナル）を超える（トランス）には、個を持つ必要があるとして、PPSを前提とする。トランスパーソナルの特性や体験は、それ自体でなく、Pセルフが意志を活用して現実のパーソナ

ルレベルに活かしていく（グラウンディング）ことで意味を持つ。「セルフと意志」への気づきがPSでは必須であり、気づく主体Pセルフに体験的に気づくというプロセス②は、PSの第一歩でもある。これに有効な概念、方法として、PS独自の「脱同一化」を紹介する。

サイコシンセシスの実践

脱同一化

脱同一化には二つのレベルがある。まず諸要素への気づきである。私たちは、「私は悲しい」といった、自分の一部と無意識に同一化し、「部分イコール自分」となっている（図2①）。意識の内容や役割は状況によって、次々と変化する。それらが互いに葛藤したり、「私はだめだ」などと批判的な

図2　同一化と脱同一化

（1）　　（2）

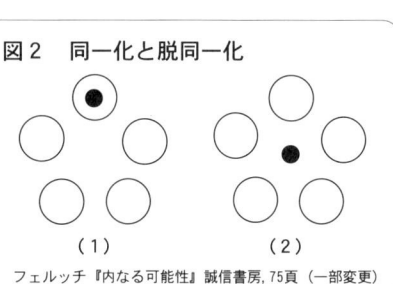

フェルッチ『内なる可能性』誠信書房, 75頁（一部変更）

自分が自分全部を否定し、自己イメージに影響したりする。また、瞬間的に行動化して他者との問題になったりする。

これに対して、それら自分の一部であるある要素に気づいたら、離れてそれを見ることを脱同一化という（図2⑵）。アサジオリは「われわれは無意識に同一化しているものに支配される。どんなものでも、それを自分が支配できれば、脱同一化できる」「私の中に悲しさがある」「私の中に教師という大事な部分がある」など、「部分イコール自分」でなく、自分の一部として、あるがままに気づき、受容、尊重する。

「私の中に悲しさがある」「私の中に教師という大事な部分がある」など、「部分イコール自分」でなく、自分の一部として、あるがままに気づき、受容、尊重する。

これが気づく主体Pセルフに気づくのではないだろうか。

気づきの中心Pセルフに気づいたら、そこに止まり、「私はいろいろなものに気づくことのできるセルフであるが、あるがままに受容、変容、昇華して、抑圧されていた潜在的特性、エネルギーを解放し、②潜在している特性、エネルギーは、巧みに喚起（educare）、育成し、活用する。③Tセルフにつながって、諸要素、エネルギーを自分の内外で調和的に活かせるようにする。つまり諸要素は、「あれかこれか」でなく、均一でもなく、それぞれが活かされ、調和的、有機的に機能して、エネルギーが流れる、より大きな全体（whole）へと統合されていくのである。

意志で選べる

Pセルフに同一化して初めてプロセス③が可能になる。シンセシス（統合＝whole にする）の名の通り、PSでは、気づきを増すだけでなく、気づいた諸要素を統合していくことを重んじる。Pセルフとして、諸要素を受容的にみていると、それらを変容して、全体として調和的統合に向けるよう方向づけすることも、ときには意識的にどれかに同一化することもできる。「自分次第」

脱同一化の次のレベルはPセルフへの気づきである。自分のいろいろな部分に気づいたら、次つぎに脱同一化

るだけで、自分の無意識に振り回されにくくなり、楽になることが多い。

かかわりなどが問題になる。脱同一化するだけで、どんな要素も、存在自体が問題なのでなく、それに対する態度、とらえ方、

う。どんな要素も、存在自体が問題なのでなく、それに対する態度、とらえ方、かかわりなどが問題になる。脱同一化す

「意志で選べる」という自由、エネルギー、喜びの感覚が体験できるようになる。そこで、「では、自分はどうするか」という意志への問いが出る。

統合（シンセシス）

ここで、統合にむかうPSの作業の原則をあげる。Pセルフは、気づきを増し、Tセルフとのつながりを感じながら、意志で方向を選び、①否定的要素は、あるがままに受容、変容、昇華して、抑圧されていた潜在的特性、エネルギーを解放し、②潜在している特性、エネルギーは、巧みに喚起（educare）、育成し、活用する。③Tセルフにつながって、諸要素、エネルギーを自分の内外で調和的に活かせるようにする。つまり諸要素は、「あれかこれか」でなく、均一でもなく、それぞれが活かされ、調和的、有機的に機能して、エネルギーが流れる、より大きな全体（whole）へと統合されていくのである。

II部—7 スピリチュアリティとのつながり

Pセルフが、気づき、意志の主体であるとともに、Tセルフの投影であることに気づき、このつながりを強化していくにつれ、よりホリスティックになっていくことになる。無意識の、深い、あるいは高い所に、生まれたときからあり続けたTセルフ、その意志に気づき、人生の意味、価値につながって生きていくことは、いきいきしたエネルギー、喜びをもたらす。

大切なポイント

"Starting from Within" アサジオリの言葉で、PSの原則。これには二通りの意味がある。

1 自分から始める。気づきから統合へむかうPSは、まず自分の中でバラバラな要素を統合（つながりの回復）することから始まる。PSでは自分自身がセルフと意志を発見し、エネルギーも流れ、癒され、喜び、意味を感じる。それを通じて人間理解が深まり、人も受容、尊重できるようになるということである。今では広く使われるが、「自分」のとらえ方、答えの探し方などに鍵がある。外に権威や原因を求めると自らを無力にすることになる。PSでは、それぞれの中に内なる権威（Tセルフへのつながり）を育てていく。自他尊重が基本である。これは「べき」を「教える」ことではなく、ホリスティックな教師のあり方にも通じている。

このようなPSの実践は、「自分、他者、世界、人生への態度を肯定的にする」と言われる。医療でも、病気や出来事自体より、それに対する態度（構え）が大切であると実感される。また、子どもの全体性へのプロセスを促進することを目的とする教育においても、親、教師、そして子どもの肯定的な態度形成が重要ではないだろうか。

個人から集団、人類へ。PSの原理は、個人から集団へと応用できる。対人PS、ソーシャルPS、グローバルPSという概念もある。ホリスティック志向の人たちがネットワークをつくっていく上で包括的、実践的なPSが架け橋になればと願っている。

2 自分の中に答えがある。

■参考資料

アイリーンキャディ，プラッツ(1998)『愛することを選ぶ』国谷，平松訳，誠信書房

アサジョーリ(1989)『意志のはたらき』国谷，平松訳，誠信書房

アサジョーリ(1997)『サイコシンセシス—統合的な人間観と実践のマニュアル』国谷，平松訳，誠信書房

スタウファー(1990)『無条件の愛とゆるし』国谷，平松訳，誠信書房

平松園枝(2001)『好きな自分 嫌いな自分 本当の自分—自分の中に答えが見つかる方法』大和出版

平松園枝(近刊)『現代にいかすサイコシンセシス(仮題)』誠信書房

平松園枝 ＣＤ『心の別荘』1 草原編 2 木もれ陽編 3 朝やけの海 ヒーリング・バイブレーション(03-3705-9721)

フェルッチ(1994)『内なる可能性』国谷，平松訳，誠信書房

フェルッチ(1999)『人間性の最高表現 上下』平松，手塚訳，誠信書房

フューギット(1992)『親と子と教師のためのやさしいサイコシンセシス』平松，手塚訳，春秋社

ブラウン(1999)『花開く自己』国谷，平松訳，誠信書房

ホイットモア(1990)『喜びの教育』手塚訳，平松解説，春秋社

■サイト情報

統合心理学／サイコシンセシス(岩崎正春)
www.psychosynthesis-japan.net

スピリチュアリティとのつながり

トランスパーソナル心理学
Transpersonal Psychology
― 「心の時代」の心理学 ―

安藤 治

「心の時代」という言葉に誰もがうなずく現代。よく聞かれるようになった「モノの豊かさ」から「心の豊かさ」へ、という言葉も、確実に多くの人々の意識のなかで重要性を増してきているように見受けられる。現代人のこのような動きは、一見すると表面的なものに見えるかもしれないが、決してそれだけにとどまらない。なぜなら、そこで問われていることは――突き詰めれば――「自分を知りたい」「自分とは何か」「人はどうして生きるのか」「人生の意味とは何か」などといった、人間の根源的とも言える問いに行き着くからである。

こうした主題は、従来、「宗教」や「哲学」という領域に属するものとされ、長い間、現代の科学的な学問であ

る心理学とは切り離されてきたが、時代は少しずつ変化しているようである。「宗教」は、この科学時代にあって、ますます人々から心理的距離を置かれるものになっている。一方、「哲学」も、人生の問題から離れた抽象的で難解な議論ばかりが目立っている。だがその一方で、先に挙げたような問いに対する人々の関心はますます膨らんできており、従来の「宗教」や「哲学」にとってかわるアプローチが強く求められているのである。

実際、「心」の探究を標榜する心理学という現代の学問には、かつてないほど大きな関心が寄せられ、その一部では従来の殻を破って、「宗教」や「哲学」の領域にまで踏み込もうとする新しい努力がなされている。

以下では、このような現代にはじまった心理学の新しい流れや学問的アプローチの代表として「トランスパーソナル心理学」の概略を描き出すことにしたい。

「心の時代」に生まれた現代心理学

心理学とは、一般に「心」を専門に研究する学問とみなされている。だが、従来の心理学では、主として心の病気を治療する目的で築き上げられてきた心理学や、動物実験などによって確めることのできる〈科学的〉な実証性を重視する心理学が中心的なものであった。

前者は、フロイトの「精神分析」にはじまる精神病理の解明から発展した

II部—7 スピリチュアリティとのつながり

心理学。後者は「行動主義心理学」と呼ばれるもので、人間の「心」を探るために、目に見える行動を対象にする心理学である。目に見えない「心」は、なかなか科学的に捉えられないが、目に見える行動を十分にもつことによって「心」を研究することができる。実際、現在大学で教えられている心理学と言えば、この行動主義の心理学が圧倒的に主流になっている。

しかし、これらの心理学だけでは人々の切実な関心には応えられない。そして時代の変化のなかで、心理学者たちのなかからも、こうした状況に意義を唱える人々が現れてきた。

1960年代後半以降大きく起こったいわゆる「対抗文化」や「人間性解放」などの動きにも影響され、まず人間の病理の研究から生まれた心理学の一面性が強く批判されるようになった。人間の心を知るには、病理の研究や心身鍛練の実践などにも、広く関心から築き上げられた心理学だけでは十分な理解に到達できない。むしろ健康な人々の研究がもっとなされなければならないと考えられた。また、動物実験などから築き上げられた行動主義心理学も、それだけでは決して十分な理解を与えるものではない、という主張がなされるようになった。心理学のなかに生まれたこの新しい動きは、「人間性心理学」と呼ばれるが、心理学の歴史における「第三勢力」の心理学と評され、一つの時代を画するような運動に育っていった。

その後、時代の動きにも後押しされながら、西洋に生まれた「心を探求するための学問」である心理学は、それまでの自分たちの態度や枠組みの狭さを反省しつつ、より包括的で、世界的な視野をもつ心理学を目指すようになった。そして、それまではほとんど顧みられなかった東洋の伝統的な瞑想

図1　主な近代的心理療法の流れ

	1900年	1950年	2000年
禅・仏教	──────────────────────────────────────→
	実存(主義)精神療法 ──────────────────────→
	身体への注目(ライヒ)┄┄┄┄┄バイオエナジェティックスその他のボディーワークセラピー ─→
	┄┄┄┄┄┄┄┄┄┄┄ ゲシュタルト療法(パールズ) ─→
	トランスパーソナル心理学 ─→
	人間性心理学 ─→
	クライエント中心療法(ロジャース) ─→
精神分析(フロイト)	──────────────────────────────→
	サイコドラマ ─────────→
	芸術療法 ────────────→
	箱庭療法 ──────────→
分析心理学(ユング)	──────────────────────────→
	家族療法 ─────────→
	自律訓練法 ──────→
	バイオフィードバック ─→
行動主義心理学	┄┄┄┄┄┄┄┄┄ 行動療法 ─────→
	認知(行動)療法 ─→

作成／安藤

トランスパーソナル心理学とは？

この新しい心理学が「トランスパーソナル心理学」と呼ばれているものである。トランスパーソナルとは、英語の「トランス」、つまり「超える」という言葉と、「パーソナル」つまり「個人的」という言葉とが組み合わされたもので、文字通り「個人を超える」という意味で使われる。よく誤解を受けるので述べておくが、この「トランス」とは、恍惚状態や忘我状態を意味するtranceではなく、超越を意味するtransである。

トランスパーソナル心理学は、1969年、アメリカにおける正式な学会として発足し、いわば専門家たちによる本格的な学術活動として開始された。先にあげた「第三勢力」の人間性心理学を乗り越えるという意味で、「第四勢力」の心理学とも呼ばれている（図1参照）。「心の時代」におこってきた東洋の瞑想への強い関心に応えるには、人間性心理学の枠組みに立っているだけでは不十分であり、それをさらに広げる従来の理論的枠組みに関する拡張された枠組みが必要になってきたのである。

トランスパーソナル心理学は、そのひとつの特徴として、人間の成長や発達を捉える従来の理論的枠組みを大きく拡張している。簡略に図式化して述べると、人間の成長や発達は、大きく分けて三つの相、つまり、前個人的—プレパーソナル 個人的—パーソナル 超個人的—トランスパーソナル という三つの段階

をへて進むと捉えるのである。瞑想によって生じる内的変容体験は、超個人的な発達段階に位置するものとみなされ、ここに従来の心理学の枠組みにはふくまれていない新しい領域がつけ加えられたのである。

人間は、自我が確立される前の諸段階をへて、健全な自我機能を獲得する段階に至るが、心理学ではこれまでこの自我機能の確立が、人間の成長における到達目標とみなされてきた。しかし、トランスパーソナル心理学では、この先にさらに自我レベルを超えた成長段階がつけ加えられる。人間の十全な成長を捉えるには、自我＝個人レベルを超えた段階、すなわち個人的関心を超えたものに重心を置くようになる段階が認められなくてはならないというのである。

こうした考え方は、トランスパーソナル心理学以前には一般的なものではなかったが、それでもユング、ジェー

II部—7　スピリチュアリティとのつながり

ムズ、エリクソン、マスロー、アサジオリなど、多くの著名な学者たちによって取りあげられてきた考え方である。

この三段階の発達の枠組みは、思考の発達においては、前論理的—論理的—超論理的発達と言い換えられる。人間の成長は、自我レベルにおける合理的・論理的思考の形成をもって終わるものではなく、さらにその先に、それを超える段階として、内的なヴィジョンや直観、自覚、洞察のような、通常の思考様式を超える意識状態が認められる。そうした意識状態は、東洋の瞑想修行の伝統の中では、その実践をとおしてよく知られていたものである。このようにトランスパーソナル心理学の中では、西洋心理学に東洋の瞑想修行の伝統が結びつけられるのである（図2参照）。

このようなトランスパーソナル心理学の代表的な理論家には、日本でも知られているケン・ウィルバー、スタニスラフ・グロフ、マイケル・ウォシュバーンなどがいる。しばしば最大の理論家と評されるウィルバーは、初期の仕事のなかで、意識のスペクトル論や発達論を展開して、トランスパーソナル心理学の基礎を築き、最近の一連の著作では、ポストモダン思想と対決しながら、壮大な「統合理論」（ホリスティックなコスモロジー）を打ち立てている。

精神科医であるグロフは、その臨床活動から「基本的分娩前後のマトリックス」論を核とする意識の構造論を構築し、ホロトロピック・セラピーというセラピー技法を開発するとともに、従来は病理とみなされていた精神の危機を「スピリチュアル・エマージェンシー」（霊性の発現と変容のプロセス）としてとらえ直す運動をすすめている。また、ウォシュバーンは、自我と力動的基盤の相互作用からトランスパーソナル体験を読み解き、ウィルバーの階層論的パラダイムに対して「力動—弁証法的パラダイム」を提起している。

この他にもトランスパーソナル心理学の重要な研究者としては、タート、クリップナー、ウォルシュ、ヴォーン、マーフィ、ハーナー、ミンデル、ウェルウッドなどがいるが、実際トランス

図2　トランスパーソナル心理学における意識の発達論

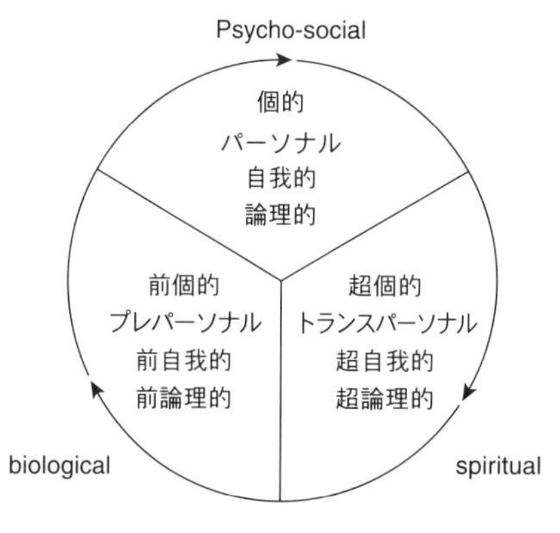

Psycho-social

- 個的
  パーソナル
  自我的
  論理的
- 前個的
  プレパーソナル
  前自我的
  前論理的
- 超個的
  トランスパーソナル
  超自我的
  超論理的

biological　　spiritual

作成／安藤

パーソナル心理学にかかわっている研究者はすでに相当な数にのぼり、一大勢力となっている。最近では若手の研究者もふえ、新しい動向も見られる。

少しあげておくと、今日トランスパーソナル心理学は、人類のスピリチュアリティの研究を牽引するとともに、瞑想などの技法を治療活動にとり入れ成果をあげており、さらにはその研究方法論を洗練させて、学問研究の可能性を拡大しつつある。

わが国におけるトランスパーソナル心理学の未来

トランスパーソナル心理学は、世界のさまざまな「霊性(スピリチュアリティ)」の伝統を見直そうと努めている。その中で東洋への接近がはかられたということは、西洋と東洋の統合という点で、歴史上きわめて重要な出来事であると考えられる。

わが国のように東洋的文化圏においては、人間が「悟り」と呼ばれるようなレベルにまで意識を変容していくことによって、すぐれた人格を完成させるという考えは、ある意味で常識的な見方だった、と言えるかもしれない。実際、禅や、それにもとづく西田哲学のような思想は、通常の自我意識を超えて到達する意識の次元を認めており、それを高度な芸術や思想のレベルにまで練りあげている。

だが、それは現代社会においてはあくまでも「宗教的」あるいは「哲学的」なものとして、一部の人たちにとっての専門的関心事にしかすぎなくなっている。近代啓蒙主義における「呪術の追放」(ウェーバー)という世界観は、わが国にも十分に浸透しており、その世界観を背景に、(心理学も含めて)科学的な学問が隆盛をきわめている。

しかし、人間の「心」に取り組もうとするなら、これまでの科学的学問の枠組みから抜け落ちてしまうが、きわめて重要な——「より高い」あるいは「より気高い」と呼ばれるような——意識の次元があるという見方は尊重されなくてはならない。「高次」などというヒエラルキー的価値観は、現代にあってはなはだ評判がわるい。しかし、現在、世界に蔓延しつつあるようにみえる倫理の喪失という事態を鑑みれば、人間の気高い精神性を認め、それを目指して成長していこうとする人々を支えるような価値観は、もっと評価される必要があるのではないだろうか。

昨今は、大先輩の先生方から、わが国の行く末について悲観的な見解をうかがう機会が増えてしまった。私たちはいま確かに支えとなる柱を失っているようにみえる。しかし、トランスパーソナル心理学の示す方向性の中に、私たちの内にある気高い精神性を再発見する一つの道筋を見いだすことができるとすれば、これからの時代を肯定的に

Ⅱ部—7　スピリチュアリティとのつながり

思い描くこともできるであろう。

ところで、わが国でトランスパーソナル心理学の研究活動を行うことは、ともすれば西洋の研究者の二番煎じでしかないという意見もあるかもしれない。しかし、その努力が瞑想（禅）の本質である「己事究明」（自分を知ること）をつうじてなされていくとすれば、私たちの文化の蓄積を通して開き出されてくる何かが見えてくるかもしれない。今後わが国の中で深められていく「心の時代の心理学」は、これからの世界にとって重要な貢献をなしうるものになると思われる。

世界規模で広がる深刻な地球環境の問題を突きつけられ、私たちはいま、地球に生きるあり方の見直しを強く迫られている。意識論的に言えば、ある意味で、外部にあらわれたものは私たち一人ひとりの「心」が作り出し、いわばその「心」を映し出したものである。このように考えるなら、私たち現代人に必要なのは、自分たちの心を深く見つめることである。そして、トランスパーソナル心理学が説くように、「個人の存在を超えた意識」に目覚め、それを通じて世界を見直し、世界の問題にかかわっていくことが求められていると考えられる。

■参考資料

安藤治(1993)『瞑想の精神医学－トランスパーソナル精神医学序説』春秋社

ウィルバー(1986)『無境界』吉福訳,平河出版社

ウィルバー(1996)『万物の歴史』大野訳,春秋社

ウォシュバーン(1997)『自我と力動的基盤』安藤,是恒,高橋訳,雲母書房

ウォルシュ(1996)『シャーマニズムの精神人類学』安藤,高岡訳,春秋社

S.グロフ,C.グロフ(1997)『魂の危機を超えて』安藤,吉田訳,春秋社

スコットン他編(1999)『トランスパーソナル心理学・精神医学』安藤,池沢,是恒訳,日本評論社

湯浅泰雄他(2000)『ユング心理学と現代の危機』河出書房新社

◨サイト情報

日本トランスパーソナル心理学・精神医学会
http://wwwsoc.nii.ac.jp/jatp

ホリスティック教育関連資料紹介

21. 手塚郁恵(2000)『ホリスティックワーク入門』学事出版

17. 山ノ内義一郎(2001)『森をつくった校長』春秋社

13. ベック(1995)『学校教育の未来』山根訳,晃洋書房

9. ミラー(1994)『ホリスティック教育』吉田,中川,手塚訳,春秋社

5. ホリスティック教育研究会編(1995)『ホリスティック教育入門』柏樹社(絶版)

1. 日本語版(1992)『EDUCATION 2000』吉田他訳

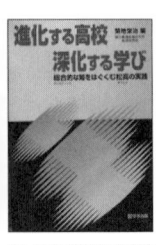

22. 菊地栄治編(2000)『進化する高校・深化する学び』学事出版

18. 伊藤隆二(2002)『続 人間形成の臨床教育心理学研究』風間書房

14. 吉田敦彦(1999)『ホリスティック教育論』日本評論社

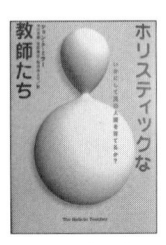

10. ミラー(1997)『ホリスティックな教師たち』中川,吉田,桜井訳,学研

6. ホリスティック教育研究会編(1995)『実践ホリスティック教育』柏樹社(絶版)

2. 日本ホリスティック教育協会(1997)『ホリスティックな教育理念の提唱』

23. 河津雄介(1997)『教師の生き方革命』明治図書

19. 岩間浩,山西優二編(1996)『わかちあいの教育』近代文芸社

15. 手塚郁恵(1991)『森と牧場のある学校』春秋社

11. スローン(2000)『洞察=想像力』市村監訳,早川訳,東信堂

7. 吉田敦彦,今井重孝編(2001)『日本のシュタイナー教育』せせらぎ出版

3. 『季刊 ホリスティック教育』日本ホリスティック教育協会(15号で閉刊)

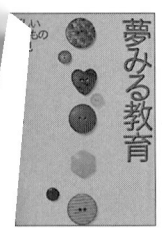

24. 平野勝巳(1996)『夢みる教育』清流出版

20. 高尾利数,平出宣一,手塚郁恵,吉田敦彦編(1996)『喜びはいじめを超える』春秋社

16. 山之内義一郎,佐川通,清水義晴(1997)『森と夢のある学校』博進堂(025-274-7755)

12. パーマー(2000)『大学教師の自己改善』吉永訳,玉川大学出版部

8. 吉田敦彦,平野慶次編(2002)『ホリスティックな気づきと学び』せせらぎ出版

4. 『ホリスティック教育研究』日本ホリスティック教育協会

45. エマソン(1971)『人間教育論』市村訳, 明治図書

41. 江島正子(2001)『モンテッソーリの宗教教育』学苑社

37. 矢野智司(2000)『自己変容という物語』金子書房

33. 見田宗介(1996)『現代社会の理論』岩波新書

29. タルボット(1994)『ホログラフィック・ユニヴァース』川瀬訳, 春秋社

25. 石川光男, 高橋史朗編(1997)『現代のエスプリ355 ホリスティック医学と教育』至文堂

46. ハクスレー(1980)『島』片桐訳, 人文書院

42. 弘中和彦編, ガンディー, タゴール(1990)『万物帰一の教育』明治図書

38. シュタイナー(1989)『教育の基礎としての一般人間学』高橋訳, 筑摩書房

34. 本宮輝薫(1995)『ホリスティック・パラダイム』創元社

30. 張鍾元(1987)『老子の思想』上野訳, 講談社学術文庫

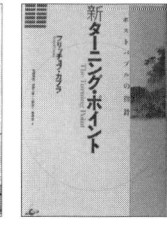

26. カプラ(1995)『新ターニング・ポイント』吉福, 田中, 上野, 菅訳, 工作舎

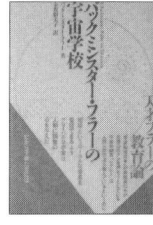

47. フラー(1987)『バックミンスター・フラーの宇宙学校』金坂訳, めるくまーる

43. クリシュナムルティ(1997)『学校への手紙』古庄訳, UNIO

39. 高橋巖(1998)『自己教育の処方箋』角川書店

35. 上田紀行(1989)『覚醒のネットワーク』カタツムリ社(講談社プラスアルファ文庫版あり)

31. 中沢新一(1992)『森のバロック』せりか書房

27. ケストラー(1983)『ホロン革命』田中, 吉岡訳, 工作舎

48. 畑山博(1992)『教師 宮沢賢治のしごと』小学館

44. 大野純一編訳(2000)『クリシュナムルティの教育・人生論』コスモス・ライブラリー

40. 西平直(1997)『魂のライフサイクル』東京大学出版会

36. 和田修二(1995)『教育する勇気』玉川大学出版部

32. 石川光男(1993)『共創思考』日本教文社

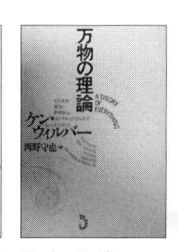

28. ウィルバー(2002)『万物の理論』岡野訳, トランスビュー

69. 清水義晴(2003)『変革は、弱いところ、小さいところ、遠いところから』太郎次郎社

65. 中野民夫(2001)『ワークショップ』岩波新書

61. パイク,セルビー(1997)『地球市民を育む学習』中川監,阿久澤訳,明石書店

57. ヘンドリックス,ウィルス(1990)『センタリング・ブック』手塚訳,春秋社

53. ゾーハー(2001)『SQ－魂の知能指数』古賀訳,徳間書店

49. 鳥山敏子(1996)『賢治の学校』サンマーク出版

70. ガードナー(2001)『MI－個性を生かす多重知能の理論』松村訳,新曜社

66. アンダーウッド(1998)『一万年の旅路』星川訳,翔詠社

62. 浅野誠,セルビー編(2002)『グローバル教育からの提案』日本評論社

58. ウェインホールド他(1996)『ホリスティック・コミュニケーション』手塚訳,春秋社

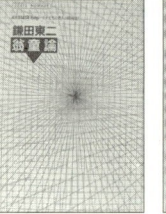

54. 鎌田東二(1988)『翁童論』新曜社

50. アームストロング(1996)『光を放つ子どもたち』中川訳,日本教文社

71. 桑原隆(1992)『ホール・ランゲージ』国土社

67. 松下一世(2000)『子どもの心がひらく人権教育』解放出版社

63. バーンズ,ラモント(1998)『未来を学ぼう』ERIC(03-3800-9414)

59. ドレングソン,井上有一編(2001)『ディープ・エコロジー』井上監,藤village訳,昭和堂

55. コップ(1986)『イマジネーションの生態学』黒坂,滝川訳,新思索社

51. ジブラン(1984)『預言者』佐久間訳,至光社

72. ブルックス(1986)『センサリー・アウェアネス』伊東訳,誠信書房

68. 開発教育推進セミナー編(1999改訂新版)『新しい開発教育のすすめ方』古今書院

64. 津村俊充,山口真人編(1992)『人間関係トレーニング』ナカニシヤ出版

60. 松木正(2001)『自分を信じて生きる－インディアンの方法』小学館

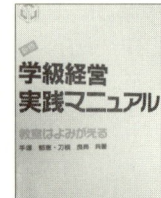

56. 手塚郁恵,刀根良典(1988)『学級経営実践マニュアル』小学館

52. コールズ(1997)『子どもの神秘生活』桜内訳,工作舎

93. ニューマン (1995)『ニューマン看護論』手島訳, 医学書院

89. ワイル (1984)『人はなぜ治るのか』上野訳, 日本教文社

85. 平松園枝 (2001)『好きな自分 嫌いな自分 本当の自分』大和出版

81. 手塚郁恵, 高尾威廣 (1998)『イメージワーク』学事出版

77. 野口三千三 (1996)『原始生命体としての人間』岩波書店

73. ゲルブ (1999)『ボディ・ラーニング』片桐, 小山訳, 誠信書房

94. ハクスレー, フェルッチ (1995)『未来のママとパパへ』中川訳, VOICE

90. 黒田五郎 (2002)『ティー・セラピーとしての茶道』川島書店

86. プレイサー (2001)『わたしの知らないわたしへ』中川訳, 日本教文社

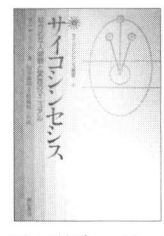

82. アサジョーリ (1997)『サイコシンセシス』国谷, 平松訳, 誠信書房

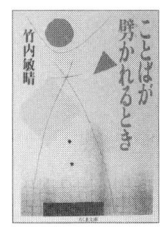

78. 竹内敏晴 (1988)『ことばが劈かれるとき』ちくま文庫

74. 伊東博 (1999)『身心一如のニュー・カウンセリング』誠信書房

95. 鈴木康明 (1999)『生と死から学ぶ』北大路書房

91. ラム・ダス, ゴーマン (1994)『ハウ・キャナイ・ヘルプ』吾妻訳, 平河出版社

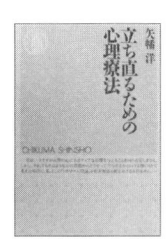

87. 矢幡洋 (2002)『立ち直るための心理療法』ちくま新書

83. フェルッチ (1994)『内なる可能性』国谷, 平松訳, 誠信書房

79. 松井洋子 (1993)『癒しのボディワーク』創森出版

75. グラバア俊子 (2000)『新ボディ・ワークのすすめ』創元社

96. クリシュナムルティ (1995)『瞑想』中川訳, UNIO

92. 川手鷹彦 (2003)『イルカとライオン』誠信書房

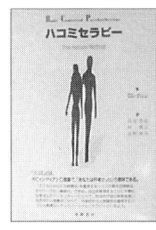

88. クルツ (1996)『ハコミセラピー』高尾, 岡, 高野訳, 星和書店

84. ホイットモア (1990)『喜びの教育―サイコシンセシス教育入門』手塚訳, 春秋社

80. 今野義孝 (1997)『「癒し」のボディ・ワーク』学苑社

76. 野口晴哉 (2002)『整体入門』ちくま文庫

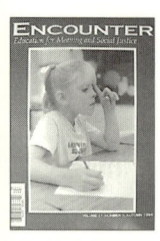

115. 雑誌 Encounter, Holistic Education Press www.great-ideas.org

112. Miller & Nakagawa (2002), Nurturing Our Wholeness, Foundation for Educational Renewal

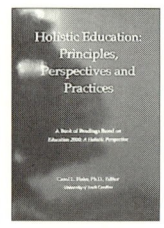

109. Flake (2000), Holistic Education: Perspectives and Practices, Holistic Education Press

105. フェルッチ (1999)『人間性の最高表現』上下, 平松, 手塚訳, 誠信書房

101. 安藤治（1993）『瞑想の精神医学—トランスパーソナル精神医学序説』春秋社

97. ティク・ナット・ハン（1995）『微笑を生きる』池田訳, 春秋社

116. 雑誌 Paths of Learning www.pathsoflearning.net

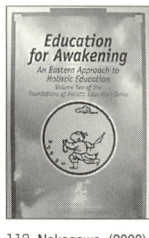

113. Nakagawa (2000), Education for Awakening, Foundation for Educational Renewal

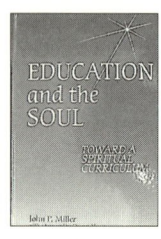

110. J. Miller (2000), Education and the Soul: Toward a Spiritual Curriculum, SUNY Press

106. ヒクソン（2001）『カミング・ホーム』高瀬訳, コスモス・ライブラリー

102. スコットン他編（1999）『トランスパーソナル心理学・精神医学』安藤, 池沢, 是恒訳, 日本評論社

98. ワイスマン, スミス（2003）『やさしいヴィパッサナー瞑想入門』井上訳, 春秋社

117. ビデオ「学校の森」づくり 子どもの夢が育つ学校づくりプロジェクト（Fax 025-241-1931）

114. Cajete (1994), Look to the Mountain: An Ecology of Indigenous Education, Kivaki Press

111. Kessler (2000), The Soul of Education, ASCD

107. エルキンス（2000）『スピリチュアル・レボリューション』大野訳, コスモス・ライブラリー

103. 諸富祥彦編（2001）『トランスパーソナル心理療法入門』日本評論社

99. 和田重正（1984）『もう一つの人間観』地湧社

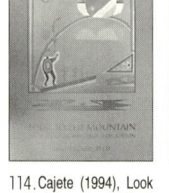

118. ビデオ「シュタイナーの世界」1〜5 栄光教育文化研究所（03-3222-3232）

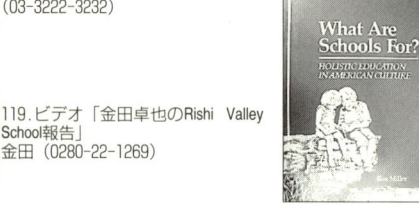

119. ビデオ「金田卓也のRishi Valley School報告」金田（0280-22-1269）

108. R. Miller(1997).What Are Schools For?: Holistic Education in American Culture, Holistic Education Press

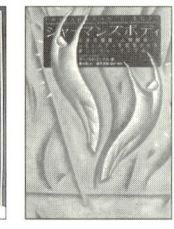

104. ミンデル（2001）『シャーマンズボディ』藤見監訳, 青木訳, コスモス・ライブラリー

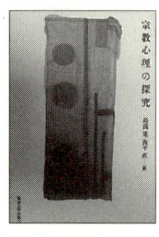

100. 島薗進, 西平直編（2001）『宗教心理の探求』東京大学出版会

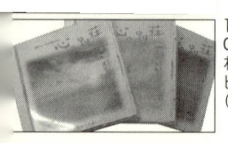

120. 平松園枝作, サイコシンセシスCD「心の別荘」1 草原編, 2 木もれ陽編, 3 朝やけの海 ヒーリング・バイブレーション（03-3705-9721）

執筆者プロフィール（掲載順／敬称略）

I部-1 世界に広がるホリスティック教育

伊藤 隆二（いとう りゅうじ）
東京大学卒。神戸大、横浜市立大、東洋大、帝京大の各教授を歴任。九大、京大、名古屋大、東北大、筑波大の各講師、カリフォルニア大（UCLA）の客員教授を兼任。主著『人間形成の臨床教育心理学研究（正・続）』風間書房。

吉田 敦彦（よしだ あつひこ）
【日本ホリスティック教育協会代表】
府立大阪女子大学教員。主な著書に『ホリスティック教育論／日本の動向と思想の地平』、共編著『喜びはいじめを超える』『宗教心理の探求』『物語の臨界』『日本の教育人間学』他。

今井 重孝（いまい しげたか）
青山学院大学文学部教員。ドイツの教育制度の研究から出発し、ニクラス・ルーマンのシステム論の研究を経て、現在ルーマンとルドルフ・シュタイナーをつなげる仕事に関心を持っている。

黒田 正典（くろだ まさすけ）
1916年2月29日生。東北大学名誉教授・文学博士・日本心理学会名誉会員。40年東北大学卒。理論・臨床・筆跡など心理学専攻。新潟・東北・岩手・東北福祉、各大学教授歴任。

I部-2 私の考えるホリスティック教育

西平 直（にしひら ただし）
専攻は教育人間学、宗教心理学。著書に『エリクソンの人間学』『魂のライフサイクル／シュタイナー入門』など。現在、東京大学大学院教育学研究科助教授。ライアーに挑戦中。

手塚 郁恵（てづか いくえ）
公認ハコミ・セラピスト、AP（アクティブ・ペアレンティング／よりよい親子関係講座）トレーナー。神奈川県でセラピールームを開いている。著書、訳書多数。

岩間 浩（いわま ひろし）
1939年東京生まれ。芝浦工業大学助教授を経て米ペンシルヴァニア州立大学博士課程で国際教育方面を学び90年Ph.D.を取得。現在、国士舘大学文学部教授。世界教育連盟日本支部理事・事務局長。

鶴田 一郎（つるた いちろう）
現在、広島国際建築創造学科教員、名古屋大学大学院教育発達科学研究科博士後期課程在学中。専攻、ホリスティック教育・人間性心理学・カウンセリング心理学・障害児者心理学・学校心理学・臨床心理学。

金 香百合（きむ かゆり）
【日本ホリスティック教育実践研究所】主宰
HEAL（ホリスティック教育実践研究所）主宰。国際的女性団体のYMCAで長年働く。現在は多様なテーマをとりあげた参加型学習のファシリテーターとして全国を奔走する。

山之内 義一郎（やまのうち ぎいちろう）
1930年新潟生まれ。63年新潟大卒。74年県内山志村虫亀小校長以来、一村一町三市の五校で一貫して総合活動を実践。長岡市川崎小と小千谷小で「学校の森」総合活動。91年退職、日本ホリスティック教育協会設立に参画。

II部-1 自然とのつながり

高橋 仁（たかはし ひとし）
1974年埼玉県生まれ。同志社大学大学院博士前期課程了。現在、新潟大学国語大学大学院博士前期課程事務系職員。最近では、環境に配慮した大学運営のあり方や、労働問題と環境問題との関係性に関心を寄せている。

平松 園枝（ひらまつ そのえ）
内科医。ICU・京都大学医学部卒。ホリスティックな医療を志す中で、サイコシンセシスに出会う。サイコシンセシスを、現実、人間、社会性善説的なガイドとして紹介しつつ、本質を超えた連携を呼びかけている。著訳書多数。

江島 正子（えじま まさこ）
ドイツ・ケルン大学大学院修了（教育学・哲学・ドイツ文学、Ph.D.）。星美学園短期大学助教授を経て、現在、関東学園大学教授。自由教育の系譜について、フンボルトとモンテッソーリの教育理念の関連性について研究中。

I部-3 ホリスティック教育のパイオニアたち

成田 喜一郎（なりた きいちろう）
1952年、東京に生まれる。78年、早稲田大学大学院修士課程を修了。同年、東京学芸大学附属大泉中学校に転任。02年、同附属世田谷中学校へ転任。趣味はギター演奏と歌。最近、黒板画を描き始める。

佐川 通（さがわ とおる）
1937年生。新潟大学教育学部卒業。直ちに新潟県下の中学校教師として勤務。教育実践と教育科学のあり方について研究。98年、十日町市立南中学校長を最後に35年間の教職を退職。

小林　毅（こばやし　たけし）
1957年茨城県日立市生まれ。大学時代から動物園のガイドや子ども対象の自然教室ボランティア活動にかかわる。卒業後は自然公園のビジターセンターのインタープリターや、インタープリタートレーナーとして活動している。現在、自然教育研究センター取締役。

坂田　加奈子（さかた　かなこ）
関西学院大学総合政策学部を卒業後、同大学院文学研究科教育学専攻にて修士学位を取得。現在、大阪女子大学大学院（吉田研究室）にてホリスティックな環境教育の理論について研究中。

井上　有一（いのうえ　ゆういち）
1956年奈良生まれ。主な関心領域は、環境思想、エコロジー哲学、これらを応用したものとしての環境教育や深い意味でのライフスタイルの転換（存在の豊かさ）の探究。現在、京都精華大学人文学部環境社会学科に勤務。

松木　正（まつき　ただし）
1962年京都生まれ。キャンプカウンセラー、YMCA職員などを経て89年渡米。ラコタ（スー）族の居留地区で自然観、生き方、伝統儀式などを学ぶ。帰国後、彼らの儀式をとり入れた環境教育を開始。現在、神戸でマザーアース・エデュケーションを主宰。

■Ⅱ部-2　人とのつながり

浅野　誠（あさの　まこと）
大学教育実践を31年間にわたって展開し、03年からフリーとして再出発。専門分野は生活指導、沖縄教育、大学教育実践、グローバル教育。主著は『子ども の発達と生活指導の教育内容論』（明治図書）『沖縄県の教育史』（思文閣）など。

松下　一世（まつした　かずよ）
大阪の小学校教師。大阪教育大学大学院修士課程で学ぶ。『子どもの心がひらく人権教育』（解放出版社）『いじめをなくし、心をつなぐ』（明治図書）『部落のアイデンティティ』（解放出版社）などの著書がある。
www.kawachi.zaq.ne.jp/dpbqx305

西山　徳子（にしやま　のりこ）
中学校教員を25年間つとめる。1976年吉本伊信師のもとで初めて内観をし、大感動を体験した。教員を11年間つとめる。なわて遊学場（フリースクール）スタッフを11年間つとめる。00年10月なわて内観研修所をはじめた。

吉田　武男（よしだ　たけお）
1954年奈良生まれ。筑波大学では主に道徳教育論を人間学類・教職課程・博士課程で講じている傍ら、最近、「こころの専門家」による学校教育への介入に対しては、批判的な言説を表明している。

清水　義晴（しみず　よしはる）
1949年生まれ。早稲田大学法学部卒業。家業である印刷会社㈱博進堂入社。75年突然の父の死により代表取締役となって以後、教育・デザイン・美術などの新事業を興す。現在は弟と社長をバトンタッチしてフリーで活動中。

■Ⅱ部-3　学びとのつながり

中村　和彦（なかむら　かずひこ）
南山大学人文学部心理人間学科助教授・人間関係研究センター研究員。体験学習による人間関係トレーニングのファシリテーターとして、大学教育・社会人研修・国際協力の分野を中心に実践と研究を行っている。

中野　民夫（なかの　たみお）
会社員＆ワークショップ企画プロデューサー。1957年東京生まれ。東京大学文学部卒。カリフォルニア統合学大学院（CIIS）「組織開発・変革学科修士課程修了。著書に『ワークショップ』『ファシリテーション革命』（共に岩波書店）など。
www.kh.rim.or.jp/~masa-sem

足立　正治（あだち　まさはる）
甲南高等学校・中学校教諭。一般意味論研究所（IGS）および国際一般意味論学会（ISGS）会員。1984年一般意味論国際会議（カリフォルニア大学サンディエゴ校）において「般若心経と一般意味論」を発表。

長尾　操（ながお　みさを）
大学在学中に口承文化の継承の意義に目覚め、教育に携わる職に就いている間にホリスティック教育と出会う。現在は保育士でありつつ、現代の語り部的教育研究者に師事し、ホリスティック教育をテーマにした作品を執筆中。

■Ⅱ部-4　心身とのつながり

片桐　ユズル（かたぎり　ゆずる）
詩、意味論、外国語教育など言語への関心が関西フォークソング運動との関わりから言語化される以前の心身の問題に移ってきた。アレクサンダー・テクニーク・インターナショナル（ATI）公認教師。京都精華大学名誉教授。

岩崎 正春（いわさき まさはる）
カリフォルニア統合学大学院（CIIS）東西心理学科修士。アサジオリの統合心理学・サイコシンセシス）をガイドする。ホリスティック・ヘルスの実践指導（針灸師、指圧・マッサージ師、整体、ヨガ・練気功）。京都造形芸術大学健康科学センター非常勤講師。

本庄 剛（ほんじょう つよし）
1970年神奈川県生まれ。大阪大学人間科学部卒業。京都大学教育学部臨床教育講座博士課程単位取得退学。現在、大阪国際福祉専門学校非常勤講師。専攻・臨床教育学。新しい「心の教育」の可能性を模索中。

矢幡 洋（やはた よう）
西部文理大学講師。『星の王子さま』の心理学』（朝文社）『少年犯罪の深層心理』（青弓社）『アイドル政治家症候群』（中央公論新社）など著書多数。

黒丸 尊治（くろまる たかはる）
1987年、信州大学医学部卒。洛和会音羽病院心療内科部長を経て、現在、彦根市立病院緩和ケア科部長。日本心身医学会指導医、NPO法人日本ホリスティック医学協会理事、同関西支部長。

■Ⅱ部―5　創造性とのつながり

上野 浩道（うえの ひろみち）
1940年奈良市生まれ。東京藝術大学美術学部教授。専門は教育人間学と芸術教育。主な著書に『芸術教育運動の研究』『知育とは何か』など。訳書に『老子の思想』『子どもの絵の美学』など。

黒川 五郎（くろかわ ごろう）
1958年東京生まれ。現在、（財）両忘会フェロー、

明星ビル株式会社代表取締役、同ティー・セラピー・オフィス・カウンセラー、アガトスの会常任理事、（財）裏千今日庵・専任講師（茶名：宗五）、白鳩保育園運営委員。

斉藤 典子（さいとう のりこ）
画家、アートセラピスト。1988年ドイツでアートセラピストの国家認定資格を取得。90年ベルリン芸術大学大学院修了。ドイツ、スイスの病院でアートセラピーに従事。現在カナダのトロントに在住。

浅野 恵美子（あさの えみこ）
現在、愛知みずほ大学短期大学部教授、日本心理劇学会会長・常任理事、名古屋心理劇研究会代表。2003年4月より、現職を退き自由な社会的活動に専念。

■Ⅱ部―6　いのちとのつながり

川手 鷹彦（かわて たかひこ）
演出家、著述家、治療教育者。パリで魔女ランダを舞い、日欧の「心の保護を求める子ども」に施術する。法務省保護局の依頼で、若者たちの演劇プロジェクト「オィディプス王」を総指揮・演出。沖縄、北海道など各地で昔話の再話・再生に尽力。

守屋 治代（もりや はるよ）
東京女子医科大学看護学部講師。保健師・看護師・看護の原点は、ハンセン病療養者との出会いと看護実践。現在の関心は、学生の全体的な成長を援助する看護教育方法、東洋的生命論を基盤とした看護論の可能性。

川野 裕子（かわの ゆうこ）
1970年大阪生まれ。助産師。神戸大学医療技術短期大学部看護学科卒。大阪大学医学部付属助産婦

鈴木 康明（すずき やすあき）
国士舘大学文学部助教授（臨床心理学）。東京外国語大学講師。早稲田大学・東京外国語大学講師。東京・生と死を考える会副会長として、死への準備教育研究会と死別体験者のためのわかちあいの会の運営に携わる。

■Ⅱ部―7　スピリチュアリティとのつながり

西山 知洋（にしやま ともひろ）
1937年熊本県生まれ。20年間の小中学校教員退職後、大阪市立大学大学院で臨床心理（ユング派）と教育思想（ニイル）を学ぶ。88年、フリープレイスなわて遊学場創設。01年3月引退。現在、なわて内観研修所の面接者。

松田 高志（まつだ たかし）
1941年神戸生まれ。京都大学大学院教育学研究科博士課程修了。現在、神戸女学院大学教授。教育人間学専攻。人生科教育研究会世話人。著書『いのちのシャワー〈人生・教育・平和を語る〉』、共著『同行と教育』（いずれも、くだかけ社）他。

安藤 治（あんどう おさむ）
花園大学教授（精神医学・福祉心理学）。医学博士。東京医科大学精神神経科講師、カリフォルニア大学アーヴァイン校客員准教授などを経て現職。著書『瞑想の精神医学』（創元社）他。訳書『瞑想とユング心理学』（春秋社）他。日本トランスパーソナル心理学／精神医学会代表。

日本ホリスティック教育協会のご案内

●日本ホリスティック教育協会とは

　ホリスティックな教育に関心をもつ人たちが学びあうネットワークとして、1997年6月1日に設立されました。学校教育関係者はもちろん、親や市民、カウンセラーや研究者など幅広い多様な足場をもつ人たちが、情報を提供しあい、相互に交流し、対話をすすめています。それを通じて、広くホリスティックな教育文化の創造に寄与したいと願っています。

●主な活動

1．隔月ニュースレター、年刊単行本（ホリスティック教育ライブラリー）、研究紀要、その他の刊行物の発行と配布。インターネットの活用（ホームページ）。
2．ホリスティックな教育実践の促進と支援、及びその交流。
3．講演会、ワークショップ等の開催。
4．国内外の関連諸学会・協会等との連携および協力。
5．その他、本会の目的達成に必要な事業。

●入会案内（詳細は下記ホームページでご覧いただけます）

区分	会費	配布物
学生会員	4,000円	ニュースレター6回・年刊単行本1回
一般会員	6,000円	ニュースレター6回・年刊単行本1回
研究会員	10,000円	ニュースレター6回・年刊単行本1回・研究紀要1回

＊入会を希望される方は、会員区分を明記の上、郵便局の下記口座に会費をお振り込みください。受領証が必要な方は事務局までご連絡ください。

＊会員資格は4月から翌年3月までを1年度とする期間です。原則として年度途中の入会でも、当年度4月からの配布物が受け取れます。

```
郵便局の振替口座番号　00290-3-29735
口座名　日本ホリスティック教育協会
```

日本ホリスティック教育協会　事務局

〒947-0028　新潟県小千谷市城内 1-1-19　佐川 通分　TEL FAX：0258-82-5017
URL ： http://www.hs.jimbun.osaka-wu.ac.jp/~holistic
E-mail ： holistic@td5.so-net.ne.jp

編者略歴

中川　吉晴（なかがわ　よしはる）
【日本ホリスティック教育協会副代表】
1959年生まれ。ホリスティック教育論、スピリチュアリティなどを研究テーマとする。同志社大学大学院博士課程、トロント大学大学院博士課程修了（Ph.D.）。現在、立命館大学大学院応用人間科学研究科・文学部教育人間学専攻助教授（教育人間学、臨床教育学）。著書 *Education for Awakening*　共編 *Nurturing Our Wholeness: Perspectives on Spirituality in Education*（ともに Foundation for Educational Renewal, USA）がある。

金田　卓也（かねだ　たくや）
【日本ホリスティック教育協会運営委員】
1955年生まれ。東京芸術大学博士課程修了。学術博士。専門は芸術教育。絵本も制作し、オレゴン大学を経て現在は大妻女子大学で児童学を担当。神智学とかかわりのあったクリシュナムルティの学校でも教える。

ホリスティック教育ガイドブック

2003年3月31日　第1刷発行
定　価　本体 2095円＋税
編　者　日本ホリスティック教育協会
　　　　中川吉晴・金田卓也
発行者　山崎亮一
発行所　せせらぎ出版
　　　　〒530-0043　大阪市北区天満2-1-19　高島ビル2F
　　　　TEL　06-6357-6916
　　　　FAX　06-6357-9279
　　　　郵便振替　00950-7-319527
印刷・製本所　亜細亜印刷株式会社

Ⓒ 2003　Printed in Japan.　ISBN4-88416-117-3
"A Guidebook for Holistic Education"
Ed. by Yoshiharu NAKAGAWA and Takuya KANEDA, Japan Holistic Education Society. (Seseragi Publishing Co.Ltd., Osaka, Japan, 2003)

せせらぎ出版ホームページ　http://www.seseragi-s.com/
　　　Eメール　　　info@seseragi-s.com

視覚障害者その他活字のままではこの本を利用できない人のために、出版社および著者に届け出ることを条件に音声訳（録音図書）および拡大写本、電子図書（パソコンなどを利用して読む図書）の製作を認めます。ただし営利を目的とする場合は除きます。